環境教育

日本環境教育学会 編

教育出版

執筆者一覧 (執筆順)

**…執筆者代表
*…編集・校閲参画者

- ** 阿部　治　　立教大学
- * 諏訪哲郎　　学習院大学
- * 比屋根哲　　岩手大学
- * 生方秀紀　　北海道教育大学
- 　酒井伸一　　京都大学
- 　石川聡子　　大阪教育大学
- 　田中治彦　　上智大学
- * 降旗信一　　東京農工大学
- 　谷口文章　　甲南大学
- 　水山光春　　京都教育大学
- * 福井智紀　　麻布大学
- 　見上一幸　　宮城教育大学
- 　及川幸彦　　気仙沼市教育委員会
- * 岡島成行　　大妻女子大学
- * 樋口利彦　　東京学芸大学

はじめに

　近年の情報化社会においては，コンピュータの利用技術をもつか否かによって個人の可能性が大きく左右されることから，「情報リテラシー」を身につけることの必要性が叫ばれている。元来「識字」と訳されてきた「リテラシー（読み書きできる能力）」という言葉が，「現代人が身につけておくべきもの，心得ておくべきもの」という意味合いで使われるようになってきたわけである。環境問題が人類共通の最重要課題のひとつとなっている今日，環境問題の認識と問題解決手法の体得を二大要素とする「環境リテラシー」は，「情報リテラシー」以上に焦眉の急となっている。

　本書は，社会的な責任を徐々に担い始める大学生，とりわけ将来教員免許状を取得して子どもたちの教育に携わることを考えている大学生に「環境リテラシー」を身につけてもらうことを意図して，日本環境教育学会として編集・出版したものである。

　環境問題がいよいよ重要性を増しているにもかかわらず，次世代の育成を担う教員の資格を得るうえで，現時点ではいまだ「環境リテラシー」の有無は問われていない。このミスマッチを解消するには，まずは教員免許状取得要件に環境科目の単位取得を義務づけるべきである。そのためにもコンパクトでしかも質の高い教科書が必要であるという意見が学会内で高まったことが，本書の企画の背景にある。

　環境教育は，世界的視野からみてますます必要度が高まっている。しかし，日本国内では「ゆとり教育」から基礎学力重視へ教育政策が転換される潮流の中で，小中学校の教育現場でおろそかにされがちな傾向が散見される。このような傾向を打破するためにも，「環境リテラシー」を身につけ，それを次世代にしっかりと伝えることのできる教員が，続々と教壇に立つようになることを願っている。

執筆者代表　阿部　治

本書の構成

　本書は内容論と学習論の2部構成となっている。1～6章の内容論では環境問題とは何かを認識し，環境問題を解決していくうえでの環境教育の役割を示している。一方，7～14章の学習論では，環境教育において有効性が確認されたさまざまな学習方法の中でも特に重要なものに絞って紹介している。以下，各章の概要を簡単に紹介する。

　序章の「なぜ環境教育を学ぶのか」では，環境教育の役割と環境教育が重視されるようになった経緯を述べ，環境教育の特色である「関係性学習」「統合的学習」の意味を解説している。

　1章の「人類の発展と環境問題——環境問題の発生から持続可能性へ」では，人類の発展が環境への負荷を拡大させ，さまざまな環境問題を生み出してきた過程を概説し，環境問題の克服が人類最大の課題であることを述べている。

　2章の「世界が抱える環境問題①——地球温暖化問題」では，地球温暖化問題に関して予想されるいくつかの疑問点にもふれながら，さらに深化した学習が始められるように，温暖化問題の基礎を解説している。

　3章の「世界が抱える環境問題②——生態系と生物多様性」では，生態系・生物多様性とその価値や生態系・生物多様性の危機の現状に対する理解を促すとともに，その保全のためにどうすればよいかを考えさせようとしている。

　4章の「世界が抱える環境問題③——資源制約とゴミ問題から循環型社会形成へ」では，国や地球規模での物質収支，資源の枯渇性と再生可能性，廃棄物対策の原則，化学物質や有害廃棄物管理の原則の考え方を解説し，最近の物質フローの動きにも言及している。

　5章の「世界が抱える環境問題④——食料・水・人口」では，食料生産および食料と水の国際的な移動に関する近年の動向を解説し，その環境への負荷を人口問題を交えてSTSの視点から考えてもらおうとしている。

　6章の「持続可能性を脅かす諸問題——ミレニアム開発目標（MDG）をめぐって」では，「環境」と「開発」の対立を超えた「持続可能な開発」の概念や国連ミレニアム開発目標を概説しながら，その必然性を示す具体的な事例を紹介している。

7章の「環境教育の進め方とその理論的背景」では，環境教育の目的・目標に関する近年の動向を概説し，持続可能な社会への参加の方法と環境教育の進め方について課題を示している。

　8章の「環境教育における環境倫理の使命と役割」では，環境教育の基盤となる情操と，環境倫理のさまざまな思想を概説し，環境倫理にもとづいた環境教育の役割について述べている。

　9章の「環境教育の目的と方法①――環境保全意識向上につながる自然観察・自然体験」では，環境教育における自然観察・自然体験の意義を「内容」「方法」という二つの視点から説明し，実践の計画化に向けた自然観察・自然体験の今日的課題について検討している。

　10章の「環境教育の目的と方法②――参加型学習と市民教育」では，環境教育における参加と参加型学習の意味，および市民の視点が重視されるようになった背景を解説し，参加型市民教育のあり方について検討している。

　11章の「環境教育の目的と方法③――科学的アプローチ」では，環境問題の科学的理解，環境についての科学的自然観，環境を尊重する態度，科学・科学者像の理解，環境ガバナンスの能力，の獲得が重要であることを述べている。

　12章の「環境教育の目的と方法④――学校と地域の連携」では，学校と地域が連携して進める環境教育のあり方について，自然環境学習や食農学習の例示を通して説明している。また，東日本大震災で甚大な被害を受けた気仙沼市において学校・地域連携が果たした役割にも言及している。

　13章の「環境教育の目的と方法⑤――多様なステークホルダーとの連携」では，学校，NGO，メディア，企業など多様なステークホルダーの特徴を説明し，その連携について地域社会，行政を中心に実践事例を紹介している。

　14章の「学校における環境教育の計画・プログラムづくりに向けた視点」では，学校の環境教育を充実させるための教育計画や学習プログラムの企画・立案における基本的視点を解説し，その具体的な進め方を示している。

　そして，終章の「循環型社会の実現と人類の未来のために」では，各章で十分に言及できなかった「エネルギー問題」について補足するとともに，循環型社会の実現のために何が必要かという観点から環境教育の意義をあらためて強調している。

目　次

はじめに
本書の構成

序章　なぜ環境教育を学ぶのか ────────────────────── 1
  1　環境教育とは何か？　*1*
  2　環境教育に関する国際的な取り組み　*2*
  3　持続可能な開発　*3*
  4　環境教育の特色　*4*
  (1)　「関係性学習」　*6*
  (2)　「統合的学習」　*7*
  5　環境教育の有効性を示す事例　*7*
    コラム　ハイブリッドと持続可能性　*10*

1章　人類の発展と環境問題 ── 環境問題の発生から持続可能性へ ─── 11
  1　「人間に対する環境の影響」から「環境に対する人間の影響」へ　*11*
  (1)　カザフスタンの廃墟と森林の消失　*11*
  (2)　環境による影響と環境への影響　*12*
  2　人類の発展と環境への負荷　*13*
  (1)　類人猿から狩猟・採集民へ　*13*
  (2)　農業・牧畜による生態系への影響　*14*
  (3)　産業化社会と環境負荷　*16*
  3　持続可能な社会の構築へ　*20*
    コラム　「その気になればできること」と肉食　*22*

2章　世界が抱える環境問題① ── 地球温暖化問題 ── 23

 1　地球温暖化問題とは　*23*
 2　地球温暖化はなぜ問題か　*23*
 3　地球温暖化の進行とその原因　*25*
  (1)　地球温暖化の事実　*25*
  (2)　地球温暖化の原因は人為起源の温室効果ガス　*26*
  (3)　もっとも重要な温室効果ガスは二酸化炭素　*28*
 4　地球温暖化の深刻な影響　*29*
 5　地球温暖化への対応　*32*
 6　私たちにできること　*34*
  コラム　温室効果ガスの排出量取引　*35*

3章　世界が抱える環境問題② ── 生態系と生物多様性 ── 36

 1　生態系・生物多様性とその価値　*36*
  (1)　生態系・生物多様性とは何か　*36*
  (2)　生態系・生物多様性の価値　*38*
 2　生態系・生物多様性の危機の現状　*40*
  (1)　世界の生態系の変貌とその主要因　*40*
  (2)　生物多様性ホットスポット　*43*
  (3)　近づく大量絶滅　*43*
  (4)　生物多様性損失の要因相互の関係　*44*
 3　生態系・生物多様性をどう保全するか　*45*
  コラム　里山と生物多様性　*46*

4章　世界が抱える環境問題③ ── 資源制約とゴミ問題から循環型社会形成へ ── 47

 1　国レベルの物質収支　*47*
 2　資源エネルギー問題の考え方　*49*
  (1)　枯渇性資源と再生可能資源　*49*
  (2)　総物質要求量（TMR）　*50*
 3　廃棄物対策の原則 ── 3Rと廃棄物管理　*51*
  (1)　3R（リデュース・リユース・リサイクル）原則　*51*

vii

(2)　3Rと廃棄物管理の技術・システム　*53*
　4　化学物質と有害廃棄物対策の原則　*55*
　　コラム　ゴミ分別　*58*

5章　世界が抱える環境問題④ ── 食料・水・人口 ── *59*
　1　はじめに　*59*
　　(1)　環境問題としての食料, 水, 人口　*59*
　　(2)　肉食と飢餓　*60*
　2　食料のグローバル化　*61*
　　(1)　グローバルな和風弁当　*61*
　　(2)　食と農の距離　*62*
　3　人口と食料配分　*63*
　　(1)　マルサスの『人口論』　*63*
　　(2)　食料か輸出作物か　*64*
　4　食料か燃料か　*64*
　5　水　*66*
　　(1)　水へのアクセス　*66*
　　(2)　水の移動　*67*
　6　食料と科学技術　*67*
　　(1)　遺伝子組み換え作物　*67*
　　(2)　多国籍アグリビジネス　*69*
　　(3)　STSの視点で見抜く　*71*
　　コラム　カーボン・フットプリント　*72*

6章　持続可能性を脅かす諸問題 ── ミレニアム開発目標（MDG）をめぐって ── *73*
　1　南北問題・開発問題の歴史　*73*
　2　地球的諸課題とミレニアム開発目標　*75*
　　(1)　地球的諸課題の関連性　*75*
　　(2)　ミレニアム開発目標（MDG）　*76*
　3　参加型開発と開発教育　*79*
　　コラム　『世界がもし100人の村だったら』　*83*

7章　環境教育の進め方とその理論的背景 ———— 84
1　環境教育の目的・目標　*84*
　(1)　「持続可能な社会」の形成者の育成 —— 環境教育の目的　*84*
　(2)　環境教育の具体的目標としての「環境的行動」とその形成過程　*85*
　(3)　持続可能な暮らしに向けた環境教育の目標　*86*
2　環境教育の進め方　*87*
　(1)　持続可能な社会をめざす環境教育の課題　*87*
　(2)　児童生徒の社会参加を促す環境教育　*88*
　(3)　発達段階に応じた環境教育の目標と評価の視点　*89*
3　総合的な環境教育の視点　*90*
5　まとめ　*93*
　コラム　PISA における「環境」の扱い　*94*

8章　環境教育における環境倫理の使命と役割 ———— 95
1　環境教育の基盤となる環境倫理的な情操　*95*
　(1)　自然や環境への感性　*95*
　(2)　生態系への共感と一体感　*96*
　(3)　生命の尊重と生物多様性への畏敬の念　*97*
2　環境倫理思想の歴史 —— 環境教育の規範的枠組みの展開　*98*
　(1)　人間中心主義 —— 人間の権利と責任　*98*
　(2)　人間非中心主義 —— 内在的価値をめぐって　*99*
　(3)　動物解放論 —— '感覚ある動物'に権利をどこまで適用できるか？　*100*
　(4)　生命中心主義 —— 生物の幸福　*100*
　(5)　生態系中心主義 —— 全体論と共感　*100*
　(6)　環境正義の思想 —— 差別と環境問題　*101*
　(7)　環境プラグマティズム —— 関係性の倫理へ　*102*
3　関係性と価値および徳 —— 環境倫理にもとづいた環境教育の役割　*103*
　(1)　多様な関係性と価値の多元性　*103*
　(2)　教育における価値体験の世界 —— 精神的覚醒　*103*
　(3)　「価値観」の教育と「徳」の教育 —— 徳の教育としての環境倫理　*104*
4　まとめ　*105*

コラム　価値観教育・徳の教育・環境教育の役割の概念整理　　*106*

9章　環境教育の目的と方法①──環境保全意識向上につながる自然観察・自然体験──　*107*

　1　環境教育と自然観察・自然体験　　*107*
　2　自然観察・自然体験の内容
　　　──環境リテラシーとしての自然観察・自然体験　　*108*
　　(1)　自然観察・自然体験とは　　*108*
　　(2)　地域づくり学習としての自然観察・自然体験　　*109*
　3　教育方法としての自然観察・自然体験　　*110*
　　(1)　自然観察・自然体験学習の実施主体　　*110*
　　(2)　自然観察・自然体験の学習活動の実際　　*110*
　　(3)　自然体験学習アクティビティ　　*112*
　4　自然観察・自然体験のための指導者　　*114*
　5　自然観察・自然体験の今日的課題　　*116*
　　コラム　自然学校とネットワーク　　*118*

10章　環境教育の目的と方法②──参加型学習と市民教育──　*119*

　1　参加型学習　　*119*
　　(1)　参加の意味するもの　　*119*
　　(2)　参加型学習　　*121*
　2　市民教育　　*123*
　　(1)　環境教育における「市民」の視点　　*123*
　　(2)　市民教育におけるシティズンシップ（市民性）と環境　　*124*
　　(3)　英国ナショナルカリキュラム・シティズンシップにおける環境　　*125*
　　(4)　身近な環境市民性教育　　*128*
　3　参加型学習と市民教育　　*129*
　　(1)　参加型市民教育・学習　　*129*
　　(2)　共通の理念としての「現状変革への確信」　　*129*
　　コラム　環境シティズンシップ　　*131*

11章　環境教育の目的と方法③ ── 科学的アプローチ ── *132*

1　はじめに　*132*
2　科学教育と環境教育 ── 科学的アプローチとは　*133*
3　科学的アプローチによる環境教育がめざすもの　*134*
　(1)　環境や環境問題についての科学的な理解　*135*
　(2)　環境に対する科学的な見方・考え方（科学的環境観）　*136*
　(3)　環境や生命を尊重する態度　*137*
4　科学的アプローチの課題　*138*
　(1)　科学的アプローチをどの程度重視すべきか　*138*
　(2)　科学的に価値があるから環境や生命は大切なのか　*139*
　(3)　科学のブラックボックス化がはらむ危険　*140*
　(4)　環境ガバナンスの視点　*140*
　(5)　STS教育の経験　*141*
5　おわりに　*142*
　コラム　サイエンス・コミュニケーター　*143*

12章　環境教育の目的と方法④ ── 学校と地域の連携 ── *144*

1　学校での環境教育の現状と課題　*144*
2　環境教育で育てる「生きる力」　*145*
3　学校での環境教育の事例　*146*
　(1)　教材としての「水田」　*146*
　(2)　「水田」や「稲」をテーマとしたときの体験学習　*147*
　(3)　稲作から食農学習へ　*149*
4　学校と地域の連携　*150*
　(1)　教師と学校に求められるもの　*150*
　(2)　支援機関として必要なこと　*151*
　(3)　地域での成果の共有　*151*
　(4)　学校を中心とした地域ネットワーク　*152*
5　東日本大震災時における学校と地域との連携の果たした役割　*153*
　(1)　気仙沼の環境教育を通した学校と地域のつながりの醸成　*154*
　(2)　震災直後の学校と地域の連携による緊急避難　*155*

- (3) 学校・教育再生への道のり　*157*
- (4) 震災復興と環境教育ではぐくむべき力　*158*
- (5) 未来への希望ときずな　*159*
    - **コラム**　マータイさんの"もったいない"　*160*

13章　環境教育の目的と方法⑤ ── 多様なステークホルダーとの連携 ── *161*
1. ステークホルダーと環境教育の分野　*161*
2. 各ステークホルダーの特色　*162*
    - (1) 学校　*162*
    - (2) NGO　*164*
    - (3) メディア　*165*
    - (4) 企業　*167*
3. ステークホルダーの連携　*169*
    - (1) 地域社会における連携　*169*
    - (2) 行政の役割　*171*
    - **コラム**　アメリカの環境NGO　*173*

14章　学校における環境教育の計画・プログラムづくりに向けた視点 ── *174*
1. 環境教育の三つの段階　*174*
2. 環境に対する感性をはぐくむ学習　*175*
3. 環境・環境問題に関する知識や探究能力の育成　*176*
4. 環境行動や実践力育成につながる学習　*177*
5. 環境教育の計画・プログラムの作成プロセス　*179*
    - **コラム**　学校と地域の協力者や専門家をつなぐコーディネーターの必要性　*184*

終章　循環型社会の実現と人類の未来のために ── *185*
1. 現状とこれからのシナリオ　*185*
2. 日本の持続可能性を脅かす諸課題　*187*
3. 環境問題に対する日本の取り組み　*188*
4. 社会的責任の浸透　*190*
5. エネルギーシフトと環境教育　*191*

（1）　脱原発の必然性　*191*
　（2）　再生可能エネルギー開発の急増　*193*
　6　学校における環境教育の制度化の必要性　*196*
　　コラム　スマートグリッドとマイクログリッド　*198*

あとがき　*199*

付録1　環境教育の歩み　*200*
付録2　主要文献の抜粋
　（1）　人間環境宣言（ストックホルム宣言）　*204*
　（2）　ベオグラード憲章　*205*
　（3）　トビリシ勧告　*205*
　（4）　"Our Common Future"　*206*
　（5）　「アジェンダ21（行動計画）」の構成　*207*
　（6）　テサロニキ宣言　*208*
　（7）　ヨハネスブルグ宣言　*208*

索　引　*209*

序章　なぜ環境教育を学ぶのか

【目標とポイント】
今日の社会における環境教育の役割と，環境教育が重視されるようになった経緯，環境教育の特色である「関係性学習」「統合的学習」の意味を理解する。

キーワード
持続可能な社会，環境教育の制度化，関係性学習，統合的学習，環境リテラシー

1　環境教育とは何か?

　いま，地球の生態系が破壊され，生物種が次々と減少し，人類の将来の存続さえ脅かされていることは，さまざまな報道を通して多くの人々が認識するようになっている。しかし，より豊かでより快適な生活を求める人々の欲求が根底に存在するうえ，利害関係者の思惑が複雑に絡み合っているため，その解決は容易ではない。

　現在取り組まれている環境問題の解決策は対症療法と根本療法の二つに大別できる。前者は，ハイブリッド・カーや生物分解性プラスチックといった新たな技術開発や，自動車の排出ガスの基準を設けるといった法的規制など，個々の環境問題に対してそれぞれの対応策を見出し，実行していこうというものである。それに対して後者は，環境問題を生み出した原点に立ち返って，今日の社会・経済システムを見直し，人間と自然が永続的に共存できる社会システムを構築しようとするものである。

　前者の技術開発においては専門的な高い科学技術的能力が求められるし，法的規制についても現状の調査・分析から費用対効果の検証など，多方面での専門的な知識・能力が求められる。そのもとになるのは教育であり，具体的な環境問題の対症療法に求められる諸能力をはぐくむ教育は，広い意味での環境教

1

育に含まれる。

　しかし、人口問題や資源問題のように全世界的規模で進行しているために対処法を見出しにくい課題も存在している。今日の地球温暖化問題への対応からもうかがわれるように、対症療法を積み重ねるだけでは進行している事態を改善することが困難なものも多い。根本的な問題解決には、今日の社会・経済システムを変えて、持続可能な社会を実現する生活様式へ転換することが必要である。そのためには、物質的な豊かさを抑制して、精神的な豊かさや環境にやさしい暮らしを追求しようという意識をもち、それを実践していく人間を育てるという環境教育が、いま求められている。

　他方で、子どもたちを取り巻く生活環境や社会環境の変化に対応した環境教育も求められている。今日、日本のみならず世界の多くの国々で、子どもたちの自然体験や生活体験が減少し、その結果として子どもたちの「生きる力」が損なわれてきていると指摘されている。その背景には、先進国の場合、少子化や核家族化、受験競争、そして携帯電話やゲーム機器の氾濫などがある。子どもたちの野外活動や自然体験活動を促進させるための仕組みづくりが求められており、そのためのさまざまな活動を推進していくことも環境教育の役割である。

2　環境教育に関する国際的な取り組み

　環境教育という用語が国際的に普及する出発点になったのは、1972年にスウェーデンのストックホルムで開催された国連人間環境会議である。同会議で採択された「人間環境宣言」と勧告に環境教育が盛り込まれ、同勧告にもとづいて環境問題担当の国連機関として設置された国連環境計画（UNEP）はユネスコと連携して、環境教育の国際的なネットワークの形成や指導者の養成等の活動を行ってきた。勧告を具体化するために1975年にユーゴスラビア（当時）のベオグラードで開催された環境教育専門家会議では、その後の環境教育の国際的な規範となったベオグラード憲章が作成された。

　ベオグラード会議に続いて、1977年には旧ソ連・グルジア共和国の首都ト

ビリシで環境教育に関する初めての政府間会議が開催された。同会議で採択された「トビリシ宣言」と 41 項目からなる勧告は，現在の環境教育に関する国際的な取り組みの原点でもある。勧告の中では，環境教育の基本的なねらいとして以下の 2 点をあげている[1]。

- 個人および地域社会は，その環境のあらゆる側面の相互作用の結果もたらされた自然や人工環境の複雑な特性を理解し，環境問題を予測し，解決し，環境の質を管理する活動に参加するための知識，価値観，態度および実際的技能を獲得すること
- 現代社会が経済的，政治的，生態的相互依存の関係にあることを明らかにし，環境の保護と改善を保障するような，国際間の新しい秩序のための基礎として，国家間，地域間に責任感と連帯感を育成する手助けとなること

3　持続可能な開発

1980 年に国際自然保護連合（IUCN），世界自然保護基金（WWF），国連環境計画（UNEP）が共同で提出した報告書「世界保全戦略」は，「持続可能な開発（sustainable development）」の考えを初めて国際的に提起したものである。保全の現代的解釈などを通して，自然資源の持続的利用とバランスのとれた環境と開発のあり方を提起した「持続可能な開発」は，先進国と途上国が環境をめぐって同じテーブルにつけることを意図したもので，この概念は，1982 年にケニアのナイロビで開催された国連環境計画管理理事会特別会合（ナイロビ会議），1992 年にブラジルのリオデジャネイロで開催された国連環境開発会議（地球サミット）に継承され，環境教育にも大きな影響を与える重要なキーワードになっていった。

1992 年の国連環境開発会議で採択された行動計画「アジェンダ 21」に盛り込まれた環境教育に関する行動計画「教育，意識啓発，訓練の推進」では，環境教育と開発教育の統合を図る「持続可能な開発に向けた教育の新たな方向づけ」が示され，現在の「持続可能な開発のための教育（ESD＝Education for

Sustainable Development)」へと発展する国際的な流れが生まれた。

1997年にギリシャのテサロニキで開催された「環境と社会に関する国際会議」(テサロニキ会議)で採択された宣言の第10項では,「持続可能性に向けた教育全体の再方向づけには,すべての国のあらゆるレベルの学校教育・学校外教育が含まれている。持続可能性という概念は,環境だけではなく,貧困・人口・健康・食料の確保・民主主義・人権・平和をも包含するものである。最終的には,持続可能性は道徳的・倫理的規範であり,そこには尊重すべき文化的多様性や伝統的知識が内在している」[2]とされ,環境教育,開発教育,人権教育,平和教育,民主主義教育といった持続可能な社会の形成にかかわるあらゆる教育課題が連携・融合したものとしてESDが定式化された。2002年のヨハネスブルグ・サミットにおいて日本のNGOと日本政府が共同提案した「持続可能な開発のための教育の10年」(2005-2014)は,2002年末の国連総会において全会一致で決議され,2005年から2014年にかけて実施されている。

日本政府の国内実施計画によれば,ESDとは,一人ひとりの市民が主権者として,持続可能な社会づくりに主体的に参画する力をはぐくむことを意図したあらゆる教育活動である。ESDの登場によって,それまで相互の連携があまりなかった多様な主体や場などが,持続可能な社会の実現という共通の視点で「つながる」こととなった。

ESDは上記のようにさまざまな教育分野にわたる幅広い概念であるが,持続可能な地球生態系,持続可能な社会の実現に直結する諸問題を教育内容に包含する環境教育は,ESDにおいてもその中核をなすものである。

4　環境教育の特色

環境教育には,環境問題を実際に解決するために求められる知識や技能,態度や価値観をもった人間をはぐくむことが求められている。それゆえ,知識や技能の習得を重視する従来の教育一般とは異なった特色を備えている。

1991年,92年に『環境教育指導資料(中学校・高等学校編)』『環境教育指導資料(小学校編)』が相次いで刊行されて,学校教育における環境教育の重視

が明確にされ，2002 年から導入された「総合的な学習の時間」では，取り組み課題の例示として「環境」が明示されたことから，環境教育の浸透が期待された。しかし，その後，「ゆとり教育」から「確かな学力」重視へ転換する潮流の中で，2008 年改訂の学習指導要領では「総合的な学習の時間」の時間数が削減され，環境教育も後退することが懸念される。環境に関する基本的なリテラシーを身につけさせるためには，初等中等教育段階で環境教育のための時間がしっかりと確保されることが望まれる。

環境教育は図 1 のように発達段階に応じて重視すべき課題の比重を変えていくことが有効であると指摘されている（7 章を参照）。幼児期には直接体験による感性学習に多くの比重をかけるべきであるが，学齢期になると直接体験による感性学習とともに自然や人間についての知識や技術を習得する学習も重要となる。それらの部分が不十分であると，成人期における自然や人間のための参加や行動も限定的なものになりがちである。社会全般にもいえることであるが，とりわけ学校教育における環境教育の制度化が望まれる。

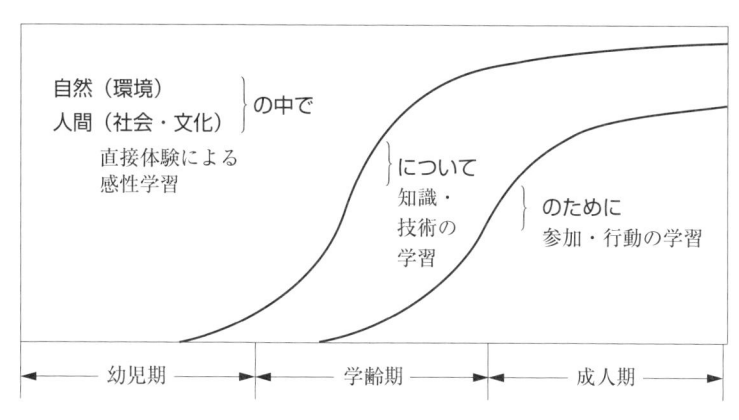

図 1　発達段階に応じた環境教育のあり方
(出典：阿部治（1993）『子どもと環境教育』東海大学出版会)

環境教育は，その内容も学習手法も広範多岐にわたっている。さまざまな学習手法については本書の 8 章以下で紹介しているが，ここでは，「関係性学習」と「統合的学習」という二つの特色について述べる。

(1) 「関係性学習」

　環境問題は，自然環境のみならず，政治・経済・文化・健康など，人間にかかわるあらゆる問題が絡み合っており，環境教育は，こうしたつながりを理解する学習，求められる新たなつながりを構築する＝「関係性学習」として深化させることが必要である。

　たとえば人間と自然のつながりについては，日ごろから自然とふれあう体験が重要になる。自然とのふれあいを通して感性や感受性をはぐくむことも，関係性の理解を深化させるうえでは重要である。また，人間と人間とのつながりについては，立場や意見，あるいは利害を異にする者が連携して，当面する問題を解決していくためには，相手にしっかりと自分の意見を伝え，相手の発言をしっかり理解するコミュニケーション能力が求められる。コミュニケーション能力を高め，それによって仲間を増やしていってこそ，問題解決の道が開かれるのである。

　人間相互の関係という点では，次世代以降の人々に豊かな自然や資源をどう引き継いでいくかという「世代間の公正」や，南北問題や貧困などの経済的不平等などの「世代内の公正」という視点も重要である。また，公正という視点では，人間と自然の関係における公正の視点，すなわち「種間の公正」という視点もある。「種間の公正」は，次世代以降にとっても重要な自然資源である生物多様性の継承につながるものである。

　「関係性学習」という特色は，環境教育を進める仕組みづくりにも見られる。小中高生は生活時間のほとんどを学校で過ごしてはいるが，一方，家庭や地域やメディアの影響の中でも生活しており，社会的な存在でもある。また，体験学習の場の確保や，生活の場での持続可能性の追求などを考慮するならば，学校だけで環境教育を行うことは不可能である。環境にかかわる諸問題は学校だけでは解決できないので，家庭や地域と一体になった取り組みが求められる。このような取り組みを推進することは，多くの教育ボランティアを生み出すなど，関係性の改善・強化につながり，結果として地域の教育力を向上させることになるであろう。学校がコミュニティの核になることで，持続可能な地域づ

くりの芽をはぐくむことにもつながる。

　さまざまなつながりを実感させるうえでも，また次に述べる「統合的学習」を進めるうえでも，学校という空間における教師と児童生徒の間で行われる教育から，周囲を巻き込んだ複数の関係者による開かれた空間での教育への拡大が求められている。家庭や地域社会・行政との連携や，自然学校その他の環境教育拠点施設との協力，あるいは企業の社会的責任（CSR：Corporate Social Responsibility）という観点から活発化している企業の環境教育支援の活用など，さまざまな人々・組織と関係を構築することで，より有効な環境教育を展開することが可能である。

　なかでも現在，急速に増加している自然学校や環境教育拠点施設との連携は，学校を中心とする環境教育の充実に大きな役割を果たすことが期待される。自然と人間が共生する持続可能な社会づくりに貢献する活動を行っており，しかも，責任者，指導者，連絡先住所，活動プログラム，活動場所，参加者を有する自然学校は，日本だけでも既に3700か所以上に達しようとしている[3]し，環境教育拠点施設についても，①自然系施設，②都市型施設，③博物館施設，④情報・交流型施設など，多様なタイプのものが設置されるようになっている。

(2)　「統合的学習」

　環境問題の解決がいよいよ重要な課題となっている今日，求められている人間像は，時間的には次世代以降を，空間的には全世界を視野に入れて行動できる人間であり，かつ自然と人間との共生をめざす環境倫理を身につけた人間である。この意味で，環境教育は自然科学的アプローチのみでなく，人間の思考・行動様式のすべてを反映した，人文・社会科学，芸術等による総合的アプローチも求められている。すなわち，環境教育は学問の細分化の弊害を打破し，ダイナミックな視点・多角的視点から問題解決をめざす「統合的学習」という性格を必然的にもっている。

5　環境教育の有効性を示す事例

　「関係性学習」や「統合的学習」という性格をもつ環境教育の有効性を示す

事例を以下に紹介する。

　環境教育が地域環境に大いにプラスの作用を果たした事例としては，「地域まるごと博物館」というキャッチフレーズで知られるエコミュージアムがあげられる。自然や歴史・文化のみならず，産業をも含めて，住民参加により，学びを通じて，地域の資源を保存・活用し，地域社会の持続的な発展に寄与することを企図するエコミュージアムは環境教育の優れた手法の一つである。現在，数多くのエコミュージアムが国内につくられているが，これらの多くは環境・経済・社会の視点から，住民の学びを主体とした地域づくりとして展開されている。

　茨城県霞ヶ浦におけるアサザプロジェクトは，霞ヶ浦の再生に端を発した総合的な地域再生につながるダイナミックな環境教育プロジェクトで，環境保全，地域経済の活性化，都市農村交流や伝統的知恵の尊重などを通じた活動を展開している。下の図はアサザプロジェクトの全容を示したものである。詳細はNPO法人アサザ基金のホームページに譲るが，さまざまな事業や活動が相互

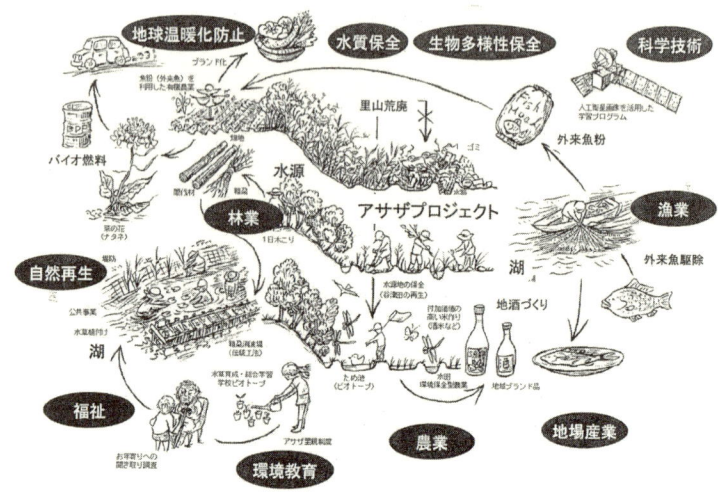

図2　アサザプロジェクトによる循環型公共事業
(出典：アサザ基金ホームページ)

に「関係」の連鎖をもち，それらがアサザプロジェクトとして「統合」されていることを理解することができる。

　身近な活動でも環境教育はその有効性を示している。たとえばゴミの分別は小学校における環境教育の定番であるが，子どもたちがゴミ問題を知識として知るだけでなく，ゴミの分別を実践することが大事であるということを理解し，その学校での実践が家庭・社会にまで普及するという，よい循環を生んでいる。同じことは家庭科の授業で学んだ3R（Reduce：減らす，Reuse：繰り返し使う，Recycle：再資源化）が，子どもたちを介して家庭に浸透しつつある。

　以上，ごくわずかな事例を紹介しただけであるが，環境教育は学校教育と社会教育をつなぎ，学校と家庭，地域，企業，行政をつなぐ役割を果たしており，21世紀の社会においてますます重要性を増すものであることは明らかである。

　しかし，先にも述べたように，日本においては学校教育への浸透がなかなか進んでいない。その理由としては，既存の教科の枠組みの強固さや教育行政サイドへの啓発不足など，いろいろ考えられるが，まずは学校の教員が環境リテラシーを身につけ，子どもたちを取り巻く現代社会のさまざまな問題解決のために環境教育が有効であることを理解し，学校教育にもっと環境教育を導入しなければという強い意志をもってもらいたいと思っている。

《ディスカッション》
1．環境問題を解決するための対症療法の別の事例をあげ，それでその問題が完全に解決できるかどうかみんなで議論してみよう。
2．環境教育において，知識や技術の学習だけでなく，特に幼児期には直接体験による感性学習が重要とされる理由を考えてみよう。

〈注・文献〉
1）UNESCO（1977）International Conference on Environmental Education, Tbilisi, p.25の勧告第3項，第4項より抜粋・翻訳
2）UNESCO（1997）DECLARATION OF THESSALONIKI, p.2
3）広瀬敏通（2011）「2010年自然学校全国調査分析と考察」『自然学校宣言2011シンポジウム報告書』日本環境教育フォーラム，2011，pp.5-9

コラム ハイブリッドと持続可能性

　「ハイブリッド」という言葉は，自動車会社が開発した「ハイブリッド・カー」などですっかり有名になったが，二つ（またはそれ以上）の異質のものを組み合わせたもののことである。ハイブリッド・カーの場合は推進力としてガソリン・エンジンと蓄電池を使った電気モーターの二つが組み合わされている。二つ以上が組み合わされてより効果の高いものとなるという点では，学校教育と学校外教育の連携が重視される環境教育も，まさに「ハイブリッド教育」と言えるが，いいことずくめのようなハイブリッドにも欠点があることがある。農耕に粘り強い力を発揮するラバは雄のロバと雌のウマをかけ合わせた交雑種（ハイブリッド）であるが，ラバは子どもを産めない。バイオテクノロジーを駆使して収量が多かったり冷害に強かったりという特徴をもった米，麦，野菜などの交雑種（ハイブリッド）もたくさん作られている。その中でもF_1品種と呼ばれる一代交配種は，収穫した種子をまいても次の世代は育たない。毎年，種子を購入しなければならないという持続不可能なハイブリッドである。ハイブリッド教育としての環境教育も"F_1品種"では意味がない。環境教育がその有効性を持続発展させていくためには，粘り強いさまざまな工夫が必要である。

（阿部　治）

1章　人類の発展と環境問題
―― 環境問題の発生から持続可能性へ ――

【目標とポイント】
人類の発展が環境への負荷を増大させ，さまざまな環境問題を生み出してきた過程と，環境問題の克服が人類最大の課題であることを理解する。

キーワード
過放牧，灌漑，エネルギー革命，化学物質，産業化社会，持続可能性

1 「人間に対する環境の影響」から「環境に対する人間の影響」へ

(1) カザフスタンの廃墟と森林の消失

中央アジア・カザフスタン南部にオトラルという遺跡がある。13世紀にモンゴル軍によって破壊された後も，18世紀までシルクロード上の重要なオアシス都市として栄えたが，現在は廃墟となり，かつての城跡が小高い丘となっている。ユネスコによる発掘が進められているが，ごく一部が発掘・復元されているにすぎない。この遺跡の上を歩いていて驚かされるのは，膨大な量の土器片である。遺跡周辺から複数の窯跡が発掘されているので，大部分はオトラル周辺で焼かれたものである。かつてのオトラル一帯は豊かな森林に覆われており，そこから伐り出された薪を燃料として莫大な量の土器がつくられた。しかし現在，遺跡の上から見渡せるかぎりの周囲はほとんどが草原で，樹木は山裾や河川の畔に断片的に見えるだけである。製陶用の薪ばかりでなく，建築や炊飯用の木材が次々と伐採され，豊かな森林は消滅し，草原に変わってしまったのである。

海洋から遠い大陸の内陸部では，いったん森林が消失すると，樹木から蒸散する水蒸気も減少し，そのため降水も少なくなる。人々が放牧生活を行っているかぎり，元の森林に戻るよりも，砂漠化が進んでいくおそれのほうが大きい。

⑵ 環境による影響と環境への影響

　近代地理学の祖といわれるA・v・フンボルト（1769-1859）は，見知らぬ土地についての記述を中心としたそれまでの地理学を，人間を含む生き物とそれらを取り巻く自然環境との相互関係を究明する学問に転換させるうえで大きな貢献をしたとされている。しかし，フンボルト以後の多くの研究者が力を注いだのは，おもに地球上の多様な自然環境がそれぞれの地域で人間を含む生き物にどのような影響を与えたかの解明であった。たとえば類似した恒温動物の場合，「寒冷な地域に生息するものほど体重が大きい」というベルクマンの法則や，「寒冷な地域に生息するものほど，耳や鼻，手足や尾などの突出部が短くなる」というアレンの法則は，自然環境が生き物にどのような影響を及ぼしたかについての19世紀の研究成果の好例である。

　環境が人間や他の生き物にどのような影響を及ぼすかの研究が主流であった時代に，逆に，人間の活動が自然環境を変えることにいち早く着目したのはアメリカの外交官であったG・P・マーシュ（1801-1882）であった。マーシュは，1864年に"*Man and Nature*"を書いて，人間による森林伐採が月のような荒漠地を生み出すおそれがあることを指摘した。その後，地理学者のC・O・サウアー（1889-1975）らが人間の環境への影響についての研究を進め，1955年にアメリカで開催されたシンポジウム"Man's Role in Changing the Face of the Earth"以後，人類が環境に与えた影響についての研究は一挙に活気づいた。今日，人間や他の生き物に対する環境の影響よりも，環境に対する人間の影響についての研究のほうが活発になっているのは，人類の活動が環境に及ぼす影響がいよいよ重大なものになり，それによって引き起こされた環境問題が人類の存続さえも脅かすようになっているからである。

　今日の地球環境問題の原因を探っていくと，そのほとんどが人類の活動に収斂する。人類がこれほど増えなければ，人類が自然をこれほど改変しなければ，そして，人類が物質的な豊かさを求めて大量生産・大量消費の道を歩まなければ，地球環境問題はこれほど大きな問題にはならなかったはずである。

2　人類の発展と環境への負荷

(1) 類人猿から狩猟・採集民へ

　今日，人類は地球上のほぼすべての場所に生息域を拡大し，その個体数も70億人に達している。もし繁殖と個体数増大が生物種としての成功を意味するとしたら，まちがいなく人類は大成功を収めた生物種といえる。たとえば1人当たりの体重を50kgで計算すると，現在の人類の総重量はほぼ3.5億tに達する。陸上で最大の巨体をもつゾウは，平均体重を5tとしても，生息数は約60万頭以下と見積もられているので，総重量は0.03億t未満。人類の100分の1にも達していない。人類より総重量の多い哺乳類は，肉やミルクを人類に供給するために飼われている牛だけであろう。世界全体で約13.5億頭（2008年）が飼育されているので，仮に平均体重を400kgとすると，約5.4億tに達する（なお，牛の飼育の環境負荷については，本章末尾のコラムを参照）。

　他の生物種と比べた場合の人類の特徴として，二足歩行，大容量の脳，道具の製作，火の使用，複雑な言語の使用，全世界的な分布などがあげられる。約600万年前にアフリカの類人猿の一部が森林からサバンナへ移動し，その後，二足歩行や火の使用などを獲得していった集団の中から約20万年前に現生人類が誕生した。そして人類は約2万年前には世界中に居住域を拡大し，現在，まちがいなく地球上でもっとも強大な種となっている。

　類人猿が道具や火，複雑な言語の使用という発展の道筋を歩んだ時代は，第四紀（約260万年前〜現在）と呼ばれており，氷河期と間氷期が繰り返された時代であった。この気候環境の大きな変化が生態系に異変をもたらし，異変への対応が類人猿の飛躍的進化の主要因となり，現生人類を生み出したとも指摘されている。

　他の生物種がもたない新たな技術や能力を備えた現生人類の食料獲得手段は採集と狩猟であった。おもに男性が担当した狩猟では，槍や弓矢などの道具を進化させ，獲物を求めて移住することで，人類は約2万年前までに世界中に分布域を広げていった。以後2万年の間にマンモスをはじめとする数種類の大型

動物が絶滅ないし激減しているが，絶滅や激減の原因として，気候変動に対応できなかったことのほかに，人類による狩猟が関与した可能性も指摘されている。

(2) 農業・牧畜による生態系への影響

狩猟採集民の活動は，地球の生態系に少なからぬ影響を与えた。しかし，地球全体の生態系を広範囲にわたり大きく変えたという点では，約1万年前に人類が発明した農業と動物の家畜化の影響のほうがはるかに大きい。

今日，世界の陸地の40％弱が農牧地（農耕地や放牧地）として利用されており，陸地面積の約30％を占める森林を上回っている。いまでは砂漠や荒地となってしまっているが，かつて農牧地として利用され，その後放棄されてしまった土地も広大である。おそらく地球の陸地面積の半分以上は，人類の農牧業によって森林や大草原から農牧地や砂漠・荒地に変えられてしまったといってよいであろう。

農牧業がもたらした生態系への影響は，森林の伐採や草原の開墾による農牧地の拡大だけにとどまらない。農牧業を始めたことによって人類はそれまでの移動の多い生活から定住生活に移り，やがて政治や交易の拠点としての都市を誕生させた。都市の建設のために多くの樹木が伐採されて建材やレンガを焼く燃料に使われた。森林破壊が古代文明崩壊の遠因とする見方も少なくないが，その正否はともかく，四大文明発祥地周辺で，森林が激減していったことは，花粉分析などからも知られている。農牧業の成立は食料の備蓄を可能にし，社会集団の内部に貧富の差や支配・被支配の関係を生み出した。戦争が頻繁に引き起こされるようになったのも，農牧業の成立以降である。より肥沃でより広い農牧地の確保と富の蓄積をめざした集団同士の対立が戦争を引き起こした。

戦争はいつの時代においても環境破壊に大いに加担してきた。たとえば，黄河が北に大きく湾曲した内側のオルドス地域は，いまでは砂漠が広範囲を覆っているが，約2000年前の前漢時代には森林や草原を開墾した農地で耕作が盛んに行われていたという記録が残っている[1]。しかし，その後，唐代半ば以降，民族間の抗争が頻繁になり，農民は農地を放棄して離散していった。オルドス地域や内モンゴル自治区東部に砂漠化をもたらした表土の流動化のきっかけは，

相次ぐ戦乱による農地の放棄にあったと指摘されている．ただし，今日のこの地域における砂漠の拡大については，草原の再生能力を超えた家畜の飼育，すなわち過放牧が大いに関与している．

　農業生産の増加をめざした灌漑と環境の問題にもふれておきたい．

　FAO（国連食糧農業機関）によると，世界の灌漑面積は 1950 年の 9400 万 ha から，2009 年の 2 億 7700 万 ha へと約 3 倍に増えており，灌漑によって世界の淡水の 60 ％以上が消費されている．しかし，灌漑面積のうちの約 5 分の 1 は塩類集積などによって既に農地として使用できなくなっているという[2]．塩類集積は毛細管現象によって地中にあった塩分が灌漑用水とともに地表に現れ，水分の蒸発によって地表が白い塩分の層に覆われる現象である．

　灌漑には，河川の水を運河や水路で農地に運ぶものと地下水を汲み上げて利用するものとがあるが，両者とも生態系への重大な影響が指摘されている．河川灌漑については，たとえば冒頭でふれたオトラル遺跡の南を流れるシルダリア川とアムダリア川を主要な水源とし，かつては世界で 4 番目の面積を誇っていたアラル海が，いま，どんどん縮小しており，十数年後には干上がって湖が消失してしまうと危ぶまれている．過剰な灌漑用取水によって両河川からアラル海に流入する水が減少した結果である．

　一方，地下水についても，既に降水起源の地表水から涵養される自然涵養量以上の取水が行われ，急速に地下水位が低下している地域が広がっている．過去 100 年の間に農地化された土地の多くは，掘り抜き井戸を設けて耕作に必要な水を確保することで農地化されたものである．そのような土地では地下水の涸渇がなによりも心配なことであるが，その心配が現実のものとなろうとしている．

　降雨が多く，水に恵まれた日本で暮らしていると「水の欠乏」に対する危機意識はもちにくいが，今後，淡水資源の確保をめぐって国際間の緊張が高まるのではないかと懸念されている．

(3) 産業化社会と環境負荷
① 薪と炭から石炭・石油への転換

　18世紀に始まった蒸気機関の発明，コークスを用いた製鉄技術の開発などによる工業の発達と，それに続く人類の産業化社会への移行は，化石燃料などの資源を大量に消費する今日の大量生産・大量消費・大量廃棄を導いたという点で，農業と動物の家畜化をはるかに超越する衝撃を地球環境に与えた。

　人類が火の利用を始めてから産業革命が始まるまでの長い間，燃料の主役は樹木に由来する薪や炭であった。木材の入手困難な地域では乾燥させた家畜の糞を燃やして炊飯に用いてきたが，割合は多くなかった。石炭も古代のギリシャや中国で，製鉄や製陶の燃料として使われていた記録があるが，どこででも入手可能な薪や炭ほどは利用されなかった。

　しかし，産業革命が始まり，動力源としての蒸気機関が普及すると，燃料源としての薪や炭はすぐに供給不足となった。代わりにそれまでは質の悪い燃料とされていた石炭への需要が高まり，炭田開発が進められた。そして，石炭を乾留することで高い発熱量をもつコークスが開発され，コークスを用いる製鉄法の普及が石炭需要に追い打ちをかけ，燃料の主役はまたたく間に薪炭から石炭に取って代わられた。この産業革命による石炭の大量消費は，まずイギリスに，その後，工業化を進めたヨーロッパ各国に大気汚染をもたらした。また，硫黄分の多い石炭の燃焼による酸性雨も19世紀半ばには既に確認されている。

　薪炭から石炭への転換は第一次エネルギー革命と呼ばれている。この転換は世界各地に厳しい大気汚染をもたらしただけでなく，今日もっとも心配されている地球環境問題の一つである温暖化の出発点になった。薪や炭は再生可能な燃料であって，燃焼時に大気中に放出する二酸化炭素とほぼ同量の二酸化炭素を生育時に大気中から吸収している。それに対して石炭は，2億年以上も前の大森林に由来する化石燃料で，それらを燃焼させることは，大気中の二酸化炭素濃度を一方的に上昇させることになる。そして第二次エネルギー革命といわれる石炭から石油への転換によって，化石燃料の消費はますます増加した。

　石炭の消費は1860年の1.3億tから1900年の7億tへと19世紀後半に急

増し，その後も 1950 年に 14.5 億 t，2000 年に 34 億 t と増加した。一方，石油の消費は 1920 年の 9500 万 t から 1950 年の 5.2 億 t，そして 2006 年には 37 億 t に達している。このような化石燃料の大量消費が大気中の二酸化炭素量を増加させ，地球温暖化問題を深刻なものにしている。

エネルギーに関連して原子力エネルギーにもふれておきたい。

核分裂反応が発見されたのは 1939 年，最初の原子力発電が行われたのが 1951 年であるから原子力エネルギーは人類が利用し始めたエネルギーとしては比較的新しい。原子力発電は二酸化炭素の発生が少ないことから，次章で述べる温暖化対策として有力視されてきたが，使用済み核燃料や放射性廃棄物の処理などの問題は未解決である。1979 年のスリーマイル島原子力発電所（アメリカ）での炉心溶融事故，1986 年のチェルノブイリ原発（旧ソ連，現ウクライナ）4 号機の爆発・炎上事故以降，原子力発電の安全性は大きく向上したとされてきた。しかし，2011 年の福島第一原発の事故の経緯をみても，安全性にはまだまだ問題が残っている。巨大地震や巨大津波ばかりでなく，テロ攻撃などに対する弱さも指摘されており，エネルギー源としての原子力への信頼は大きく揺らいでいる。

② 近代化学工業が生み出した化学物質

薪炭から石炭へ，そして石油へというエネルギー源の転換とともに，産業革命以後の工業を牽引した主役の一つが近代化学工業であった。私たちの身のまわりには合成繊維，合成樹脂，合成ゴム，染料，医薬品などの人工物があふれているが，それらは近代化学工業の成果である。近代化学工業は，自然界に存在しない化学物質を次々と生産することで，人類にさまざまな便利さを提供してくれた。しかし同時に，いくつかの環境問題の原因をつくり出してきた。その代表的なものが DDT，PCB，そしてフロンガスであろう。

DDT（ジクロロ・ジフェニル・トリクロロエタン）は，20 世紀前半にその殺虫効果が知られて以来，安価で大量生産できる殺虫剤として爆発的に普及した。しかし，分解物が土壌や水中に残留し，食物連鎖によって濃縮されることがわかり，さらに，きわめて危険な発がん物質であると評価されたことから各国で

使用が禁止された。レイチェル・カーソンはこのような殺虫剤が食物連鎖によって濃縮されて生態系に深刻な影響をもたらすことを『沈黙の春』(1962年)の中で警告し，環境問題に対する関心を呼び起こすという大きな役割を果たした。なお，今日ではDDTの発がん性について否定的な研究も多く，熱帯地域におけるマラリア対策としてのDDT使用については，使用しない場合の被害との比較という観点から使用を容認する意見もある。

加熱・冷却用熱媒体，電気機器の絶縁油，塗料の溶剤などに幅広く使われたPCB（ポリ塩化ビフェニール）は，発がん性があるばかりでなく，内臓障害，ホルモン異常などを引き起こすことが明らかになっており，日本では1972年に製造・輸入・使用が全面的に禁止され，世界でも既に全廃されている。また，エアコンの冷媒や半導体の洗浄などに使われていたフロン類についても，太陽からの紫外線を吸収する働きをしている地球上空のオゾン層破壊に深くかかわっていることから，1985年のウィーン条約や1987年のモントリオール議定書により，製造・消費および貿易の制限が決定された。

③　産業化社会と農村の変化

産業化社会に入って，農村風景は大きく変わってきている。日本の農村を例にとると，農薬・化学肥料・化石燃料導入以前は，田畑のまわりに雑木林があり，雑木林の落ち葉を堆肥にして田畑に施していた。また，炊飯や暖房用の燃料も雑木林から得ていた。しかし，化学肥料を使うようになると雑木林の落ち葉も必要なくなり，その多くを化石燃料に依存する電気とガスの普及によって，炊飯や暖房用の燃料としての薪や炭も必要なくなった。その結果，かつての雑木林は開墾されて田畑に転用されたり，逆に放置されて鬱蒼とした暗い林になっている。雑木林は人間が利用することで太陽光が射し，下草が育ち，多彩な花が咲き，樹液や花の蜜を求めて昆虫が集まり，その昆虫を求めてさまざまな鳥が集まる空間であった。つまり，雑木林は生物多様性の宝庫だったといえる。

生物多様性の宝庫という意味では，水田もかつては豊富な水棲の生き物をはぐくみ，その生き物を餌とする多くの鳥類が集まる場であった。日本では農薬や化学肥料の使用を控えたり，有機農業への転換を図る動きがあって，それが

実践されている地域では徐々に生物多様性が復活してきている。しかし，世界的にみると農耕地の生物多様性は減少傾向にあり，遺伝子組み換え作物の導入によって，農業地域は巨大な食料生産工場に変わりつつある。

④ 栄養・衛生・生育環境の改善と人口の増大

人類は農牧業を始めたことによって，自ら食料を生産し，保存することができるようになった。しかも，森林や草原を開墾していくことで農耕地を拡大し，食料の増産を続けていった。この食料の増産は，より多くの人々が地球上に生存することを可能にし，世界の人口は着実に増大した。世界の人口は人類が農牧業を開始した約1万年前には1億人以下であったが，約2000年前には約3億人に増加し，1825年ごろには10億人に達したと推定されている。農業の開始と進展なしには，この人口増が実現されなかったことはまちがいない。

しかし，図1-1からも明らかなように，急激に人口が増大したのは人類が産業化社会に入ってからである。1900年に約16億人だった人口は，100年後の2000年には64億人に達し，2050年には93億人になると予測されている。近代産業化社会はどのようにしてそのような人口増を可能にしたのであろうか。

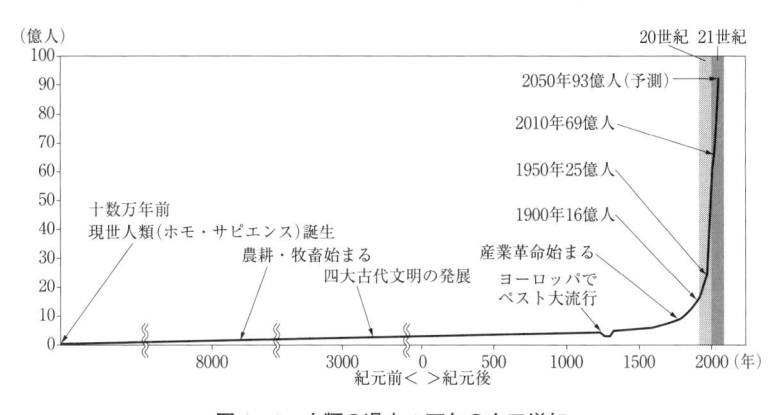

図1-1 人類の過去1万年の人口増加

まず，農薬や化学肥料，多収量品種など，単位面積当たりの収穫量を増大させる技術的な進歩があげられる。たとえば，江戸時代後期の籾米の反当たり収量は2石（約300 kg），1 ha当たり3000 kgであるが，今日では1 ha当たりの収

量は約 6000 kg で約 2 倍に増えている。農耕地の面積も新たな開墾や灌漑によって相当増加している。それらによって穀物の収量は急増した。

栄養状態や衛生状態が改善され，医学が進歩した結果，中世のヨーロッパのように人口の 4 割を失うような病気の大流行がまれになったことや，過酷な生活環境のもとでつねに高かった乳幼児死亡率が大幅に低下したことも人口増をもたらしている。

⑤ 都市人口の増大に伴う環境問題

もうひとつ，人口増加の受け皿となった都市の人口急増にも着目する必要がある。20 世紀は人口急増の世紀であったが，特に 20 世紀の後半は，開発途上国において都市人口が急増している。たとえば，インドネシアでは，1970 年の都市人口率は 17.1 ％であったが，2010 年には 50 ％以上となっている。

産業化社会では，製品の生産部門だけでなく，大量生産した製品を各地に輸送・販売する部門，さらに事務管理する部門も誕生する。また，教育やさまざまな文化活動，サービス業務に従事する人々も増加する。そのため産業化社会では第二次産業従事者に分類される工場労働者だけでなく，さまざまな第三次産業の雇用を生み出し，それらの人々が集積する都市が拡大し，農村から都市への人口移動が生じることになる。このような都市化の進行も，ゴミ問題や自動車の排気ガスによる大気汚染などの環境問題を生み出している。

都市の建設にあたっては，道路をはじめとする基盤整備やビルの建築などに多くの労働者が求められ，農村の過剰労働力が都市に流入した。しかし，都市の整備・建設期には大量の労働力が必要であるが，その整備・建設期を過ぎると都市には過剰な労働力が失業者として残り，スラム街が形成されがちである。また，途上国を中心にストリート・チルドレンの増大という問題も生じている。

3　持続可能な社会の構築へ

以上，人類の発展を振り返りながら，過去の人類が資源の有限性を顧みず，より安定した生存を求め，より豊かで便利な生活を求めた行為の集積の結果として，さまざまな環境問題がひき起こされてきたことをみてきた。それらの中

には先人の誤った選択や独善的な判断，自己中心的な利益追求などにもとづくものもあったかもしれない。しかし，それぞれの行動の根底には「生きのびたい」という生物の基本的な欲求があり，それを充足させるための知恵がそのつど発揮されてきた結果である。これまで人類が生活様式を発展させてきた行為を，現時点で否定したり批判したりするだけでは意味がない。これからどうすべきかについて，自分たちで考え，そして全世界の国々や人々と協力して解決策を見出していかなければならない。

人類の活動が招来した環境問題にどう対処するかについて世界規模で議論する先駆的な試みは，1972年にスウェーデンのストックホルムで開催された国連人間環境会議であった。その後も，序章で詳しく紹介されているようなさまざまな環境や環境教育に関する会議が開催され，環境問題への対応とともに経済開発との調和の必要性に対する認識が広まり，以後，「持続可能な開発」という概念が重視される潮流が形成された。

しかし，1972年の国連人間環境会議から約40年が経過した今日，人類の大量生産・大量消費・大量廃棄はますます進行し，1997年に京都で開催された気候変動枠組条約第3回締約国会議（COP3）で採択された，各国の温室効果ガスの排出削減目標は，ほぼ実現不可能な状態になっている。

人類にこれから求められる本当の意味での「飛躍的な発展」は，今日直面しているこの環境問題を克服することである。人類が獲得した「大きな脳」を存分に使って考え，英知を集めて克服する道筋を見出し，それを実行していく必要がある。そのためには，まず，すべての人々がより高い環境意識をもち，一致協力していく必要がある。より有効な環境教育を開発し，世界中に普及していくことが求められている。

《ディスカッション》
1．COP3で採択された温室効果ガス削減目標が達成されないのはなぜか。
2．環境問題に対応するうえで，経済開発との調和が必要とされる理由は何か。

〈注・文献〉
1) 中国科学院「中国自然地理」編集委員会（1982）『中国自然地理 歴史自然地理』科学出版社（中国）
2) FAO（2006）*"Irrigation" data collection*, FAOSTAT Statistics Database, updated 19 January 2006
3) FAO（2006）*Livestock's Long Shadow*, Rome

【さらなる学習のために】
・クライブ・ポンティング著／石 弘之・京都大学環境史研究会訳（1994）『緑の世界史』朝日新聞社
・トーマス・フリードマン著／伏見威蕃訳（2010）『グリーン革命［増補改訂版］』日本経済新聞出版社

コラム 「その気になればできること」と肉食

　筆者がよく実践するアクティビティの一つに「その気になればできること」がある。日常のささいな行動の中で環境を守るために重要なのはどのような行動であるかについて，参加者各人に順位づけをさせた後，グループのメンバーと意見を交換し，最終的にグループとしての順位づけを決定するという，合意形成を体験するアクティビティである。「できるだけ公共の交通機関を利用する」「買い物にはマイバッグを持参する」など，判断に迷いそうな8～10項目を提示して実施する。中国の北部で実施すると，まずまちがいなく「洗顔や歯磨きのときに水道の蛇口を止める」がトップにランクされる。一方，日本の大学生の場合，「てんぷら油をそのまま流さない」を上位に置くことが多い。一方，最下位にランクされることが多いのが「肉食を少なくする」である。「なぜ環境と関係ない肉食の項目があるのですか？」という質問をする大学生もいる。
　FAO（国連食糧農業機関）は2006年に「家畜，特に牛が世界一の環境破壊者」という調査報告を発表している[3]。そこでは，温暖化を引き起こす窒素酸化物やメタンガスが反芻動物から多く排出されていること，過放牧によって世界の草原と放牧地の5分の1が砂漠化したことなどが指摘されている。ちなみに，かつてのアマゾンの森林の70％は既に伐採されて放牧地となっており，現在ではブラジルが世界一の牛肉生産国，牛肉輸出国となっている。

（諏訪哲郎）

2章　世界が抱える環境問題①
── 地球温暖化問題 ──

【目標とポイント】
地球温暖化問題とは何か？　予想されるいくつかの疑問点にもふれながら，さらに深化した学習が始められるように，温暖化問題の基礎を理解する。

キーワード
地球温暖化，気候変動，温室効果ガス，IPCC，京都議定書

1　地球温暖化問題とは

「地球温暖化」の用語は小学校高学年の教科書にも登場し，さまざまな地球環境問題の中でもっともスケールが大きく，かつもっとも差し迫った課題である。地球温暖化問題とは一口でいえば，近年，大気中の二酸化炭素をはじめとする温室効果ガスの濃度が増大し，このために地表面の大気や海水の温度が上昇することで私たちの暮らしや環境にさまざまな問題が現れることである。地球温暖化問題については，これまでも多くの文献や著書が公刊されているが，ここでは「環境省パンフレット」[1]と文部科学省，気象庁，環境省が共同で作成した「統合レポート」[2]に依拠しつつ，主として学習者が抱きそうな疑問点に留意しながら概要を説明することにしたい。

2　地球温暖化はなぜ問題か

そもそも地球温暖化がなぜ「問題」になるのか。それは，大気中の温室効果ガス（水蒸気や二酸化炭素等，太陽からの熱を大気中に留める役割をするガス）が増加することで気温が上昇し，気候が変わることで人間や生物にさまざまなマイナスの影響が出ると考えられるからである。

温室効果ガスそのものは地球の生き物や人間にとって必要なもので，大気中

に温室効果ガスがないと，地球の平均気温は−19℃になるといわれ，これが大気中に適度に含まれていることで私たちは生活することができている。しかし，温室効果ガスが過度に増加し地表の気温が上昇すると，われわれの生活や環境に深刻な影響が出てくる。

私たちが子どもたちに地球温暖化問題について学習させる場合，①地球温暖化の事実とその原因，②地球温暖化の影響，③地球温暖化への対応，の三つの面から理解しておくことが必要である。

第一に，そもそも地球は温暖化しているのか。地球の気温は上昇しつつあるのか。もし温暖化しているとすればいつごろから，どのくらい上昇しているのか。さらに近年の温暖化の進行は何が原因と考えられるか，等について，これまでの科学的知見を踏まえて理解することである。

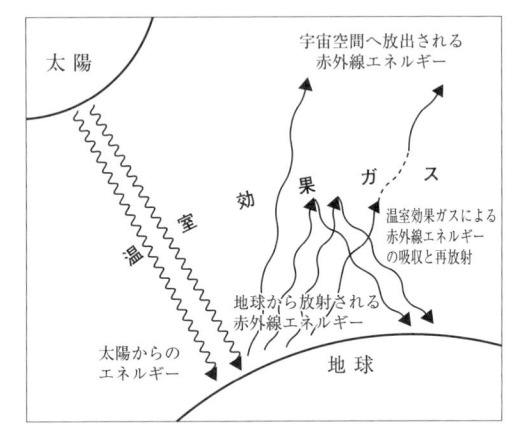

図2-1 温室効果のメカニズム
地球は太陽からのエネルギーで暖められ，暖められた地表面からは熱が放射される。その熱を温室効果ガスが吸収することで，大気が暖められる。
（環境省（2008）『STOP THE 地球温暖化』より）

第二に，こうした気温上昇は私たちの暮らしや地球環境にどのような影響があるのか。単に「暑さをがまんすればよい」という話ではないとすれば，どんなに深刻な影響があるのかということを，これも科学的知見を踏まえて理解することである。

そして第三に，以上の知見を踏まえて，私たち個人や人類全体は，地球温暖化に対して何ができるのか。できることがあるとすれば，どう取り組むべきかを考える基本的な知見を得ることである。その際，地球温暖化に歯止めをかけるため，個人でできることから人類全体で取り組むべき課題まで，いずれかに偏ることなく情報を得ることが大切である。

2章　世界が抱える環境問題①――地球温暖化問題

3　地球温暖化の進行とその原因

(1) 地球温暖化の事実

　気候変動に関する政府間パネル（IPCC）が2007年に公表した『第4次評価報告書』（以下，IPCC（2007））では，大気や海洋の平均気温の上昇，南極や北極の氷や氷河の減少，海面水位の上昇等の事実から，「もはや温暖化には疑う余地はない」と断定している。図2-2は，IPCC（2007）による過去100年間の世界規模の気温変化を示したものである。すべてのグラフが1970年代以降に急速に気温が上昇したことを示している。また，IPCC（2007）による過去1300年の北半球の気温変化のグラフからも，20世紀後半以降の気温上昇は，過去1000年の気温変化の幅を大きく超えており，「統合レポート」（2009）によれば，「過去の気温の変動は，太陽活動の変動と火山の噴火によって概ね説明できる」が，「20世紀後半の気温の変動は太陽活動と火山噴火だけでは説明

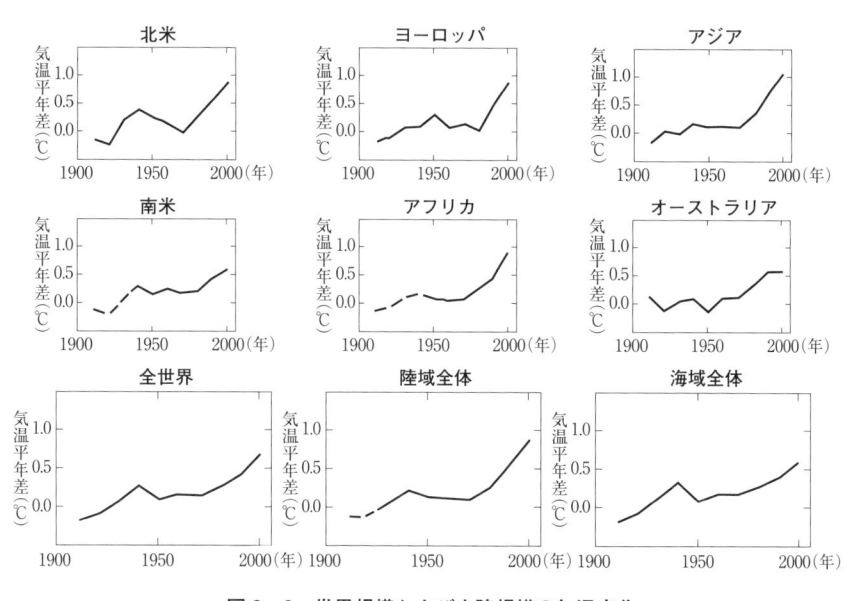

図2-2　世界規模および大陸規模の気温変化

（出典：IPCC（2007）「第4次評価報告書 統合報告書 政策決定者向け要約（Summary for Policymaker）」p.6
http://www.env.go.jp/earth/4th/str_spm.pdf）

できず，近年の温暖化を小氷期からの自然の回復とみなすことはできない」としている。つまり，近年の地球温暖化は地球の長い歴史の中でも特異な現象であり，これまでの自然現象では説明できないことを示唆している。

(2) 地球温暖化の原因は人為起源の温室効果ガス

それでは，地球温暖化の原因は何に求めればよいのか。じつは，先の気温上昇データと同様に，もうひとつ近年の特異性を示すデータがある。大気中の主要な温室効果ガス濃度の上昇である。

図2-3は，過去2000年間の二酸化炭素，メタンガス，一酸化二窒素の大気中濃度の変化を示したものである。各気体の濃度は産業革命以後上昇傾向を示し，特に20世紀後半以降に急上昇しており，図2-2で示した気温の上昇と同じ傾向が見られる。IPCC（2007）では南極から採取された氷床コアの分析か

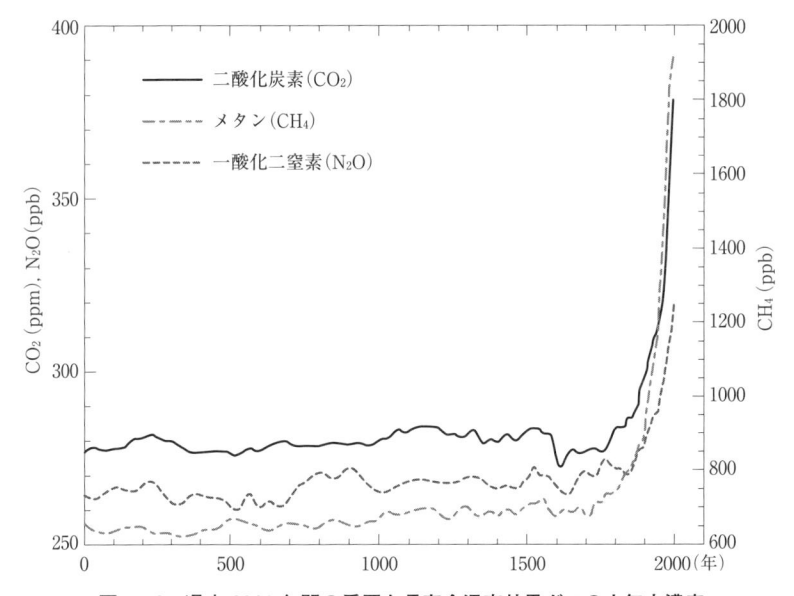

図2-3 過去2000年間の重要な長寿命温室効果ガスの大気中濃度
1750年頃からの増加は工業化時代の人間活動に起因する。
濃度の単位は100万分の1（ppm）あるいは10億分の1（ppb）。
（出典：IPCC（2007）『第4次評価報告書 第1作業部会報告書』p.14
http://www.data.kishou.go.jp/climate/cpdinfo/ipcc/ar4/ipcc_ar4_wg1_es_faq_chap2.pdf）

ら得られた過去約60万年間の主要な温室効果ガスの大気中濃度の変化が，海底に堆積した有孔虫の酸素同位体から推定された過去約60万年間の気温の変化がみごとに対応していることを示した図も掲載されている（図2-4）。図の右上の星印は，上から一酸化二窒素，メタン，二酸化炭素の現在の濃度を示しており，この図からも温室効果ガスの現在の濃度は過去約60万年の範囲を大きく超えていることがわかる。

過去の気候変動には太陽の活動や火山活動，地球の太陽に対する公転軌道の揺れ，地軸の揺れ等も関与していると考えられており，図2-4からは温室効果ガスの濃度が上昇することで気温が上昇するのか，逆に気温が上昇することで温室効果ガスの濃度が上昇するのかわからない。しかし，図2-4の星印で示した今日の二酸化炭素濃度をはじめとする主要な温室効果ガスの濃度は，これまでの約60万年間の変動の範囲を大きく超えており，もはや従来の自然界の変化だけでは今日の温室効果ガス濃度の異常な高さは説明できないことを示している。

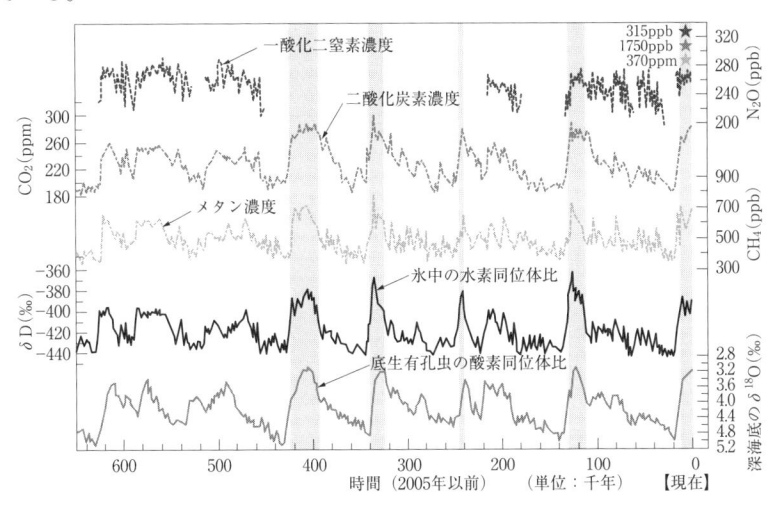

図2-4　主要温室効果ガスの大気中濃度の推移

灰色の帯は，現在と過去の間氷期の期間を示す。図右の星印は2000年における大気中濃度を示す。南極やグリーンランドの氷床に閉じこめられた気体や氷の成分，海底に堆積した生物の死骸を解析することで，過去の大気の様子がわかる。

（出典：IPCC（2007）『第4次評価報告書』）

(3) もっとも重要な温室効果ガスは二酸化炭素

温室効果ガスは地表から放出された赤外線の一部を吸収し温室効果をもたらす。大気の主成分である窒素（N_2）や酸素（O_2）は，赤外線があたっても活性化しない分子構造であるため，温室効果ガスにはなれない。

地球温暖化にもっとも寄与しているガスは水蒸気（H_2O）であるが，大気中の水蒸気の量は大気と海洋等との間での交換（蒸発や降水）によって決まり，気温の上昇によって大気中の水蒸気濃度が増加し，地球温暖化を促進する。しかし，「その気温上昇の最初のきっかけは，人間活動による二酸化炭素の排出によるところが大きい」とされている。したがって，地球温暖化問題に対してわれわれに何ができるかという観点からは，水蒸気以外で温暖化への寄与率がもっとも高い二酸化炭素をはじめとする人為起源による温室効果ガスに注目する必要がある。

COP3（気候変動枠組条約第3回締約国会議）では，削減対象となる主要な温室効果ガスの影響の大きさを地球温暖化係数と呼ばれる数値で提示している。地球温暖化係数は，そのガスが大気中に放出されたときに地球に与える放射エネルギーの量を一定時間内で積算し，二酸化炭素を1とした場合の比率として評価したものである。主要なガスの温暖化係数は，メタン:21，一酸化二窒素:310，フロンの代替物質であるハイドロフロオロカーボン:140〜11,700等となっている。この値だけをみると，二酸化炭素よりもメタン等による影響がより重要のようにみえるが，二酸化炭素は大気中への総排出量が圧倒的に多く，また毎年増加し続けているため，人為起源の温室効果ガスとしてはその寄与率がもっとも高く，全体の約60％を占めている。

図2-5は，1750年頃から始まった産業革命以降の人間活動による二酸化炭素排出量の推移を示したものである。二酸化炭素の排出量は，とりわけ20世紀後半から急激に増加していることがわかる。

以上の事実をはじめ，さまざまな科学的データの検証を経たうえで，「20世紀半ば以降に観測された世界平均気温の上昇のほとんどは，人為起源の温室効果ガスの増加によってもたらされた可能性が非常に高い」とIPCC（2007）で

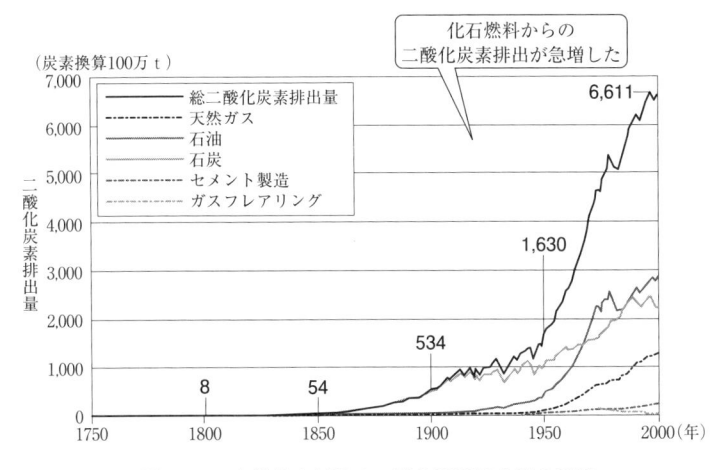

図 2-5　産業革命以降の二酸化炭素排出量の推移
(出典：IPCC (2007)『第 4 次評価報告書』)

は結論づけている。

4　地球温暖化の深刻な影響

　それでは，これから先どのくらいの気温の上昇が予測されるのか。これについては今後このまま経済重視の社会を続けるのか，それとも持続可能な社会を目指して世界が温室効果ガスの排出削減に向かうのかによって予測値は異なってくる。IPCC (2007) は，2100 年時点では「可能性が高い予測幅を含めると 1.1 〜 6.4℃の上昇と予測」しており，さらに「地域別に見ると，陸域とほとんどの北半球高緯度で気温の上昇が大きく，海上の気温の上昇は陸上に比べて小さい」と指摘している。

　およそ 100 年後，世界の地上気温はおよそ 1 〜 6℃までの上昇が予測されている。このような地上気温の上昇は，地球環境にどのような影響を及ぼすのであろうか。まず思い浮かぶのは，気温の上昇によって南極やグリーンランドの氷が溶け出し，海面水位が上昇することによって海に面した低地が水没することである。IPCC (2007) では，21 世紀末までに海面水位は，今後のシナリオ

によって0.18〜0.59 m上昇すると予測している。しかし，一方では「北極の晩夏の海氷は21世紀後半までにほぼ完全に消滅する」との予測もあり，「世界平均気温が1990〜2000年に比べて1〜4℃上昇した状態が継続されれば，グリーンランドや西南極の氷床の融解が数百年から数千年かけて進み，4〜6 mもしくはそれ以上の海面上昇をもたらす」ともいわれている。実際には地域差もあり不確実性が高いとされている。

　海面水位の上昇は，温暖化の影響を直接理解できる現象であるが，人間は時間的・空間的スケールがあまりにも大きい問題には無頓着になりやすく，「100年もかけて数度の気温上昇程度なら大したことはない」と感じる人も多いであろう。地球温暖化による影響について，実際にはどのように考えられているのか。図2-6は，IPCC（2007）で，地上気温の上昇によってどんな影響が考えられるかを，水，生態系，食料，沿岸域，健康の分野に分けて整理したものである。図中の各文章が始まる左端の位置が，1980〜1999年の平均気温を基準にした場合の気温上昇量（横軸）を示している。

　これによると，わずか1〜2℃の気温上昇でも，生活用水の入手が困難になる人々の増加，サンゴの白化の増加，小規模農家等への負の影響，洪水や暴風雨による被害の増加，熱波・洪水・干ばつ等による死亡率の増加，等の環境や人々の暮らしへのさまざまな悪影響が及ぶことが予想されている。

　なぜ，このようなわずかな気温上昇で地球環境にさまざまな影響が出てくるのか。図2-6に示された個々の事態に対する予測すべてについて，具体的に理解することは難しい。ここでは森林生態系を例にとって説明しよう。

　生態系は，生物間の相互関係，またこれらの生物とそれを取り巻く環境の間の相互関係を一つのシステムとしてとらえた言葉である。したがって，一つの生態系に存在する特定の生物種がなんらかの変化を起こすと，その影響は生態系全体に及ぶことに留意しなければならない。

　森林生態系の主体である樹木は，それほど速く分布域を移動させることはできず，たとえばコナラやカシワでは1年間に75〜500 m程度とされている。ところが，地球温暖化が進み，植生分布を決める「暖かさの指数」が増加する

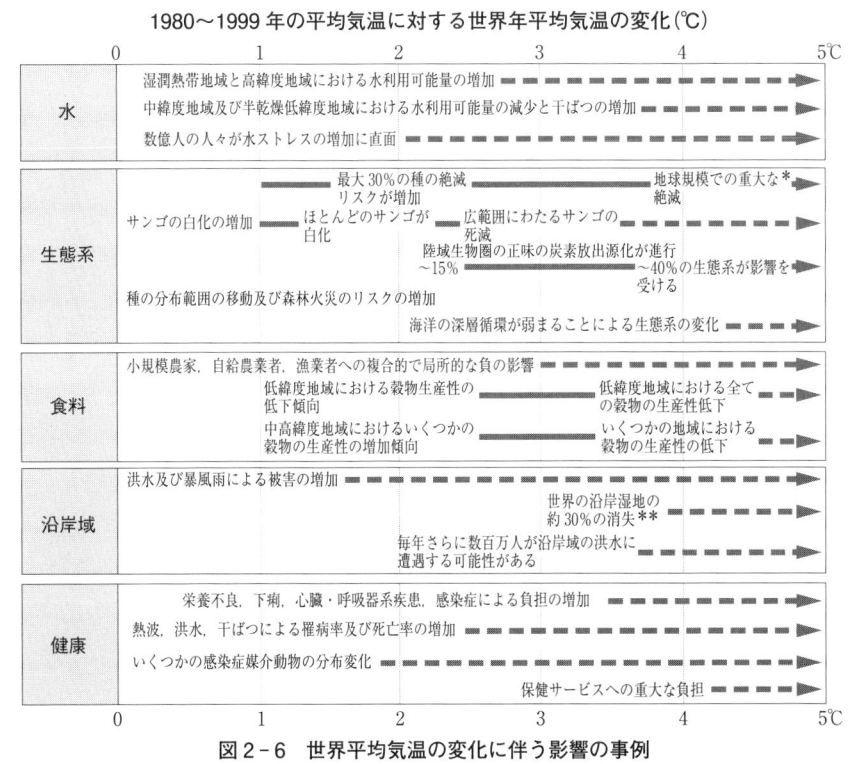

1980〜1999年の平均気温に対する世界年平均気温の変化(℃)

分野	影響
水	湿潤熱帯地域と高緯度地域における水利用可能量の増加 中緯度地域及び半乾燥低緯度地域における水利用可能量の減少と干ばつの増加 数億人の人々が水ストレスの増加に直面
生態系	最大30％の種の絶滅リスクが増加　　　地球規模での重大な*絶滅 サンゴの白化の増加　ほとんどのサンゴが白化　広範囲にわたるサンゴの死滅 陸域生物圏の正味の炭素放出源化が進行　〜15％　〜40％の生態系が影響を受ける 種の分布範囲の移動及び森林火災のリスクの増加 海洋の深層循環が弱まることによる生態系の変化
食料	小規模農家，自給農業者，漁業者への複合的で局所的な負の影響 低緯度地域における穀物生産性の低下傾向　低緯度地域における全ての穀物の生産性低下 中高緯度地域におけるいくつかの穀物の生産性の増加傾向　いくつかの地域における穀物の生産性の低下
沿岸域	洪水及び暴風雨による被害の増加 世界の沿岸湿地の約30％の消失** 毎年さらに数百万人が沿岸域の洪水に遭遇する可能性がある
健康	栄養不良，下痢，心臓・呼吸器系疾患，感染症による負担の増加 熱波，洪水，干ばつによる罹病率及び死亡率の増加 いくつかの感染症媒介動物の分布変化 保健サービスへの重大な負担

図2-6　世界平均気温の変化に伴う影響の事例

*「重大な」はここでは40％以上と定義する。　**2000年から2080年までの海面水位平均上昇率4.2mm/年に基づく
（出典：「統合レポート」(2009) より）

と，気候帯が北上する。仮に2100年までに地球の平均気温が3〜4℃上昇すると，日本では気候帯が1年間に4〜5 kmのスピードで北上するという報告がある。しかし，そうすると，気候帯の移動速度についていけない樹木はその生育環境が悪化し，生育不良や枯死に至る可能性が高くなる。そして，枯死等で森林生態系の主体である樹種の構成が変化すれば，生態系における生物間の相互関係も崩れ，他の樹木や草本にも変化が及び，さらにこれらを食物や隠れ場として利用し生息してきた動物もすめなくなる等，生態系そのものの存続が危機に瀕する可能性が高まる。このように地球温暖化は，単にわれわれが感じる気温上昇の感覚以上に，深刻な影響を地球環境に及ぼすことになるのである。

もう一つ，よく疑問点としてあげられるのは，地球温暖化の農業に対する影響である。すなわち，温暖化で気温が上昇すると植物の生育が促進され，むしろ食料の増産が期待できるのではないかという点である。この点について「環境省パンフレット」(2008) では，平均気温の上昇により作物の生産性が微増する可能性も指摘しつつ，「一方で気温上昇がより大きくなると，これらの地域の中でも生産性が減少に転じる地域が現れ，また，より低緯度地域では，1〜2℃の上昇でも生産性が減少し，飢饉リスクが高まる」と述べている。温暖化の影響で注意しなければならないのは「地球システムの大規模かつ急激な変化の影響」である。「温暖化は，平均気温の変化として現れるだけでなく，異常気象の頻度の変化のような形でも現れ，特に大雨や高温日等は頻度の増加が予想されており，洪水，熱波，干ばつ等の気象災害の増加が懸念」されている。たとえば，日本の農業に大きな影響を与える台風についても，IPCC (2007) では，全球的に最大風速44 m以上の非常に強い台風や熱帯低気圧の数が増加し，これに伴って雨が強くなる傾向を指摘している。このように，地球温暖化は単に気温の上昇だけでなく，温暖化による異常気象の頻発が農業に与える影響を重視する必要がある。

5　地球温暖化への対応

　地球温暖化に歯止めをかけるために，私たちに何ができ，何をすべきであろうか。もっとも効果的なのは人為を起源とした温室効果ガスの大気への排出量を抑制することである。なかでも温室効果の寄与率が60％を占める二酸化炭素の排出量を抑えることは，温暖化防止のための最重要課題である。とりわけ，わが国では京都議定書（後述）の対象となっている温室効果ガス排出量のうち二酸化炭素は約95％を占めており（図2-7），その削減対策が急務となっている。

　地球温暖化対策の基本は，大気中に放出された二酸化炭素を回収することと，大気中への二酸化炭素の排出をできるかぎり抑制することの2点に尽きる。

　前者の大気中の二酸化炭素の回収について，もっとも現実的で速効性があるのは植林による森林造成や間伐等の手入れによる既存森林の健全化である。樹

木は他の植物や動物と同じように呼吸し，大気中の酸素を取り込み，二酸化炭素を放出しているが，それを大きく上回る規模で光合成により二酸化炭素を吸収・固定する役割を果たしている。また，樹木からの蒸散によって気候を緩和する効果も期待される。森林を通した二酸化炭素の吸収・固定のためには，植林や森林の手入れ等，私たちもボランティア活動等を通じて参加できる課題から，生産時に多量の二酸化炭素を排出するセメントに代えて再生可能な資源である木材の使用を促進する等の政策的課題，さらには地球的規模での再生不可能な森林伐採をいかに食い止めるかという国際的課題まで，さまざまなレベルでの取り組みが求められている。

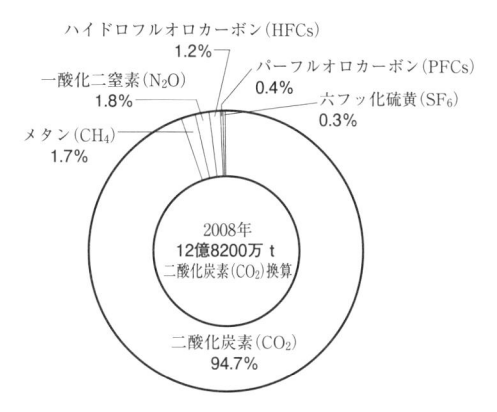

図2-7 日本における京都議定書の対象となっている温室効果ガスの排出量の割合
（出典：温室効果ガスインベントリオフィス）

後者の二酸化炭素の排出の抑制とは，二酸化炭素を一方的に大気中に排出する石炭・石油等の化石燃料の使用をできるかぎり抑えることである。化石燃料の使用を抑制するためには，節電や太陽光発電，風力発電等の再生可能エネルギーの利用率向上，電気自動車やハイブリッド自動車の開発と普及，自動車よりも鉄道の利用を増やす等の対策が考えられる。また，大学や企業等の組織が自主的に環境に関する方針や目標を設定して取り組む制度や仕組み（環境マネジメントシステム）をつくり，二酸化炭素の排出を抑制することも重要である。

二酸化炭素を出さない代替エネルギー源としては原子力も注目されてきた。原子力発電はウラン235等の核分裂反応の際に放出する膨大なエネルギーを発電に利用するもので，日本をはじめ世界各国で原子力発電所の建設が進められている。しかし，スリーマイル島（1979，アメリカ）やチェルノブイリ原発事故（1986，旧ソ連・現ウクライナ），日本では東北地方太平洋沖地震とその後の

大津波による福島第一原発の事故（2011）の経験も生々しく，その安全性をめぐって賛否が分かれている。

6　私たちにできること

1992年にリオデジャネイロで開催された国際環境開発会議（UNCED，地球サミット）では，地球温暖化が人類共通の関心事であることを確認し，大気中の温室効果ガスの濃度を安定化させ，現在および将来の気候を保護することを目的とする気候変動枠組条約が採択された。これ以降，地球温暖化の防止に向けて各国の話し合いが進められ，1997年12月の気候変動枠組条約第3回締約国会議（COP3）では2008年から2012年の間に国別の温室効果ガスの削減目標を定めた京都議定書が採択された。しかし，その後まもなくアメリカが京都議定書から離脱し，また最大の二酸化炭素排出国である中国は温室効果ガスの削減義務が課せられていない等，多くの課題が残されたままとなっている。

地球温暖化問題について語るうえでは，たとえば2008年時点で世界の二酸化炭素排出量[3]の1位と2位を占める中国（総排出量の22.1％）とアメリカ（同19.2％）について，現時点でその排出量を規制する枠組みがないことから地球温暖化対策が進まない現状に悲観的になり，温暖化防止に向けての行動の意欲を失うことのないよう留意することが重要である。また，教育の場面では，だれでもできる主体的な取り組みとしてリサイクル活動が推奨されるが，こうした側面のみが強調され，産業部門が牽引する大量生産・大量消費・大量廃棄の社会構造そのものの変革の課題が置き去りにされることがあってはならない。日本の二酸化炭素排出割合（2009）を部門別にみた場合，産業部門（33.9％）と民生部門（32.9％）は，ともに排出削減の対象として重視されるべきことを正確に伝えるべきであろう。

地球温暖化問題は，人類が引き起こし，人類の生存をかけて解決が求められる21世紀最大の課題である。その解決に向けては，グローバルに展開している温暖化に対応した幅広い視野をもつ環境人材が必要であり，その育成のための正確でわかりやすい知見の提供が重要である。

《ディスカッション》

1. 地球温暖化の進行は，私たちの生活にどんな影響をもたらすか。
2. 地球温暖化対策について，私たちに何ができるか。

〈注・文献〉
1) 環境省パンフレット（2004・2005・2008）「STOP THE 温暖化」
2) 文部科学省・気象庁・環境省（2009）「温暖化の観測・予測及び影響評価 統合レポート・日本の気候変動とその影響」
3) 日本エネルギー経済研究所（2011）『EDMC エネルギー・経済統計要覧 2011 年版』

【さらなる学習のために】

・岡本博司著（2002）『環境科学の基礎』東京電機大学出版局
・地球環境研究センター編（2009）『ココが知りたい地球温暖化』成山堂

コラム　温室効果ガスの排出量取引

　京都議定書では，世界各国で温室効果ガスの削減を進めることが困難なことを踏まえ，直接的な温室効果ガスの削減だけでなく，先進国が開発途上国に温室効果ガスの削減を行うための技術や資金を援助する事業や植林活動等も温室効果ガス削減の努力として評価する仕組みを定めている。排出量取引もその一つで，温室効果ガスの排出枠を越えて排出してしまった国が，排出枠より実際の排出量が少ないところから排出枠を買い取ることで，排出枠を遵守したとみなす制度であり，企業レベルでも排出量取引が行われている。
　この制度は排出量を抑えた国や企業が，より利益を求めて温室効果ガスの削減に努力する効果をねらったものといわれているが，一方では再生可能エネルギーへの転換や省エネルギー対策に必ずしもつながらないとの指摘もある。

（比屋根 哲）

3章　世界が抱える環境問題②
―― 生態系と生物多様性 ――

【目標とポイント】
生態系・生物多様性とその価値を理解するとともに，生態系・生物多様性の危機の現状を知り，その保全のためにどうすればよいかを考える。

キーワード
生物多様性，生態系サービス，ミレニアム生態系評価，生態系管理

1　生態系・生物多様性とその価値

(1)　生態系・生物多様性とは何か

　生態系（ecosystem）とは，ある地域に生息する動植物・菌類・原生生物の総体である生物群集と，それらを取り巻く非生物的環境とで織りなす複雑な網目を通した，栄養塩循環・水循環・エネルギー流動のシステムを指す用語である。生態系の生物部分は，その役割によって大きく生産者，消費者，分解者に分けられる。生産者である緑色植物が光合成により二酸化炭素と水から炭水化物を大量に合成し，これら有機物を消費者である動物が何段階にもわたって利用する。動植物の遺骸は土壌動物や菌類，細菌類などの分解者によって無機物に戻る。

　生物多様性（biodiversity）とは，地球上に生息する多種多様な生き物と，それらの間のさまざまな関係の総体を表す用語である。地球上の生き物は，原始生命誕生後の40億年間にさまざまに変異し，それぞれのすみ場所の環境や種間関係に適応しながら新しい生物種が誕生するプロセス（種分化）を繰り返すことで，高度の多様性をもつに至っている。この生物多様性は，1992年にリオデジャネイロで開かれた地球サミットの主要議題の一つとなり，「陸上，海洋，陸水の各生態系を含む原産地における生物の間，およびそれらが構成する生態

学的複合体の間の変異性を指し，種内，種間および生態系の多様性を含む」と定義された。このうち，種内の多様性は「遺伝的多様性」と呼ばれることが多い。

① 種の多様性

　種の多様性はその地域における種の数で表される。地球上の生物種は，これまでに，160万種以上（植物30万種,動物123万種〔脊椎動物6万種,昆虫95万種〕を含む）が分類学者により記載されており[1]，未記載の種を含めた全種数の推定値は数百万種〜1億種である。種の多様性は熱帯林やサンゴ礁で高く，極地，高山，砂漠といった厳しい環境では低くなっている。これら多様な種が，光合成，捕食，寄生，分解，花粉媒介などそれぞれが担っている特有の生態的役割を果たすことで，健全な生態系が維持される。

② 遺伝的多様性

　私たち人類の肌や頭髪，眼の色や顔かたちが個人や民族の間で変異しているのと同様に，野生生物においても種内の遺伝的変異は豊かである。同じ地域に生息する同種個体群も遺伝的にさまざまなタイプの個体から構成されている。個体群間の地理的な距離が増すと遺伝子の交流の機会が低下し，長い年月の間に遺伝子の突然変異や自然淘汰も加わって，それぞれの地域に独特の形態や色彩の変異（地理的変異）が現れる。

　この遺伝的多様性には，食物の選択傾向あるいは病気や環境悪化への抵抗性などの面で質的な差異も含まれる。これは，それぞれの生物種が大きな気候変動や生態系の変化などの環境変化を切り抜けて生き残っていく際の選択肢が多いことを意味する。絶滅の危機に瀕した希少な野生生物は，個体数の減少によって遺伝的多様性をも失い，絶滅に向かうスパイラルからの脱出を困難にさせられる。遺伝的多様性は，人類による利用（特に医薬品の開発や農作物の遺伝的改良）の面からも重要である。

③ 生態系の多様性

　ある広い地域をとりあげたとき，その地域が一様に同一の生態系（例：樹林）で占められている場合よりも，数多くのタイプの生態系（例：樹林，草原，湖沼，

湿原）から構成されている場合のほうが，生態系レベルでの多様性は高い。生態系の多様性が高い地域は，それ自体，種の多様性を高めるだけでなく，人の眼からみても豊かな自然景観をつくり出す。森林の伐採や湿地の埋め立てなどはその地域の生態系多様性を真っ先に損ない，ひいては種の多様性，遺伝的多様性をむしばむ。

(2) **生態系・生物多様性の価値**

生態系・生物多様性はなぜ守られなければならないのか，その価値はどのようなものであろうか。国連のコフィ・アナン事務総長（当時）の演説を受けて，2001～2005年に95か国，約1400人の専門家が参加して実施された「ミレニアム生態系評価（MA）」の報告書（2006）[2]は，「生態系サービス」（生態系・生物多様性が人類にもたらす恩恵）を，四つのタイプに整理・分類している。

> ①**供給サービス**（生態系から得られる生産物）：食料（動植物・微生物），木材（燃料，用材，原料），繊維その他の生物組織，生化学物質（医薬品，化粧品，食品添加物），遺伝子資源（農作物改良），淡水（農工業，生活用，発電），意匠（バイオミミクリー）など。
> ②**調整サービス**（生態系のプロセスに付随する調節機能から人類が得ている便益）：大気組成の調節，気候の調節，水の調節，土壌侵食の抑制，自然災害の防護，疾病の制御，病害虫の抑制，花粉媒介など。
> ③**文化的サービス**（生態系から受けているさまざまな非物質的な便益すなわち，精神的・文化的な恩恵）：文化的多様性，精神的価値，インスピレーション，審美的価値，文化的遺産価値，レクリエーションと観光，社会的関係，知識体系，教育など。
> ④**基盤サービス**（上掲のすべての生態系サービスを支える基礎）：土壌形成，光合成，一次生産，栄養塩循環，水循環など。

このように私たちは，生態系がもたらす温和な気候，おいしい空気，浄化された水，豊饒な大地の実りから心の癒しに至るまで，数えきれないほどの恩恵のもとで生きている。一度絶滅した生物種はよみがえらせることはできない。したがって，生態系の破壊はこれらの自然の恵みを永遠に失うことになる。こ

のことが生態系を守らなければならない理由である。これらの生態系の機能の一部（例：洪水や高波の防止，水や空気の浄化）は人工的な建造物や機械，装置で代替可能であるが，莫大な経費がかかり，かつ非持続的である。

　さて，生態系の破壊と生物多様性の低下は同じものではない。ある生態系（例：一つの湖）を構成する動植物のどれか1種や2種が絶滅したとしても，その生態系の食物連鎖のほころびが別の生物によって埋め合わされるなら，生態系全体の機能は実質的に変わらない。ただし，脱落する種数が増えてくると，生態系が機能不全に陥ることになる。これはジェット機の機体のパーツ同士を留めつけているリベットの脱落にたとえられる。一方，生物多様性の観点からいえば，種が一つでも絶滅していくことは，種の多様性の低下を意味する。

　このような種の絶滅を防ぐことの意味はどのようなものであろうか。消えていく種が，たとえばジャイアントパンダであるとか，トキやタンチョウであれば，その審美的価値ゆえに保護しようという世論が沸き起こり，資金，人材，政策が手当てされる。それに対して，なんの変哲もないような小魚，草，ハエやダニ，カビなどの種が一つ，二つと消えていくことに対してはどうか。それを守る価値があるとする一つの回答は，将来の薬品その他の有用化学物質あるいは遺伝子が得られるかもしれないという，供給サービスのうちの「潜在的利用価値」である。

　「生態系サービス」という功利的価値とは別に，それぞれの生物種は固有の価値をもち，人間にとっての価値の有無にかかわらず侵害すべきものではない，という考え方がある。たとえば，ディープ・エコロジーの提唱者であるノルウェーの哲学者アルネ・ネス（1912-2009）は，「生物は生命圏のネットワークもしくは内在的諸関係の場における結び目として存在する」という，関係しあう場全体のイメージでとらえ，「生態系内のすべての生物は平等な権利をもつ」と主張している[2]。この主張は科学的に論証不可能であり，信念の表明にすぎないが，傲慢に環境を破壊してきた人類の行為を謙虚に反省し，自然と共存していくことの重要性を説いている。

2 生態系・生物多様性の危機の現状

(1) 世界の生態系の変貌とその主要因

　人類は，その経済発展の歴史を通じて，じわじわと自然の生態系を破壊し，農業生態系や都市生態系へとつくり変えてきた。とりわけ，過去数十年の間の物質文明の肥大化，人口増加，経済のグローバル化は，世界中の生態系に大きなダメージを与え続けている。「ミレニアム生態系評価」によれば，24項目の生態系サービスのうちの15項目（漁獲，木質燃料，遺伝資源，災害制御など）で，悪化または非持続的利用が確認されている。

　ミレニアム生態系評価では，世界の生態系をより大きいカテゴリー枠において評価するために，10タイプの「システム」に分類している。以下，主要な六つのシステムにおける生態系の変貌の状況を「ミレニアム生態系評価（MA）」の報告書（2007）[3]とN・マイヤーズ＆M・ケントの『65億人の地球環境（ガイア）』[4]をベースに概観する。

① 海洋システム

　世界の海洋システム（水深50m以上）の漁獲量は過去50年間にわたり年々増加し，1980年代後半にピークに達した後は捕獲努力が増しているにもかかわらず横ばいである。2002年には年間7000万t（養殖のものを合わせると1億t）で，これはFAOが推定した持続可能な漁獲量の限界に達している。この過剰な漁獲の結果，世界の多くの海域において，漁獲対象種の生息量は水産業が始まる前の10分の1に減少した。また，過剰利用または枯渇状態の資源状況にある水産資源は，1970年代の10％から2006年の25％超にまで増えている。大西洋のクロマグロ，北西部大西洋のマダラなどがこれに該当する。

　海洋の主な汚染源は農業（肥料，殺虫剤，除草剤），都市（有毒物を含む排水，石油，砂泥），工業（難分解性化合物，重金属を含む廃棄物），原子炉（放射性廃棄物），石油精製である。

② 沿岸システム

　水深50mより浅く満潮時海水面から50mの標高（または渚線から100kmまで）

の陸域のことであり，サンゴ礁，潮間帯，河口域，マングローブ，藻場などを含む。沿岸システムは，廃棄物の投棄，工業団地・石油コンビナート造成などの埋め立て，浚渫など人間の開発行為による破壊を受けやすく，アメリカでは90％以上の沿岸湿地が失われている。マングローブ林は農地，工業用地，エビ養殖，木材・燃料供給のために伐採され，フィリピンでは70％，タイでは80％が失われた。サンゴ礁は世界全体で10％が既に破壊され，30％は危機的状況にある。世界の30％のサンゴ礁が失われるとそこにすむ生物種の10％が絶滅すると警告されている。サンゴ礁の危機の原因は，浚渫，建設のための除去，土壌侵食，下水・産業廃棄物，温排水・淡水の流入，石油汚染，観光，沿岸開発，鉱業，石油・天然ガス生産，魚の乱獲，気候変動などである。

　下水や肥料流入による富栄養化も深刻で，藻類が異常繁殖し，その分解の際に多量の酸素を消費するために他の生物が窒息する事態が，いたるところで起きている。アメリカ大西洋岸のチェサピーク湾は世界でも屈指の生産性の高い場所であったが，富栄養化や工業廃水によりかつては年間1億tあった漁獲量が2001年にはわずか150万tにまで落ち込んでいる。

③　乾燥地システム

　年間降水量が最大蒸発散量の3分の2以下の地域（極地を除く）で，砂漠，半砂漠，サバンナ，草原，低木林，耕作地が含まれる。陸地面積の41％を占める乾燥地システムには，世界人口の3分の1がすみ，その90％は開発途上国の国民である。世界の家畜の約50％がこの地域で飼育されている。人々は年間1人当たり1300㎥以下（2000㎥が最低限の福利と持続可能な開発に必要）の淡水供給のもとで生活している。乾燥地システムでは過度の耕作，森林破壊，過放牧，不適切な灌漑により砂漠化が進んでおり，地球温暖化がそれに拍車をかけている。そのため，2億5千万人以上の人々が燃料不足や土壌の不毛化などによって直接苦しめられている。

④　森林システム

　高木性（高さ5m以上）の樹木が優占する（面積比40％以上）土地のことである。世界の森林システムの面積は過去30年の間に2分の1に減少した。森林

は25か国において事実上消失し，29か国では90％以上の面積が失われた。1990年から2000年の間に世界の温帯林は年当たり300万ha増加し，熱帯では過去20年間に年当たり1200万ha以上の森林が伐採された。熱帯林と熱帯疎林は毎年17～18万km²の面積（新潟・福島県以南の本州の面積）が消滅している。森林の中でも天然林や二次林，特に熱帯林は生態系も複雑で，動物を含めた種多様性・遺伝子多様性が高いので，これらの破壊・喪失は，遺伝子資源をはじめとした供給サービスや文化的サービスの劣化・喪失を意味する。人工林を含む森林伐採は調整サービスとしての保水力や，炭素固定による気候調整能力を低下させる。過剰伐採は中国やバングラデシュをはじめ各国の洪水の主要因である。

⑤ 農耕地システム

栽培化・家畜化された種が優占している土地（ただし，放牧地・牧草地を除く）であり，陸上面積の24％を占める。開発途上国の1961～1999年の間の穀物生産量の増加分の29％が耕作地の拡大，残りは生産力の増強（化学肥料の投入・機械化など）による。世界の人口の81％が住む開発途上国には世界の家畜の74％が飼われているが，そこで生産される肉や乳の44％は先進国に輸出されている。農業経営の機械化・大規模化は単一作物種の広域作付け（モノカルチャー）につながり，化学肥料や農薬による環境汚染とあいまって生物多様性の減少に加担している。

⑥ 陸水システム

沿岸域や内陸に存在する永続的な水域を中心としたシステムであり，河川，湖沼，氾濫原，貯水施設，湿原，汽水湖などを含む。河川湖沼から取水される水は年々増加を続け，1960～2000年の間に2倍になった。取水される水の70％は農業用に使われている。取水や埋め立てにより，世界の陸水面積の50％（大きな湖沼を除く）が消失したと推測されている。ダムなどの建造物で世界の大規模河川システムの60％が分断化され，その結果，流量が減少し，下流・沿海部への堆積物の供給が30％減少した。上流における過度の取水により，実際に黄河等で1990年代に断流がしばしば起き，水質汚濁や乱獲も加わって魚類150種の3分の1が絶滅し，漁獲量も40％に減少した。中央アジアのアラ

ル海では面積が3分の1以下に縮小し、そこにすむ野生生物の多くが絶滅した。

(2) 生物多様性ホットスポット

　固有植物種が1500種以上ありながら、その本来の生育地の70%以上を喪失している、世界的にみて保全の重要性の高い地域は「生物多様性ホットスポット」とされている。指定された34地域の中には、中央アメリカ、マダガスカル、フィリピンなどの国々と並んで日本列島も最近加えられた。地球の陸地のわずか2.3%の合計面積にすむ固有種だけで、すべての植物の50%以上と陸上脊椎動物の42%を占めている[1]。多くのホットスポットは人口急増地域に隣接しており、保全の緊急性が高い。

(3) 近づく大量絶滅

　以上みてきたような地球上の生態系の破壊・劣化に伴い、生物多様性は減少の一途をたどっている。国際自然保護連合（IUCN）が、専門家の協力を得て全世界の生物種164万種のうちの約4万5千種を精査した結果、約1万7千種が絶滅危惧種であることが判明した[5),6)]。記載されている種数に対する絶滅危惧種の比率およびその主要因は表3-1のとおりである。

　古生物学は、地球上の生物種が過去に5回の大量絶滅を経験してきたことを明らかにしている。5回目の大量絶滅は6550万年前の恐竜絶滅で、巨大隕石の落下が主な原因とされている。そして今、地球上6度目の大量絶滅の危機に直面している。20世紀後半から21世紀を通して進行している生態系の破壊と

表3-1　絶滅危惧種の比率およびその主要因

	記載種数	絶滅危惧種の比率	減少の主要因
両生類	6347	30%	農業、生物学的資源利用（実験材料等）、居住用および商業用開発による生息地破壊
哺乳類	5488	21%	森林伐採、農業、狩猟、わな、商業開発
鳥　類	9990	12%	農業の大規模・集約化、森林伐採、外来種
サンゴ類	2175	11%	海水温上昇、沿岸開発、乱獲、土砂堆積、汚染
裸子植物	980	33%	生息地破壊・劣化、コレクション

種の大量絶滅は，ひとえに人類の責任である。

(4) **生物多様性損失の要因相互の関係**

　生物多様性条約事務局が作成した，生物多様性損失の要因相互の関係の概念図を図3-1に示す。

　この図から，①生物多様性損失の直接の原因である生息地破壊，乱獲，汚染，外来種，気候変動（温暖化）は，食物需要およびエネルギー需要につき動かされていること，②これらの需要は人口，1人当たりの消費量，資源強度に依存していること，そして，③これらの基底には経済，人口，社会・政治，文化・宗教，科学・技術などの要因が横たわっていることがわかる。

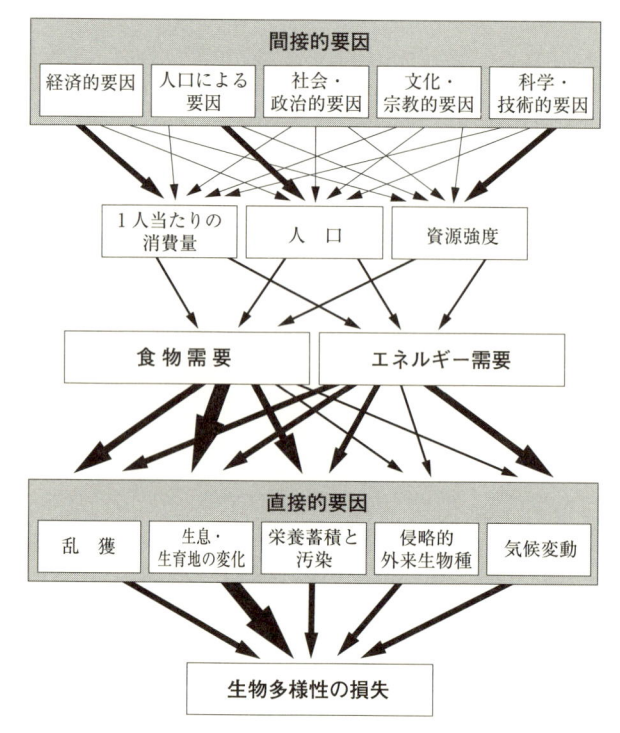

図3-1　生物多様性損失の要因相互の関係の概念図
矢印の太さは，生物多様性の損失の要因である経済部門の重要性をおおまかに表す。
（出典：生物多様性条約事務局（2008）『地球規模生物多様性概況2（日本語版）』環境省
http://www.biodic.go.jp/biodiversity/jbo/20-2GBO2.pdf）

3 生態系・生物多様性をどう保全するか

　生態系の劣化や生物多様性の損失を食い止めるには、図3-1に示された直接的要因を取り除くか、強度レベルを押し下げなければならない。

　しかし、21世紀に入っても人口および1人当たり自然資源・エネルギー消費量が増加し、直接的要因の圧力はさらに強まっている。そのような中で生態系や環境の劣化の進行を押しとどめるためには、過剰消費を抑制するとともに、どのような政治・経済・貿易のシステムのもとで、どのように生態系の管理を行えばよいかを考え、実践する必要がある。「ミレニアム生態系評価（MA）」では、実現可能な四つのシナリオのもとでの未来予測を行った。そのうちの流域規模の単位で政治・経済活動が行われ、地域的な事前生態系管理が強力に行われるシナリオでは、先進国・途上国ともに生態系サービスが向上することが予測された。ここでいう事前生態系管理は、モニタリングを行い、変化しつつある状況や新たな局面に対応でき、水・エネルギー・肥料などの有効利用、生態系がもつ回復力と自己維持力を活用するものである。

　いずれも実現可能なシナリオとされてはいるが、流域単位で強力な事前生態系管理を進めていくこと一つをとってみてもその実現は容易なことではない。しかし、未来世代のために生態系の劣化や生物多様性の損失の進行を押しとどめていくためには、そのような困難にチャレンジし続ける人材を数多く生み出すことが必要である。

《ディスカッション》
1．私たちの日常生活の中で、生態系や生物多様性に大きな負荷を与えている事柄には、どのようなものがあるだろうか。
2．生態系や生物多様性を守るために私たちにできることは何か。

〈注・文献〉
1) コンサベーション・インターナショナル（2011）『生物多様性ホットスポット』
　http://www.conservation.org/sites/japan/priority_areas/hotspots/Pages/overview.aspx

2) Millennium Ecosystem Assessment 編, 横浜国立大学 21 世紀 COE 翻訳委員会責任翻訳（2007）『生態系サービスと人類の将来：国連ミレニアムエコシステム評価』オーム社
3) Næss, Arne (1973) The shallow and the deep, long‐range ecology movement. Inquiry, 16 : 95‐100
4) マイヤーズ, N. & ケント, J. 監修／竹田悦子・藤本知代子・桑平幸子訳（2006）『65 億人の地球環境（ガイア）』産調出版
5) Vié, J. C., Hilton-Taylor, C. & Stuart, S. N. (eds.) (2008) *Wildlife in a changing world : an analysis of the 2008 IUCN Red List of Threatened Species*. IUCN, Gland, Switzerland（web publication）
6) Baillie, J. E. M., Griffiths, J., Turvey, S. T., Loh, J. & Collen, B. (2010) *Evolution lost : status and trends of the world's vertebrates*. The Zoological Society of London（web publication）

【さらなる学習のために】

・井田徹治（2010）『生物多様性とは何か』岩波新書
・小宮山宏・武内和彦・住 明正・花木啓祐・三村信男編（2010）『サステイナビリティ学 4　生態系と自然共生社会』東京大学出版会
・日本生態学会編（2010）『エコロジー講座 3 なぜ地球の生き物を守るのか』文一総合出版
・プリマック, R. B. & 小堀洋美（2008）『保全生物学のすすめ 改訂版――生物多様性保全のための学際的アプローチ』文一総合出版
・ウィルソン, E. O.／大貫昌子・牧野俊一訳（2004）『生命の多様性』岩波現代文庫

コラム　里山と生物多様性

　日本の昔話に出てくるような農家の裏手にある山を里山といい，田圃や畑，小川のあるところを里地という。農家の人は雑木林におおわれたこの山に入り，薪炭や建材，屋根材，山菜，肥料や飼料となる落ち葉や下草を持ち帰っていた。そこでは，数十年前まで，カタクリ，オミナエシ，キキョウなどの花々や，ギフチョウ，オオムラサキ，ノコギリクワガタなどの昆虫が季節を告げ，サシバは空を舞っていた。現在，これら里山の種の多くが絶滅危惧種となっている。1960 年代頃から，農家も燃料，肥料，飼料，建材を市場から購入するようになり，里山が放置されたためである。しかし，最近では，里山がもつ生物多様性維持機能が知られることとなり，また都市の住人の自然への関心が増大する中で，市民団体による里山再生の活動が各地で行われるようになった。そこでは，いくつかの絶滅危惧種がよみがえり，子どもたちに自然体験や農村生活体験が提供されている。このように，身近な所から生物多様性を将来世代に残すための行動を起こせば，少しずつではあるが目に見える効果を得ることができるであろう。

（生方秀紀）

4章　世界が抱える環境問題③
―― 資源制約とゴミ問題から循環型社会形成へ ――

【目標とポイント】
国や地球規模での物質収支，資源の枯渇性と再生可能性，廃棄物対策の原則（3Rと廃棄物管理），化学物質や有害廃棄物管理の原則（クリーン・サイクル・コントロール）の考え方を理解し，最近の物質フローの動きを知る。

キーワード
枯渇性資源，再生可能資源，TMR，3R，廃棄物管理

1 国レベルの物質収支

21世紀に入って資源の有限性，ゴミの廃棄空間の有限性に多くの国が直面し，その状況を緩和する方向に循環型社会形成がある。その際，ある国全体の物質収支，資源を何トン使って製品を何トン輸出するか，資源を何トン循環しているか，そして廃棄物として何トン排出するかといった物質の出入りの量は，国の環境や資源を考えるときの基本である。図4-1は『循環白書』で公表されている日本の2008年度の物質収支の要点をまとめたものである[1]。多くの資源を利用しているが，食料消費に使われているのは0.97億 t，エネルギー消費に使われているのは4.9億 t と，総物質投入量17.4億 t に比べてそう多くない。約6.6億 t が建築物や公共財として蓄積されている。

2008年度の総資源投入量のうち，国内資源は6.8億 t，輸入資源7.5億 t である。一方，製品などとして輸出しているのは1.8億 t で，輸出入では資源を中心に輸入超過である。また，再生資源量は2.5億 t と総物質投入量の15％程度にすぎない。そして，廃棄物量は5.8億 t と総物質投入量に対して約30％であり，そのうち再生に回るものの総計が2.5億 t で，処理処分される量が約3億 t である。ただし，この廃棄物の発生量は，毎年定常的に発生している

量であり，非定常には地震や水害の際に，一気に廃棄物になって目の前に現れることがある．建築物は家屋床面積1m²当たりで約1tの廃棄物が発生するが，毎年の蓄積により非常に多くの廃棄物を発生する可能性をもっていることになる[2]．解体廃棄物の量はきわめて大きく，100m²の家屋で100tの解体廃棄物排出量となる．日々排出する1人1日当たりの一般廃棄物の量は約1kgであり，3人の家庭が1年間に排出するゴミの量が約1tであることを考えれば，約百年分の一般廃棄物量に相当するのである．

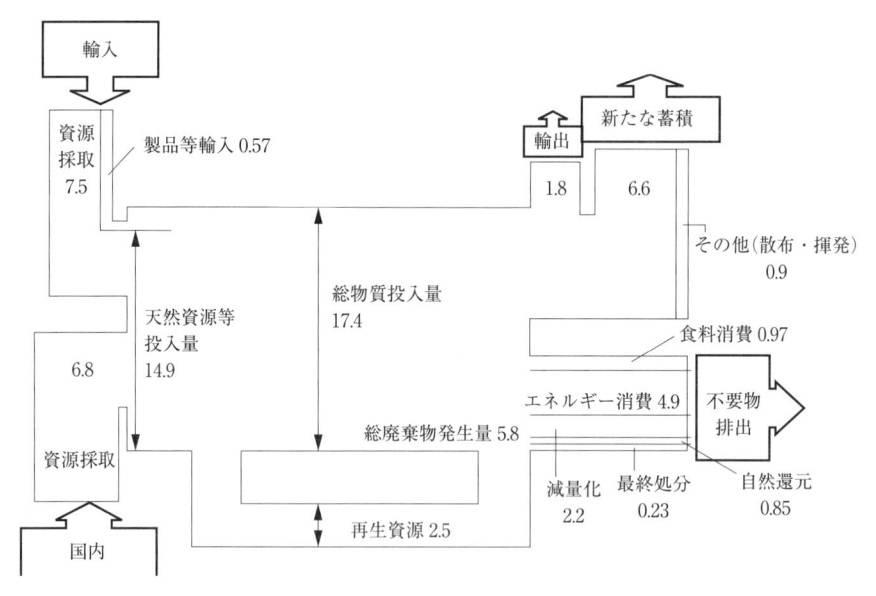

図4-1 日本の物質収支（平成20年度，単位：億t）
（出典：『平成22年度版 循環白書』より）

国レベルの物質収支に加えて，地球規模でバランスを考えることも重要である．その一例として，近年大きな関心をもたれている問題に温室効果ガスがある．地球規模でみれば，人為的な温室効果ガスの排出量は炭素換算で約72億tであるのに対して，自然の吸収量は約30億tと推計されている[3]．つまり，二酸化炭素を中心とした温室効果ガスは，地球規模でみて大きく排出超過となっており，大気中の二酸化炭素濃度が上昇している（産業革命以前の二酸化炭素

濃度は280ppmであったのに対して，2008年では385ppmに増加）という現状にある。その影響として，平均気温の上昇，極地の海氷面積の減少があるとされている。異常気象の増加もみられており，日本では真夏日の日数や日降水量が100mmを超えるような豪雨の頻度が増加している。

2 資源エネルギー問題の考え方

(1) 枯渇性資源と再生可能資源

資源は，大きく枯渇性資源と再生可能資源に分類することができる（表4-1）。

表4-1 枯渇性資源と非枯渇性資源

資源の種類	説　明	具　体　例
枯渇性資源 (non-renewable resources)	人類史の時間尺度では補充が不可能な資源	化石燃料：人類史の時間軸の中では，元の炭化水素には戻らないという意味での枯渇性資源 鉱物資源：現在の技術や経済水準では使用しえない状態になるという意味での枯渇性資源
非枯渇性資源 (renewable resources)	使用量に無関係に枯渇はないと考えられる資源	太陽光：太陽から地球に放射されるエネルギーは，数十億年以上とされる太陽の寿命のもとでは，非枯渇性と考えていい資源
	再生可能量と使用量の関係から，枯渇はないと考えられる資源	バイオマス：太陽エネルギーにより光合成にされて生成した植物体であり，再生産が可能な範囲で生物資源を用いるという範囲での非枯渇性資源

枯渇性資源とは化石燃料や鉱物資源などで，再生可能資源とは木材や水資源などを指し，英語ではそれぞれ non-renewable, renewable に対比させることができる。枯渇性資源と非再生可能資源では，厳密には意味の異なる部分もあるが，ここでは両者を同義として扱い，化石燃料や金属資源を枯渇性資源の代表例として取り扱う。この枯渇を表す指標に，可採年数がある。可採埋蔵量を年間消費量で割った値であるが，石油が約40年とされているほか，鉄は主要鉱山で約14年，銅は約40年，鉛や亜鉛は約20年とされている[4]。可採埋蔵量は，既にその存在が発見され，かつ技術的にも経済的にも利用可能な量をい

う。つまり，新たな資源が発見されれば可採埋蔵量は増える。石油やガスの場合，埋蔵量は可採埋蔵量を指すことが多く，原始埋蔵量は貯留岩中に存在する石油やガスの総量を指す。金属の場合は，地殻中に存在する対象物質の総量を知る尺度として地殻存在度が用いられることもある。地球に存在する特定の枯渇性資源の総量は一定と考えることができるので，採掘が行われるかぎり可採埋蔵量は減る方向にあることを認識しておかねばならない。

　日本のような資源輸入国にとって，資源利用における安定供給の確保が重要な課題となる。20世紀に経験した二度の石油危機では，中東諸国をはじめとする供給者側における資源の偏在と価格調整という主要因があった。一方，21世紀に入ってからは，アジア諸国の急速な経済成長に伴う需要拡大に主要因があるとみるほうがよい。供給側においても，資源メジャーの合併による寡占化や資源輸出国における資源ナショナリズムの強化といった要因がある。化石燃料や金属の資源開発は大型のプロジェクトとなり，資源が獲得できるまで長期間を要するという点も念頭におかねばならない。こうした需要と供給の逼迫に加えて，投機的な経済行為による価格の変動も資源供給につきまとう問題である。

(2)　**総物質要求量（TMR）**

　資源の安定供給や価格の問題とともに，資源利用にあたって環境に与えている負荷にも目を配らねばならない。この関係での重要な指標に総物質要求量（TMR：Total Materials Requirement）がある[5)6)]。世界資源研究所（World Resource Institute）の報告書におけるTMRの定義は，直接投入物質量と間接投入物質量に，隠れた物質フロー量を加えた指標である。隠れた物質フロー量とは，直接，間接の経済行為に伴う物質以外に，その行為に伴って起きる物質の移動や攪乱の量であり，採掘に伴う岩石や土石の移動，森林の伐採，水の使用や土地の再生のために必要な物質の総量も含まれる。人間活動によって引き起こされながらも，財として扱われないために物質フローに勘定されてこなかったフロー，特に，鉱物資源の採鉱段階で掘削される表土や岩石，不純物，木材資源の採取段階で伐採されながら商品化されない木材などがこれに該当する。

日本のTMRに関して，約7億tの輸入資源は輸入相手国で隠れたフローを背負うこととなっており，その量は約26億tと推計されている[5]。自然界からの資源採取量に対して，3倍以上の隠れたフローを背負っていることになる。金属の場合，1tの金属を得るために副生成する粗鉱などの採掘土石の総量がTMR係数として示される。ドイツのブッパータール（Wuppertal）研究所が報告しているTMR係数と物質・材料研究機構が報告しているTMR係数[6]をみると，アルミニウムに対して37 t/t（鉱石1t当たりのTMR tの意味）と48 t/t，鉛に対して16 t/tと28 t/tと両者の公表値には一定の差があるものの，類似した係数が得られている。金に対しては，540,000 t/tと1,100,000 t/tというTMR係数となっており，1tの金を得るためには50万トンから100万tの総物質量が必要になっていることを意味している。資源・エネルギーの持続的利用を考える場合に重要な概念である。

3 廃棄物対策の原則──3Rと廃棄物管理[7][8]

(1) 3R（リデュース・リユース・リサイクル）原則

世界の廃棄物対策の多くは，20世紀の終わりに至るまで，目の前からゴミを消し，まわりの環境から見えなくするという方策がおもに施されてきた。その中心は廃棄物の埋め立てであり，その周辺に環境影響を及ぼす場合にはその対策に費用を要することや，埋立地自体を修復する場合にはより多額の費用を要することになっている。

日本の場合，廃棄物に対する政策は，公衆衛生の視点から始まった。つまり，廃棄物に含まれる微生物に起因する感染症を防ぐという視点で，廃棄物に含まれる微生物を適正に滅菌することが第一の目的とされた。年間1500 mm程度の降雨量をもつ高温多湿の国では，ゴミに起因する病気の蔓延を，まず心配したわけである。実際，明治時代にコレラによる死者が10万人を超えた時と同じくして，廃棄物対策が始まっている。本格的には，1960年代より計画的に焼却施設の建設が進められていった。その後，1970年代の石油危機により，エネルギー源としての廃棄物の価値が見直され，ゴミ焼却発電によるエネルギー

回収が推進されていくこととなる。

　1980年代になって，欧州を中心に産業社会と消費社会の構造に起因する廃棄物問題に対して警鐘を鳴らす声が起こり始める。つまり，こんなにゴミを出す社会の構造はよくないのではないかという声が大きくなっていった。こうした警鐘を，廃棄物対策としての「発生回避（リデュース，Reduce）」「再使用（リユース，Reuse）」「再生利用（リサイクル，Recycle）」の3R政策として，公式に制度に盛り込むこととなったのは，1986年のドイツの廃棄物処理法改正，そして1991年の日本の廃棄物処理法改正であった。すなわち，「安定化，減量化，エネルギー利用」が中心であった廃棄物政策に，「発生回避，再使用，リサイクル」の視点を追加し，これらに高い優先性を与えたのである（図4-2）。

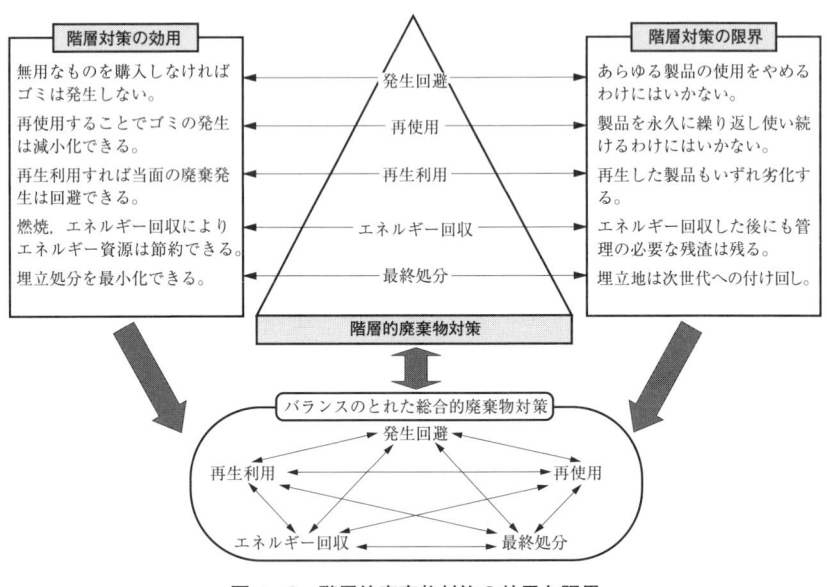

図4-2　階層的廃棄物対策の効用と限界

　その後，日本では2000年に「循環型社会形成推進基本法」で3Rと廃棄物の適正処理の概念が導入された。こうした廃棄物政策の展開の中で，階層性を念頭においた物質循環や廃棄物政策の考え方，「発生回避，再使用，リサイクル，

適正処理，最終処分を物質循環や廃棄物対策の基本原則として，この順に優先順位を考えること」は，さまざまな法制度や環境政策の具体化の場で，基本的認識となっている。

　2004年より，日本政府は国際的に3Rイニシアティブを提唱し，2005年の3Rイニシアティブ閣僚会合において正式に承認された。「3R行動計画」の中には，既存の環境および貿易上の義務および枠組みと整合性のとれた形で，再生利用・再生産のための物品・原料，再生利用・再生産された製品および，よりクリーンで効率的な技術の国際的な流通に対する障壁を低減することとされている。環境保全を図ることができて，貿易上のルールに沿っていることを条件に，再生品等の流通障壁を低くしていくことをめざしていることとなり，特にアジア地域の3R展開を図っていかねばならない。

　一方，図4-2に示したとおり，こうした発生回避，リサイクル，適正処理といった優先性の考え方とともに，それぞれの対策を統合的に考える視点もまた忘れてはならない。なぜならば，①すべての製品使用をやめるわけにはいかない（発生回避の限界），②永久に再使用を続けるわけにはいかない（再使用の限界），③再生使用した素材もいずれは劣化する（再生利用の限界），④処理やエネルギー利用を行っても残渣対策は必要（処理やエネルギー利用の限界），⑤埋立処分，保管管理は次世代への付け回し（最終処分の限界），といったように物質循環や廃棄物政策としての階層対策はそれぞれ単独では万全ではない。また，物質循環のシステムを評価するには，ゴミの埋立容量からエネルギー，温室効果ガス，ヒト・生態系の健康，コストなど，さまざまな評価指標を念頭におかねばならず，評価指標の間でトレードオフ（あちらを立てればこちらが立たずという関係）をもたらすことも少なくない。つまり，階層性を十分に認識しながらも，各階層の対策にあまりに固執することなく，トータルシステムを統合的に考えることも重要となってくるのである。

(2) **3Rと廃棄物管理の技術・システム**

　3Rと廃棄物管理の各方策についての定義とそれぞれの利点，欠点を認識しなければならない。まず，廃棄物の発生回避とは，廃棄物の発生を回避し，そ

の量を減らすとともに，有害性や毒性のある成分をより有害性の低いものに代替していくことを意味する。ただし，廃棄物の最小化はできても，完全な発生回避，廃棄物としてのゼロ排出はありえないことを，まず第一の共通認識とすべきである。次に，再使用とリサイクルは異なる概念であることに留意する必要がある。再使用とは，形態を変えずに1回以上使用される製品として再度使用することを意味する。具体的には，リターナブル瓶や塗り箸などがある。これらの中には，ビール瓶のように同一の目的に再度使用する例が多い。一方，リサイクルは，必ずしも元の形である必要はないが，廃棄された素材を用いて物理化学プロセスにより，新たな製品の生産を行うことをいう。廃ガラスを再加工して新たなガラスを製造することや金属を再熔解し新たな金属製品を再生産することなどがこれに該当する。

　3Rの三つの方策ともその利点としては，ゴミの減量につながり，ゴミ処理処分施設を長く使用できることを，まずあげることができる。そして，社会全体の資源保全やエネルギー保全につながることも重要なポイントである。リサイクルできても全体として資源やエネルギーの削減につながらなければ意味はない。リデュースは，資源・エネルギー制約下の製品設計や産業形態を構築していくにあたって，非常に重要な概念となりつつある。一方，限界として，リデュースには完全な発生回避はありえないこと，リユースには公衆衛生上の問題がつきまとうことが多いこと，リサイクルは製品が廃棄物となることを単に遅らせるだけであること，といった点をあげておかねばならない。

　廃棄物を対象とした生物変換処理とは，一定の制御条件下での生物プロセスを利用した有機物の安定化方法であり，大きく分けて好気性処理と嫌気性処理がある。好気性処理とは，酸素の存在する好気条件下での温度上昇を伴う生物処理であり，コンポスト化（堆肥化）として家庭レベルから地域レベルまで幅広く実施されている一般にもなじみの深い方法である。一方，嫌気性処理は嫌気性消化，バイオガス化とも呼ばれる方法で，無酸素条件下で有機物を生物分解し，メタンガスを中心とした発酵ガスを回収する方法である。廃棄物の熱変換処理とは，廃棄物の可燃成分を熱により変換し，同時にその減量・減容を図

るプロセスであり，その中には焼却，熱分解，ガス化がある。焼却とは，炭素系物質を酸素の存在下で，ガスと灰に分解する発熱プロセスである。一方，熱分解は酸素の存在しない高温下で炭素系物質を気体状，液体状の燃料と固体状炭素（チャー）に分解・揮散させる吸熱プロセスである。また，ガス化は熱分解と同様，ガス状の燃料を生産するプロセスではあるが，酸素添加を行う点で熱分解と異なる。

廃棄物の最終処分の主たる方法は埋立処分であり，埋立処分施設とは廃棄物の最終処分のために工学的に設計された施設をいう。一定の埋立技術により設計管理することで，土壌系，気系，水系への環境負荷を最小化することをめざさねばならない。近年では，漏水防止の土壌層やシート，浸出水処理装置，埋立ガス処理装置を有する工学的に設計されたシステムによる管理に変わってきている。

4　化学物質と有害廃棄物対策の原則

ゴミの問題を考えるとき，ゴミ焼却時に発生するダイオキシン類をはじめ，化学物質との関係はきわめて深い。化学物質制御のための技術としてのあり方には，ゴミ対策の考え方——発生回避，再使用，再生利用，適正処理，最終処分——と同様の概念として，「クリーン・サイクル・コントロール」の概念を与えることができる[9]。有害性のある化学物質の使用は回避（クリーン）し，適切な代替物質がなく，使用の効用に期待しなければならないときは循環（サイクル）を使用の原則とし，環境との接点における排出を極力抑制し，過去の使用に伴う廃棄物は極力分解・安定化するという制御概念（コントロール）で対処するとの考え方である。環境保全を前提とした化学物質使用や有害廃棄物対策の原則といえる。特に，今後の環境対策やリサイクル・ゴミ対策を考えるとき，環境残留性の化学物質は重要であり，残留性有機汚染物質（POPs：Persistent Organic Pollutants）は世界的にも懸念されている。環境に長く残留し，生物に濃縮する傾向を有し，地球規模での移動があり，そしてヒトや生物に悪影響のある有機物質であるPOPsは，2002年成立のストックホルム条約で国

際的に規制されることとなった。

製品の生産，消費，廃棄，再生，再生利用といったライフサイクルのどのような過程で，どのようなPOPsが問題となるのかを考える必要がある。この視点で図4-3に製品のライフサイクルとPOPs問題の関係を整理している。

第一に生産段階の意図的生成物として，工業用途にはPCB, HCBがあり，農業用途にはDDTをはじめ除草剤等に用いられてきた物質群がある。これらの物質を開発，使用してきたときは，毒性や環境残留性の問題に気づくことなく，後になってその悪影響を知ることになったわけである。使途が明らかで回収可能である場合や環境に漏れ出すことのない機器での使用が続いている場合は，今後回収分解が原則となる。

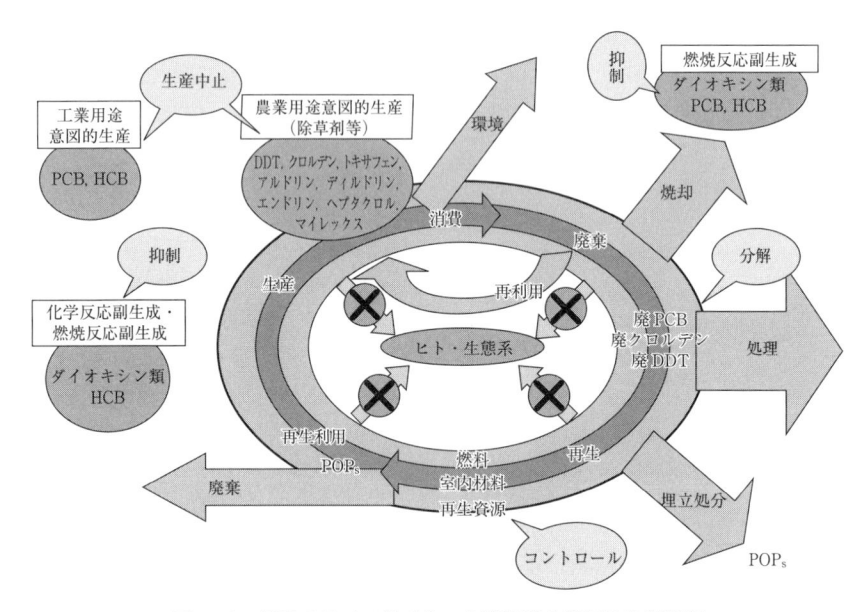

図4-3 製品のライフサイクルと残留性有機汚染物質問題

第二に生産段階での非意図的副生成物として，ダイオキシン類やPCB, HCBがある。ダイオキシン類やPCBは，除草剤や化学製造工程の化学反応副生成と金属精錬工程における燃焼反応副生成が起こっている。HCBはテトラ

クロロエチレンなどの溶剤を製造するときの残渣に含まれる場合や除草剤不純物として含まれることがある。第三には廃棄段階の副生成物で，特に問題とされてきたのが，焼却処理過程のダイオキシン類である。PCBやHCBも燃焼反応副生成のあることがわかっており，ダイオキシン類と同時に制御される必要がある。そして，第四にはさまざまな過程から発生した廃棄物を分解処理することが求められる。特に，第一の意図的生産物で回収保管している廃PCBやクロルデン，廃農薬などが当面の分解処理対象となる。さらに，循環型社会形成においてもっとも留意すべきは，ものの再生利用に伴うPOP_s移行をいかに抑えるかであり，飼料や農用地利用，再生資源の室内材料への利用，屋外においても児童や地下水への移行は特にヒトへの曝露の観点から留意しなければならない。

　今後は資源・エネルギー保全や廃棄物処分制約，気候変動防止の観点から循環型社会形成が必須である。循環型社会システムを構築していくときの重要なポイントは，「循環型社会形成」と「化学物質コントロール」の同時達成をめざさねばならないことである。「循環型社会形成」と「化学物質コントロール」の二兎を追わないかぎり，地球系と生命系の持続性はないと考えるべきである。「資源・エネルギーの枯渇問題」「廃棄物の不法投棄問題」「温室効果ガスによる気候変動」などへの対処方策として，「循環型社会形成」が，「水銀による人体被害」「ダイオキシン問題」「内分泌攪乱化学物質問題」などの化学物質問題を避ける方策として「化学物質コントロール」が必要となるのである。

《ディスカッション》
1．身のまわりのものを例にとって，それぞれの3Rの可能性をあげてみよう。
2．有害廃棄物に起因する過去の問題事例について，どのように対応すべきであったかを考えてみよう。

〈注・文献〉
1) 環境省（2010）『平成22年度版 循環白書』
2) 髙月紘・酒井伸一・水谷聡（1995）「災害と廃棄物性状」『廃棄物学会誌』6[5], pp.351-359

3) 竹本和彦（2010）「低炭素社会に向けた環境政策」東京大学サステイナビリティ学連携研究機構編著『クリーン＆グリーンエネルギー革命』ダイヤモンド社，pp.64 - 79
4) 大久保聡（2010）「サプライサイド分析」2010(2)『鉄鉱石，金属資源レポート』40[4]，pp.139 - 158
5) Adriaanse, A. & Bringezu, S. & Hammond, A. & Moriguchi, Y. & Rodenburg, E. & Rogich, D. & Schutz, H.（1997）Resource flows：The material basis of industrial economies
6) 物質・材料研究機構（2009）「概説 資源端重量」NIMS - EMC 材料情報環境データ，No.18
7) Hirschhorn, J. & Jackson,T. & Baas,L.（1993）*Towards Prevention, in Clean Production Straetegies*
8) 酒井伸一（1998）「循環廃棄物処理システムのインテグレーション」『産業と環境』27[10]，pp.20 - 28
9) 酒井伸一（1998）『ゴミと化学物質』岩波新書

【さらなる学習のために】

・細田衛士（1999）『グッズとバッズの経済学』東洋経済新報社
・Miller G. T. & Spoolman S. E.（2009）*Living in the Environment*, Brooks/Cole

---

コラム　ゴミ分別

　ゴミの分別により分別された金属や紙などは再資源化が可能となること，ゴミとして処理する量が減ることなどの効果を期待することができる。リデュース・リユース・リサイクルの3Rを進めるための第一歩といえる。日本の廃棄物処理法では，国民の責務として，廃棄物の排出を抑制することや廃棄物を分別して排出することなどが定められている。ただし，具体的に何をどの程度分別するかは自治体に委ねられている。おおむね，燃えるゴミ，燃えないゴミ，資源ゴミ，粗大ゴミなどに分けて排出することが多いが，容器包装プラスチック類や生ゴミ，紙類の取り扱いなどは市町村による違いは大きい。ゴミ分別を細分化するほどリサイクルは容易になる一方，回収の手間やコストはかかることとなる。現状では，10種類以上の分別自治体は半数以上を占めており，また分別数の多い自治体のほうがゴミ発生量は少ない傾向にある。

（酒井伸一）

5章　世界が抱える環境問題④
―― 食料・水・人口 ――

【目標とポイント】
食料生産および食料と水の国際的な移動に関する近年の動向を理解し、その環境への負荷を人口問題を交えて STS の視点から考える。

キーワード
フードマイレージ，バイオエタノール，アグリビジネス，遺伝子組み換え作物，STS

1　はじめに

(1) 環境問題としての食料，水，人口

本章の目的は、世界が抱える環境問題としての食料問題、水問題そして人口問題について紹介することである。食料問題は環境問題なのか。人口問題が環境問題とはどういうことだろうか。

「環境とは何か」を考えるときには、「だれにとっての環境か」つまり環境主体を想定するとわかりやすい。環境主体の周囲にあり、環境主体とかかわり合うもの、これが環境である[1]（図5-1）。環境主体と環境とのかかわりが良好ならば、環境主体にとってその環境はよい環境であり、何か不都合があればその環境は問題があるということになる。ある程度まとまった環境主体がその問題を共有すれば、その環境問題は社会的なものになる。

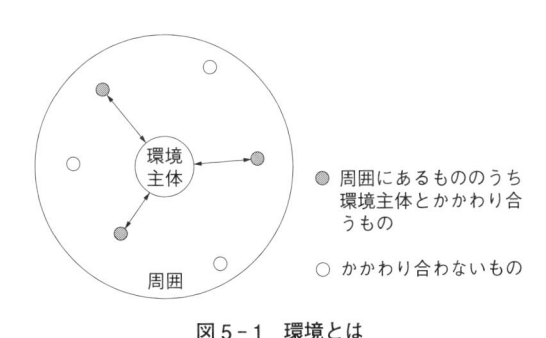

図5-1　環境とは
(出典：鈴木善次（1994）『人間環境教育論』創元社より)

人間は周囲の食料や水を取り入れて生命活動を維持しているので，人間にとって食料や水は環境である。安全で良質な食料や水を必要な量，常時入手できれば，環境としての食料や水とのかかわりは良好で，それにまつわる環境問題は存在しない。しかし今日，食の安全性が揺らいでいる。食品中の残留農薬や化学物質，食品添加物，遺伝子組み換え食品などに不安を感じている人々は少なくない。また，世界では10億人を超える人々が飢餓に苦しみ，慢性的な水不足が原因で水をめぐる武力衝突が起きている地域もある。食料問題や水問題は既に重要な環境問題になっている。

　現在（2011年）70億人の世界人口は2050年には93億人になると予測されている。人口増加分の食料を増産できればよいが，見通しは明るくない。不足する食料を世界全体で奪い合うため，食料獲得が今以上に競争的で不公平になると予想されている。食料生産を行う農業では，これまでにも大規模に農地を開発し，大量の化学肥料や農薬を農地に投入し，生態系や自然環境に大きな影響を及ぼしてきた。今後さらに食料増産が求められる中で，環境負荷を減らし，持続可能な農業へと転換することが求められている。このように，人口問題も重要な環境問題である。

(2) **肉食と飢餓**

　現在，世界には飽食と飢餓の両方が存在している。世界全体でみれば食料は十分あるが，貧しい人々の口に十分入っていない。いわゆる先進国では食料供給が過剰な一方，途上国では10億人以上の人々が飢えで苦しんでおり，現在も飢餓人口は増えている。

　先進国では年間1人当たり約600kg，途上国では約250kgの穀物が消費されており，2倍以上の開きがある。穀物消費は直接消費する食料分と，飼料用の間接消費分に二分できる。主食用消費は1人当たり年間約200kgで，国による大きな違いはないが，途上国では消費穀物の7割を食料に用いているのに対し，先進国では家畜飼料に7割強を用いている[2]（図5-2）。先進国では肉類の消費量が途上国の約3.4倍だからである。一般的に，人は所得が増えると肉類を多く食べるようになる。牛を1kg太らせるには約8kgの穀物が，同じく豚では4kg,

鶏では2kgが必要なため，飼料としての穀物の消費が増大する。

農林水産省による世界食料の需給予測では，今後10年間に世界の穀物消費量は人口増加や所得水準の向上などに伴って2割強増加すると推定されている[3]。穀物を増産

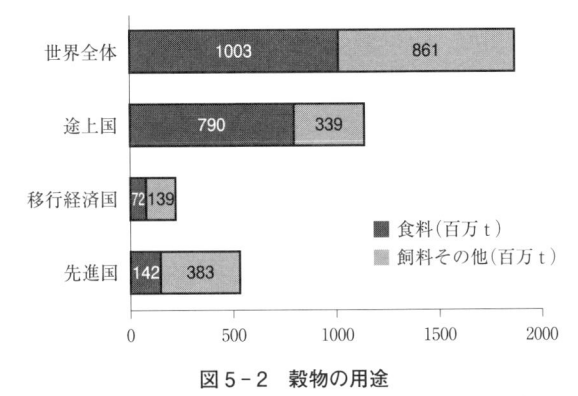

図5-2 穀物の用途

	食料（百万t）	飼料その他（百万t）
世界全体	1003	861
途上国	790	339
移行経済国	72	139
先進国	142	383

（出典：西川潤（2008）『データブック食料』岩波書店より作成）

してもその消費量の増加に追いつかず，その結果，食料価格はこれまで以上に高い水準で，かつ上昇傾向で推移するとみられている。1990年代以降，それまで農産物輸出地域だった途上国が穀物輸入国に転換しており，特に後発開発途上国は海外への穀物依存度が高い。つまり，これらの国々の穀物獲得は，今以上に厳しくなることが予想される。

このように食料獲得が偏る背景には，生命維持の源といえども，食料も経済活動において生産・流通・交換される商品の一部であり，購買力がある国や地域の需要に対して供給されるという経済の原則がある。

2　食料のグローバル化

(1)　グローバルな和風弁当

コンビニエンス・ストアで売られている弁当のおかずに使われている肉，魚，野菜などの食材の生産地はどうすれば確かめられるだろうか。鶏の唐揚やエビフライといった加工品の原産国の表示は法律で義務づけられていないため，容器に貼られた表示ラベルには記載されていないことが多い。

あるコンビニエンス・ストアが販売している和風幕の内弁当の食材と産地を調査した結果，使用されていた米以外の19品目の食材のうち，7割が外国産であった[4]（表5-1）。野菜などは主に中国から，鮭はデンマーク，鶏肉はブラ

表 5-1 和風幕の内弁当の食材と産地

食 材	産 地	食 材	産 地
米	茨城・山形・秋田・岩手	油あげ	アメリカほか
さけ	デンマーク	金時豆	ボリビアほか
とり肉	ブラジル	黒ごま	トルコ
えび	タイ	白ごま	トルコ
卵	静岡・愛知ほか	にんじん	中国、茨城
れんこん, しいたけ, 里いも, 小松菜, きゅうり, たくわんの白ごま, 白いんげん豆	中国	さつまいも	千葉・高知・香川
		こんにゃく	群馬
		たくわん（だいこん）	群馬・青森・茨城

（コンビニ弁当探偵団（2005）『コンビニ弁当16万キロの旅』太郎次郎社エディタスより）

ジル，エビはタイから，という具合である。味つけやおかずは和風なのに食材はじつにグローバルで，遠い国々から集められている。

(2) **食と農の距離**

　食料の生産地と消費地間の距離は基本的に遠いより近いほうが経済的にも環境的にも望ましい。輸送にかかるエネルギーが少なくて済むからである。このような考え方をもとにして，食料の輸送距離（km）と食物輸入量（t）の積を用いて，地球環境への負荷を定量的に表したのがフードマイレージである。たとえば，カナダ産の輸入小麦で製造された食パン2枚（小麦93g使用）のフードマイレージは1.9 t・kmであるのに対し，国産小麦使用の場合には0.1 t・kmと20倍近くもの開きがある[5]。

　1人当たりのフードマイレージを国別に比較すると，日本の値はとても大きい[6]（図5-3）。諸外国から長距離をかけて輸入することで，大量の食料を確保している日本の食料供給の姿を示している。

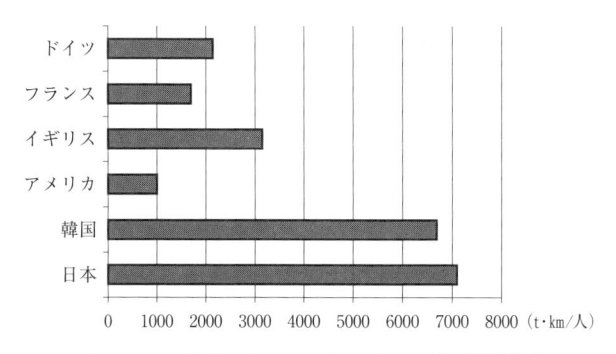

5章 世界が抱える環境問題④ —— 食料・水・人口

図5-3　1人当たりのフードマイレージの国別比較
(中田哲也（2003）[6] 所収の図を簡略化)

　生産地と消費地の距離が遠いとは何を意味しているだろうか。単に食料を生産する農と消費する食の距離が物理的に遠いだけではない。農産物の生産や加工あるいは流通の現場や過程の複雑さが消費者に見えにくいという問題がある。後述するように，現代では多国籍企業が，食料生産に必要な農機具，肥料や農薬，抗生物質，種子の供給から，生産物と消費を結ぶ加工，物流，販売までのフードシステムを統合し，世界中の人々の食生活を支配している。これらの生産部門が国境を越えて配置され，A国で生産されたものが，B国で加工，C国で包装されて，D国で販売される，ということが起きている。こうしたシステムは消費者にはブラックボックス化して見えにくい。

　これとは対照的に，農と食の距離が近いことを表す言葉に地産地消がある。地元で生産された新鮮で旬のものを地元で消費するという意味である。地産地消を促進することで，農家と消費者が互いの信頼や安心感をはぐくみ，地元の農産物や加工品を購入しやすくし，農業を活性化するねらいがある。

3　人口と食料配分

(1) マルサスの『人口論』

　イギリスの経済学者T・R・マルサス（1766-1834）はその著書『人口論』の中で，人口は制限されなければ等比数列的に増大するが，食料の供給は等差数

63

列的にしか増大しない，という説を唱えた。人口が過剰になると食料生産が追いつかず，飢餓が発生し，社会が不幸な状態になるので，人口を抑制せねばならないというものである。マルサスは，人間は自然とのかかわりの中で食料という価値を生産し，それを消費して生命維持と生活の安定を手に入れるという，人間と自然の関係性から人口問題をとらえた。彼がこれを執筆した18世紀末のイギリス社会は産業革命の真っ只中だったが，彼は，産業革命による工業化によって，単位面積当たりの収量の増加などにより食料生産が向上することや，海外との貿易で食料が増加することを想定していなかった。そして現代社会では，後述するように農業の工業化や科学技術の発展によって農産物の生産を飛躍的に増加させている。食料と人口の水準のバランスをどのようにとることができるかというマルサスの関心は，現代社会における関心でもある。

(2) **食料か輸出作物か**

途上国では，人口増加の激しかった1970年代から今日の間に多くの耕地を新たに開墾して農地面積を拡大し，農業生産量を増大させた。しかしその結果，食料が自給できるようになったわけではない。サトウキビ，バナナ，コーヒー，ココア，茶，綿花などの商品作物を生産し，その輸出によって得た現金収入で，輸出作物以外の必要品あるいは主食や飼料用の穀物の不足分を購入している。これらの農作物は多くの場合，単一品種の農作物に絞って栽培するモノカルチャーと呼ばれる農業形態で栽培される。さらに，地元の安価な労働力と資本を集約させて商品作物を生産する農工業企業体がそのような形態で農園を経営している。モノカルチャーの場合，気候不順で1品種の作物全体が損害を受けると，労働者の現金収入が断たれる可能性が高く，依存する輸出作物以外の生産方法が発達しないため，貧困から脱出することが難しい。

4　食料か燃料か

有限で枯渇の可能性が高い化石燃料に代わり，枯渇しない資源として近年注目されているものにバイオマスエネルギーがある。バイオマスエネルギーとは生命由来の資源を活用してつくり出されたエネルギーのことをいい，自動車の

燃料に穀物やサトウキビなどを発酵して製造されるバイオエタノールもその一つである。

近年，このバイオエタノールの生産が急増している。その主たる生産国はアメリカ合衆国とブラジルで，両国で世界の8割近くを占める。アメリカ合衆国は世界生産量の約4割を占めるトウモロコシを，また砂糖の生産と輸出の世界最大国であるブラジルはサトウキビを原料にしている。そしていまやブラジルでは，収穫量の約半分をエタノールの製造にあてている。サトウキビの搾り汁を発酵させてエタノールにするか，結晶化して粗糖を加工するかの配分比率は，エタノールと砂糖の相対価格によって決まるため，エタノールと砂糖は競合関係にある。

食料と燃料とで原料を奪い合ったことが一因でトウモロコシ価格が上がり（図5-4），その結果2006年から2008年にかけて主要穀物価格が世界中で高騰した[7]。今後もバイオエタノールの需要は増えると見込まれているが，食料と燃料の競合は食料の安定的供給という食料安全保障の点から懸念材料といえる。

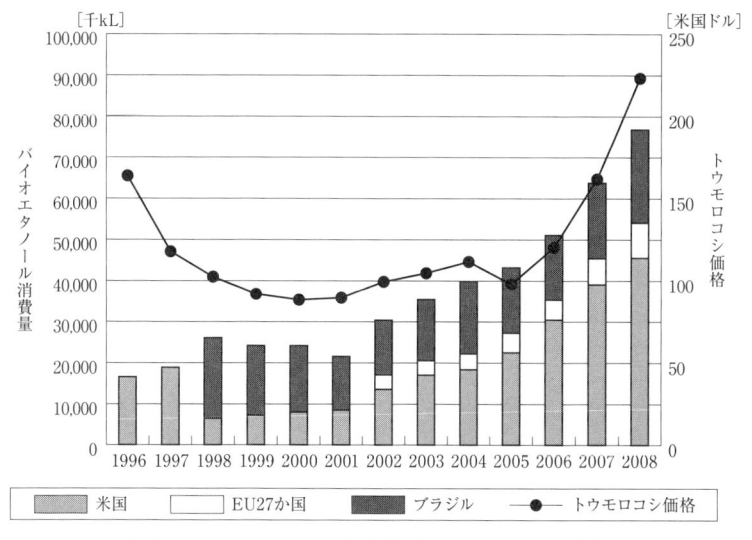

図5-4 トウモロコシ価格とバイオエタノール消費量
（経済産業省（2010）『バイオ燃料導入に係る持続可能性基準等に関する検討会中間とりまとめ』より）

5 水

(1) 水へのアクセス

地球上に存在する水も、とりわけそのうちの1%にも満たない、人間が直接使用可能な淡水も限られた資源である。人口増加に伴って、2050年には世界で40億人が水危機に直面すると予測されている。生活水準の向上などにより、1人当たりの水の使用量も今後伸びる見通しである[8]（表5-2）。飲料、炊事、入浴や洗濯などに用いる生活用水の1人当たりの半世紀前の使用量は、途上国の多いアフリカやアジア地域では北米やオセアニアの10分の1程度だったが、南米も含めて近年使用量は大きく伸びている。

表5-2 生活用水の使用と需要見通し

（単位：リットル／日・人）

年	1950	1995	2025	1995/1950	2025/1995
ヨーロッパ	82	280	338	3.4	1.2
北米	278	425	408	1.5	1.0
アフリカ	16	63	105	3.9	1.7
アジア	21	132	191	6.2	1.5
南米	47	274	358	5.8	1.3
オセアニア	174	305	326	1.8	1.1
平均	58	174	213	3.0	1.2

（中村靖彦（2004）『ウォーター・ビジネス』岩波書店より作成）

食料消費と同様に、水へのアクセスにも途上国と先進国間での格差が見られるが、アジアやアフリカの都市の中での高所得者と低所得者間の格差もある。人間が基本的なニーズを満たすには1日1人20リットルの水が必要とされているが、高所得者の利用が数百リットルに対し、低所得者は約5リットルである。また、ジャカルタやマニラ、ナイロビのスラム街に暮らす人々は、高所得地域の住民に比べて、単価が5〜10倍の水道料金を支払っている[9]。必要な量の安全な水にアクセスできることは、その人の権利や自由を享受できる前提

条件である．水道設備が整備されていない地域で，学校に通えず水汲みを日常の仕事にしている少女はいまも世界に多くいるのである．

(2) **水の移動**

日本は多くの食料を輸入していることを前述したが，水資源も海外から多く持ち込んでいると考えられている．1 kgの牛肉を生産するには16 tの水が必要といわれている．牛肉を国内生産するにはその餌となる穀物を含めて自国の水を使用することになるが，輸入する場合には生産に要した同等の水資源を，形をかえて生産国から輸入したと仮想できる．このように，製品の製造，輸送，販売，使用，廃棄，再利用の各段階で使用される水の総量を示す指標をウォーター・フットプリントという．類似の概念にカーボン・フットプリント（コラム参照）がある．日本全体でみると，年間のウォーター・フットプリントの約3分の2を海外に頼っている[10]（図5-5）．

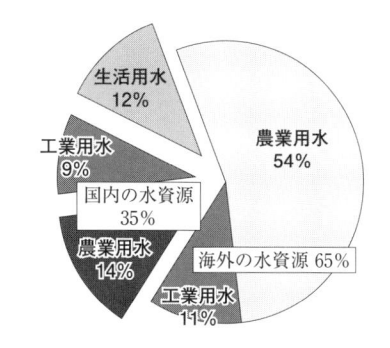

図5-5 日本のウォーター・フットプリント

ウォーター・フットプリント
(1997～2001年の年平均値) 146Gm³
1人当たりのウォーター・フットプリント
(1997～2001年の年平均値) 1,153m³

(Chapagain & Hoekstra (2004) *Water footprints of nations volume 1 : main report* UNESCO-IHE. より)

6 食料と科学技術

(1) **遺伝子組み換え作物**

食料をめぐる環境問題は科学技術と密接に関係している．緑の革命や遺伝子組み換え作物は，品種改良や遺伝子工学といった科学技術により実現した．これらの登場によって，この半世紀の間で食料をめぐる環境は大きく変化している．

1960年代から1990年頃にかけて，途上国の食料危機の克服のためにおもに穀物の生産性を向上させた農業改革のことを「緑の革命」と呼んでいる．育種学の知見から穀物の新品種を，また化学工業によって農薬や肥料をそれぞれ開発し，さらに新たな農業技術を生み出して取り入れ，その結果，特にアジアと

ラテンアメリカにおいて穀物は増産した。ところが1990年代に入り，緑の革命には大きな代償を伴っていたことがわかってきた。農家は新品種のモノカルチャーに依存し，伝統的な多様な在来種の栽培をやめた。農薬や化学肥料の多用から土壌汚染や水質悪化，農民の健康被害を招いた。また，高価な設備や機械などを購入する資金のない貧しい農民は豊かになることから取り残され，それらの製造企業がもうけただけではないか，化学肥料や農薬の多用がその後の収量低下につながったのではないかなど，緑の革命の成果には賛否両論がある。

　この後，第二の緑の革命として，遺伝子組み換え作物（GMO=genetically modified organism）に期待が寄せられている。GMOとは，生物の遺伝子を人工的に操作するバイオテクノロジー，すなわち遺伝子組み換え技術によって品種改良された作物のことをいう。世界最大手のバイオメジャーであるモンサント社は1996年に，除草剤耐性（除草剤に耐性をもち，除草剤をまいてもその品種の作物は枯れない）および害虫抵抗性（害虫に毒性のあるたんぱく質を作物内につくり，害虫の加害による損失を減らす）をもったGMOを商品化した。その後，世界中でダイズ，トウモロコシ，ワタなどの栽培面積は拡大し続け[11]，それに伴い生産者も増加しているが，そのほとんどは途上国の小規模農家であり，メジャー側はGMOの生産は彼らの貧困の軽減に貢献していると述べている。

　しかし，バイオテクノロジーとその作物の食料化には問題があるという指摘がある。バイオテクノロジーは生命の設計図である遺伝子を人の手で操作し，自然界では起こりえない現象を人為的に発生させることであるが，これは倫理的に許されることではないという意見がある。遺伝子操作された作物そのものにはどのような影響があるのか，そのほかに生態系への影響，GMOを食べた場合の人の健康への影響など科学的に明らかになっていないことがあり，安全性は確実とは言えないと主張する科学者もいる。

　ところで，私たち日本人が食べるナスには丸いものや長いものなどがあるが，その原産地であるインドには2500もの種類がある。約20年前に筆者が旅行した時にもあちこちの露店や市場でナスが売られていた。インドではナス入りカレーは定番料理である。このナスの実に入り込んで中から食べるガの被害が甚

大で，商業栽培された7割が損失しているといわれている。

　モンサント社らはこの害虫に抵抗性をもつ遺伝子組み換えナスを開発し，数年間かけてヒトや動物，環境への影響の試験を行い，2008年にインド政府に商業栽培を申請した。環境森林省の遺伝子工学承認委員会は安全性に問題ないと認めたが，環境森林大臣ジャイラム・ラメシュは「最終的な承認は広く国民の意見を聞き，公聴会を開催してから決める」と承認を先送りした[12]。これを受けて政府内は賛否両論に分かれた。科学者の見方も一様ではなく，安全性を認めるものと疑問を呈する両方の意見が寄せられた。1980年代に政府と非政府組織が協力して作られた環境教育センターの計画により，国内7か所で公聴会が開かれ，農民団体やNGO，市民など，のべ8千人が議論に参加した[13]。

　公聴会終了3日後に同大臣は，承認の延期を決定した。主な理由は三つある。まず，遺伝子組み換えナスの安全性の試験が開発メーカーのみでなされ，利害に関わらない第三者の研究機関ではされていないことである。これでは試験結果の信頼性への疑念が払拭しきれない。二つめは，人の健康や環境への長期的な影響の確認が不十分なことである。最高裁判所の任命により遺伝子工学承認委員会の特別オブザーバーを務めた分子生物学者バルガバ氏は，慢性毒性の試験などを追加すべきで，これが完了するには22年かかると述べている[14]。そして三つめに，これらの安全性を確認することが，「科学に対して責任をとり，社会に応えること」だという。多くの人々が抱いている懸念や不安を解消し，政府の科学技術のかじ取り，すなわちガバナンスに対して信頼を得たいという意図が見て取れる。つまり，遺伝子組み換え技術を将来インドで安全に利用することを前提にしているのである。シン首相は，インドの食料安全保障のためにバイオテクノロジーのもつあらゆる可能性を追究するべきだと述べている。

　今後，GMO技術をだれがどのようにガバナンスしていくのか，途上国の小規模農家のニーズに応えるバイオテクノロジーは実現可能か，などが問われている。

(2) **多国籍アグリビジネス**

　食料生産のあり方が科学技術の進展によって大きく変容したことで，同時に

食料の社会的側面も大きく変化している。その局面の一つが前述した食料のグローバル化である。さらにもう一つの局面は，農業の工業化によって実現した食料関連産業の統合化である。農業の工業化とは，製造業で工業製品を生産，調達，流通するのと同様に，農業においても食料を工業的に生産することである。食料の大量消費を可能にするためには食料の効率的な大量生産が必要である。そのために，大規模な耕地に機械を導入したり，灌漑や温室などを整備して耕作し，農薬，化学肥料，抗生物質の科学技術の力を借りてモノカルチャーで栽培する。食品の加工や販売に合わせて新たな品種の種子を開発し，種子と農薬をパッケージにして農家に提供する，というような変化が生じている。かつて自立した農業経営者だった農家はパッケージに従って栽培，収穫し，収穫物は他の品種と分別して流通される。

　アグリビジネスとは，肥料や農薬などの農業資材産業や農業生産などから，農産物の加工，流通，外食産業などまで，食料生産にかかわる各産業部門を幅広く連関，統合させるもので，多国籍企業が複数の国にわたってそのような活動を支配的に展開することを多国籍アグリビジネスと呼ぶ。

　世界最大の穀物メジャー，アメリカのカーギル社は，国内で収穫された大豆とトウモロコシを自前の輸送施設を使い，積出港にある自前の保管施設に集荷，輸出している。油糧種子を加工し，植物油，家畜飼料，コーン・シロップや異性化糖（ブドウ糖と果糖を主成分とする液状糖），エタノールを生産するほか，食肉産業として肉牛と豚の屠畜と包装なども行い，近年の年間売上高は約1千億米ドル（1ドル80円として計算すると約8兆円）である。アメリカのトウモロコシをめぐるアグリビジネスの様子は，農業ドキュメンタリー映画『キング・コーン』（2009）にわかりやすく描かれている。

　世界中の人々と将来世代の生命の根幹にかかわる食料の質と量を管理，支配する多国籍アグリビジネスが巨大化していることは大きな問題をもたらしている。なかでも，特に途上国の小規模農家が貧困から脱却するには，地域に根ざした伝統的農産物を自給できるように自立することが望ましいにもかかわらず，逆に巨大企業の支配下におかれ，その食料生産システムへの従属を強いられて

(3) STSの視点で見抜く

以上述べたように，食料をめぐる環境問題には，科学技術とそれを取り入れる経済や政治を含む社会とが密接にかかわっている。したがって，科学・技術・社会の関連性という視点から食料に関する環境問題の特性や状況あるいは課題をとらえることが大切である。この科学（science）・技術（technology）・社会（society）の関連性は，それぞれの頭文字を合わせてSTSと略称されている。食料をめぐる諸問題はSTSの視点でとらえることができる（図5-6）。STSについての理解を促す教育をSTS教育といい，環境教育とSTS教育はその目的や目標また内容において共通する点が多い。

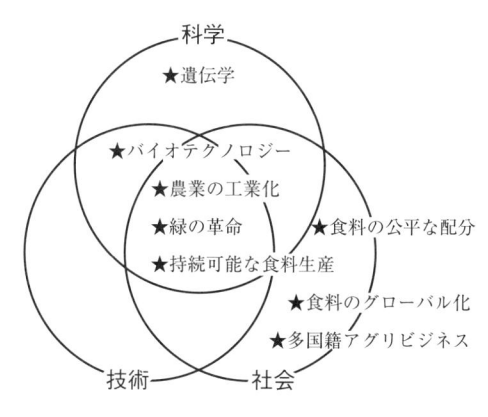

図5-6 STSの視点からみた食料問題

現代の環境問題は科学文明のあり方にかかわる問題である。そうした視点で環境問題を見抜くことはその本質的理解のために重要であり，食料をめぐる環境問題はその典型的な社会事象である。

《ディスカッション》
1．食料と水の国際的な移動は，どのような環境負荷をもたらしているか。
2．バイオテクノロジーは，将来の食料危機に対して貢献できるか。

〈注・文献〉
1) 鈴木善次（1994）『人間環境教育論』創元社
2) 西川潤（2008）『データブック食料』岩波書店
3) 農林水産政策研究所（2010）『平成21年度 2019年における世界の食糧需給見通し――世界食料需給モデルによる予測結果』(http://www.maff.go.jp/primaff/kenkyu/model/2009/pdf/100203_1.pdf)
4) コンビニ弁当探偵団（2005）『コンビニ弁当16万キロの旅――食べものが世界を変えている』太郎次郎社エディタス
5) 食パンのフードマイレージの数値は，淡路たまねぎ.net (http://awajishima-o.net/food-mileage/)

を参考にした。
6) 中田哲也（2003）「食料の総輸入量・距離（フード・マイレージ）とその環境に及ぼす負荷に関する考察」『農林水産政策研究』5号
7) 経済産業省（2010）『バイオ燃料導入に係る持続可能性基準等に関する検討会中間とりまとめ』（添付資料2）報告書概要（http://www.meti.go.jp/press/20100305002/20100305002-3.pdf）
8) 中村靖彦（2004）『ウォーター・ビジネス』岩波書店
9) 国連開発計画（2006）『人間開発報告書2006概要』国連開発計画
10) Chapagain, A. K. & Hoekstra, A. Y.（2004）*Water footprints of nations volume 1 : main report*, UNESCO-IHE.
11) 2010年の国際アグリバイオ事業団（ISAAA）の報告による。日本モンサント社のホームページ http://www.monsanto.co.jp/index.html から引用した。
12) 独立行政法人農業環境技術研究所（2010）「2010年2月インド・組換えBtナスの商業栽培承認延期」『農業と環境』No.119（http://www.niaes.affrc.go.jp/magazine/119/mgzn11903.html）
13) Jairam Ramesh（2010）Decision on Commercialisation of Bt-Brinjal.（http://moef.nic.in）
14) Bagla, P.（2010）After acrimonious debate, India rejects GM eggplant. Science 327:767.

【さらなる学習のために】

・鶴見良行（1982）『バナナと日本人』岩波書店
・ヴァンダナ シヴァ著／浜谷喜美子訳（1997）『緑の革命とその暴力』日本経済評論社
・平川秀幸（2010）『科学は誰のものか』日本放送出版協会

コラム　カーボン・フットプリント

　カーボン・フットプリントとは、「炭素の足跡」を意味し、商品やサービスの原材料の調達から廃棄・リサイクルまでのライフサイクルにおいて排出される温室効果ガスを二酸化炭素量に換算し、商品に表示することをいう。人間活動が地球にどれだけ負荷を与えているかの大きさを、地球を踏みしめる足跡の面積（ha）で表したものがエコロジカル・フットプリントで、カーボン・フットプリントは、いわばこれの二酸化炭素版である。表し方はたとえば、ポテトチップ1袋の二酸化炭素排出量（g）、国民1人当たりの年間二酸化炭素排出量（kg）などである。

（石川聡子）

6章　持続可能性を脅かす諸問題
—— ミレニアム開発目標(MDG)をめぐって ——

【目標とポイント】
持続可能性を脅かす問題としての南北問題，開発問題を理解する。とりわけミレニアム開発目標に示されたグローバルな諸課題の関連性を知る。これらの課題を解決するための国際協力や参加型学習の手法について理解する。

キーワード
南北問題，開発問題，国際協力，参加型開発，エンパワーメント，参加型学習，開発教育

1　南北問題・開発問題の歴史

　本章では，持続可能性を脅かす問題としての南北問題，開発問題についてみていく。「持続可能な開発」の概念を提唱したのは，1987年のブルントラント委員会報告であるが，この中で「世代間の公正」と「世代内の公正」という考え方が示されている。世代間の公正とは，現在の世代が将来の世代のための資源を枯渇させないことであり，世代内の公正とは，南北間の資源利用の格差，すなわち貧富の格差を解消することである。前者はおもに環境問題，後者はおもに南北問題・開発問題を扱っている。後者の問題の歴史的な経緯をみてみよう[1]。1959年，イギリスのロイド銀行頭取であったオリバー・フランクス（1905-1992）はイデオロギーと軍事の対立である東西問題に比肩する重要課題として，地球上の北側に位置する先進工業国と南側に位置する低開発諸国との大きな経済格差を「南北問題」と名づけた。「開発（development）」という多義的な用語が，世界規模の経済社会的な格差を是正するための国際間の営為として広く使用されるようになるのは第二次世界大戦後のことである。1961年にアメリカのケネディ大統領（1917-1963）は国連総会で演説し，1960年代を「国連開発の10年」とするように提唱した。国際開発の10年計画においては国家

間で行われる政府開発援助（ODA）などの国際協力が進展した[2]。

　1970年に国連開発の10年計画が終わってみると，経済成長についてはその目標は達成されたが，先進工業国と開発途上国との経済格差はますます拡大し，かつ途上国内部の貧富の格差も拡大した。国連では1970年代を第二次国連開発の10年として，その補正を図った。ここで，人間の基本的ニーズ（BHN：Basic Human Needs）を基本とした開発戦略が世界銀行などによって打ち出される。これは，人間が生きていくうえで最低限必要となる食料，居住，医療，教育，公共輸送などを優先的に供与し，貧困層に恩恵を及ぼすアプローチであった。一方，いっこうに経済格差が縮まらないフラストレーションをもつ南の国々は「新国際経済秩序（NIEO：New International Economic Order）」を主張する。途上国側には先進工業国の支配のもとにできあがった構造的な国際経済体制（IMFやGATTに象徴されるブレトンウッズ体制）を根本的に突き崩していかなければ途上国はいつまでたっても経済的な従属から逃れられないという認識がある[3]。NIEOは，この従属理論をもとにして天然資源についての主権の確立と，不公正な既存の国際経済体制に代わる新体制の確立の前提となる「主権の平等」の概念を提起している。

　BHN戦略にしてもNIEOにしても，その議論は国家の指導者層のものであり，貧困にあえぐ民衆とは遠いところで議論されていた。1970年代後半から，国家間の動きとは別にNGO（Non-Govermental Organization）と呼ばれる民間開発団体が，民衆同士の直接的な国際協力を推進し，国家間の開発議論とは別のアプローチを展開した。そこでは「オルタナティブな開発」と呼ばれるさまざまな開発戦略が提起された。それらは基本的ニーズを充足し，内発的・自立的であり，エコロジー的にも健全であり，経済社会構造の変化を必要とするものとして定式化された。これを受けて，内発的発展論，持続可能な開発，参加型開発など新しい開発論が展開されるようになった[4]。

　従来の経済成長中心の開発観に代わって，人間そのもの，そして社会の開発に焦点が当てられたのが1990年代の特徴である。UNDP（国連開発計画）は1990年に『人間開発報告書』を公表し，人間開発を1990年代の開発戦略の中

心に位置づけることを提言した[5]。社会開発の考え方は人間開発が可能となるような社会条件を整備することに主眼がおかれたものである。社会開発の理論の基礎となるのは，人間優先の開発分野の重視であり，栄養，飲料水，識字，教育，保健医療，雇用，環境などの分野に重きをおく。そして，性の違い，民族の違いなどにもとづく差別をなくし，社会的弱者の権利擁護とエンパワーメント（能力，権限の獲得）の促進をめざす。

　一方，1995年にはGATT（関税及び貿易に関する一般協定）を引き継ぐ形でWTO（世界貿易機関）が発足した。WTOは物品，サービスなどの貿易の自由化を目的とした諸協定の実施と管理を行う国際機関である。これにより世界の貿易はいっそう促されることになった。また，金融や投資についてはその促進や規制についての国際的な協定が未整備な中で，事実上国境を越えた投資が広範に行われている。カネやモノの取引が国境を越えて広く行われ，ボーダーレスの経済となっている現象を「経済のグローバリゼーション」という。これは世界規模の市場経済を発展させる一方で，貧富の格差をいっそう増大させている。多国籍企業や国際金融機関による開発プロジェクト融資が，現地住民の生活破壊や環境破壊を引き起こす事例も多く見られる。世界各地で起こっている広範な経済のグローバリゼーションのもとで，はたして「持続可能な社会」は可能なのか，という深刻な問いが投げかけられている。

2　地球的諸課題とミレニアム開発目標

(1) 地球的諸課題の関連性

　1990年代の国連・国際会議の場では，環境，開発，人権，平和，ジェンダーなど持続可能性を脅かすさまざまな地球的課題（global issues）の相互の連関性が明らかにされていった。1992年に国連環境開発会議（地球サミット）がリオデジャネイロで開かれて，「持続可能な開発」をキーワードに地球環境を守るために各国政府や国民が取り組むべき課題が「アジェンダ21」として発表された。1993年にウィーンで行われた世界人権会議においては，国際的な人権問題が議論された。これをきっかけに各国で「人権教育の10年」が開始

された。1995年の世界社会開発会議（コペンハーゲン）では，従来の経済開発に代わって「社会開発」の重要性が討議されて，貧困をなくし雇用を確保するための「貧困根絶のための10年計画」が策定された。同年には，北京において第4回世界女性会議が開催されて，世界規模でのジェンダー平等が話し合われた。これを受けて，日本でも男女共同参画事業が実施されることになる。この他，1990年にジョムティエン（タイ）で「万人のための教育会議」，1994年にはカイロで人口開発会議，1996年にはイスタンブールで第2回国連人間居住会議（ハビタット）が開催されている。

(2) ミレニアム開発目標（MDG）

2000年9月にニューヨークで開催された国連ミレニアム・サミットにおいては，21世紀における国際社会の目標として国連ミレニアム宣言が採択された。1990年代の上記の国際会議で議論された国際的な開発目標と行動計画を統合して，一つの共通の枠組みがまとめられた。ミレニアム開発目標（MDG：Millennium Development Goals）である[6]。ここには21世紀前半の地球社会が抱える課題とその解決に向けての具体的なゴールが明確に示されている。それらは八つの目標と21のターゲットからなる。このうち，目標7が環境の持続可能性の確保に関する目標である。しかしながら，持続可能な地球社会づくりのためには狭い意味での環境問題のみならず，八つのすべての目標の達成が必要となる。それらの目標を順にみていこう。

国連ミレニアム開発目標
（UNDP刊）

目標1：極度の貧困と飢餓の撲滅

貧困と飢餓からの解放は人類社会全体の悲願であり，あらゆる開発目標のトップに位置づけられるものである。目標1においては次の三つの具体的なターゲットが設定されている。

①1990年と比較して1日の収入が1米ドル未満の人口を2015年までに半減させる。

②女性，若者を含むすべての人々に，完全かつ生産的な雇用，そしてディーセント・ワーク（適切な

仕事）の提供を実現する。
③2015年までに飢餓に苦しむ人口の割合を1990年の水準の半数に減少させる。

　貧困は過剰開発と並んで，環境破壊の最大の原因ともなっていて，地球環境の保全にとっても貧困と飢餓の撲滅は大きなテーマである。

目標2：普遍的初等教育の達成

　目標2については，「2015年までに，すべての子どもが男女の区別なく初等教育の全課程を修了できるようにする」というターゲットが示されている。教育は目標1の貧困の撲滅や雇用の確保とも密接に関連している。また，目標4～6の保健衛生に関する目標を達成するためにも不可欠である。

目標3：ジェンダーの平等推進と女性の地位向上

　男女平等と女性の地位向上に関する目標としては，「2005年までに，初等中等教育における男女格差を解消し，2015年までにすべての教育レベルにおける男女格差を解消する」というターゲットが示されている。世界的にみて，女子が教育を受ける権利は男子に比べて制限されていて，それが結果的にジェンダー間の不平等につながっている。ジェンダー平等に関しては，教育の他にも，就業機会の平等と国会議員の比率の平等が目標とされている。

目標4：乳幼児死亡率の削減

目標5：妊産婦の健康の改善

目標6：HIV／エイズ，マラリア，その他の疾病の蔓延の防止

　目標4～6は保健衛生に関する目標である。乳幼児死亡率の削減については「2015年までに5歳未満児の死亡率を1990年の水準の3分の1に削減する」というターゲットが設定されている。開発途上国では乳幼児期に病気などで死亡する子どもが多く，そのことが平均寿命全体を下げているという現実がある。

　妊産婦の健康の改善については二つのターゲットが示されている。一つは「2015年までに妊産婦の死亡率を1990年の水準の4分の1に削減する」ことである。途上国での妊産婦の死亡率は先進国に比べて格段に高いのが現状

である。もう一つのターゲットは「2015年までにリプロダクティブ・ヘルスへの普遍的アクセスを実現する」ことである。リプロダクティブ・ヘルスとは，「性と生殖に関する健康」と訳されていて，家族計画や産前産後ケアのサービスを受けられる機会を増やすことが求められている。

HIV（ヒト免疫不全ウィルス）／エイズ，マラリアなどの疾病の蔓延の防止については，「HIV／エイズの蔓延，マラリアその他の主要な疾病の発生拡大を2015年までに食い止め，その後，発生率を減少させる」というターゲットが設定されている。

目標7：環境の持続可能性の確保

目標7に関しては以下の四つのターゲットが設定された。

①持続可能な開発の原則を国家政策およびプログラムに反映させ，環境資源の損失を減少させる。

②生物多様性の損失を2010年までに確実に減少させ，その後も継続的に減少させ続ける。

③2015年までに，安全な飲料水および衛生施設を継続的に利用できない人々の割合を半減する。

④2020年までに，少なくとも1億人のスラム居住者の生活を改善する。

目標7では，「持続可能な開発」の原則の確立，生物多様性の確保，安全な飲料水の確保，スラム居住者の生活改善がテーマとして掲げられている。

目標8：開発のためのグローバルなパートナーシップの推進

目標8については六つのターゲットが設定されている。特に，後発開発途上国，内陸国，小島嶼国といった貧困の問題や特別な問題を抱えた国々に対して国際的に支援する必要性を強調している。

現在の地球社会の持続可能性を脅かす問題はMDGにあげられた課題に尽きるわけではないが，21世紀前半の国際社会がどのような課題に直面していて，どのように解決しようとしているかを知ることができる。

3　参加型開発と開発教育

　MDG で示されたグローバルな課題を解決するために世界中の政府，NGO，企業，国連機関，そしてなにより当事者である地元住民がさまざまな取り組みを行っている。官民による国際協力はそのための一つの重要な営みである。

　これまでの国際協力の中で行われた開発プロジェクトには大きく三つのタイプがある[7]。第一は「慈善型」と呼ばれる開発プロジェクトであり，これは1970年代以降，現在に至るまで特に民間の協力において頻繁に行われてきた。これは，恵まれない貧困層や弱者に対して慈善的な援助を行うタイプである。それは「目の前の困っている人を助ける」という自然な心情にもとづいて行われる。ネパールの山奥の村に学校を建てるとか，スラムの子どもたちに奨学金を渡すとか，津波の被災者に支援物資を送る，という類いの活動である。国際協力の分野では，慈善的な動機による活動はいわば「原点」であり，現在でも広く行われている。

　これに対して，援助対象者のより長期的な自立をめざして計画的に行われる開発プロジェクトに，「技術移転型」と呼ばれる第二のタイプがある。アジア諸国では1980年代より主流となり，政府機関や民間協力団体であるNGOによって実施されてきた。対象地域の課題を事前に調査して問題を特定し，その問題を解決するための方策を考え，それをプロジェクトとして計画し実施する。その際の資金と技術は外部から提供する，というものである。このタイプの開発プロジェクトの事例としては，総合的農村開発や保健員の計画的な配置，職業訓練所の開設など多岐にわたる。現在に至るまで「援助のプロ」が行う開発プロジェクトにあっては，このタイプが主流である。

　そして，1980年代の後半からは，住民自身の「参加」をめざした「参加型開発」と呼ばれる第三の手法が現れる。これは住民自身がプロジェクトの企画から実施，そして評価のすべてのプロセスに「参加」することをめざしている。ILO などの国連機関が参加型開発の現状，方法，課題をまとめて1991年に『民衆とともにある開発』を発表して以来，参加型開発は国際開発の主流ともなっ

た[8]。参加型開発において大切なことが二つある。一つは，参加型開発における「参加」は強者の参加ではなく「弱者」の参加である，ということである。弱者とは都市のエリートに対する農村の住民，男性に対する女性，大人に対する子ども，支配民族に対する少数民族や先住民族などである。第二は，参加型開発においては，地域や住民の問題点ばかりをあげるのではなく，地域や住民のよいところを探すことである。最近は「ローカル・ウィズダム」といって，地域が伝統的にもっていた知恵や価値を重視して，それを活用しながら地域の開発を考えることが重視されている。

　ここで必要になるのが，住民のエンパワーメントである。エンパワーメントにおいては，人間の潜在能力を信じて，その発揮を可能にするよう平等で公平な社会を実現しようとする視点がポイントである。したがって，問題に気づいて改善を図るための能力を「個人」として身につけるということにとどまらず，問題を生み出している社会的な要因を認識して，個人ないしは集団で問題を生み出す社会そのものを変革していくための力（権限）を獲得していく，という側面が含まれている。

　参加型開発では，住民をエンパワーしていくアプローチ・手法としてPRAやPLAと呼ばれる方法が実施されている[9]。PRA（Participatory Rural Appraisal：参加型農村調査法）とPLA（Participatory Learning and Action：参加型学習行動法）は，住民自身が自ら課題を発見して，分析し，解決方法を探り，計画を立て，実行し，評価するまでの一連のアプローチと手法のことである。地図づくり（図6-1参照），年表づくり，季節カレンダー，社会関係図，ランキング（順位づけ）などがあるが，固定された一連のパッケージがあるわけではなく，さまざまなアプローチや手法が現場に即して開発され応用されている。

　日本などの先進国において，南北問題や国際協力の理解を行う学習活動として1980年代より開発教育が広く実践されてきた。近年では，南北問題にとどまらずMDGで示されたようなさまざまなグローバルな課題の理解と，それらの問題解決のための「参加」をめざす教育学習活動となっている。開発教育では「共に生きることができる公正な地球社会」をめざしていて，とりわけその

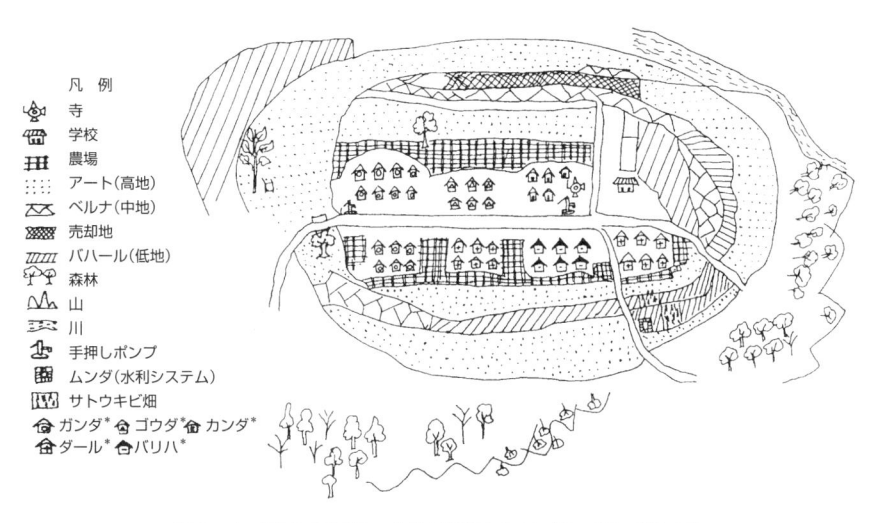

6章 持続可能性を脅かす諸問題——ミレニアム開発目標（MDG）をめぐって

凡 例
- 寺
- 学校
- 農場
- アート(高地)
- ベルナ(中地)
- 売却地
- バハール(低地)
- 森林
- 山
- 川
- 手押しポンプ
- ムンダ(水利システム)
- サトウキビ畑
- ガンダ* ゴウダ* カンダ*
- ダール* バリハ*

図6-1　PRAの事例——土地利用図（インド・ダングル村）
（出典：クマール（2008）『参加型開発による地域づくりの方法』明石書店, p.91)

実現に向けての技能と態度を養うことに主眼をおいてきた。そのため，これまで数多くの参加型学習の教材とワークショップを開発してきた。開発教育も参加型開発におけるPRAも，「参加型社会」をめざしているという点で共通の目的と理念をもち，参加型学習という学習方法も共通している。ただ，開発教育は日本の子どもたちや地域の人々を対象としていて，PRAは「南」の国々の村落の人々を想定しているという点で，具体的な手法ではさまざまな相違がある。

　開発教育ではESD（持続可能な開発のための教育）の影響を受けながら，近年「地域を掘り下げて世界とつながる」学びが注目されている。そのための手法として，地元学，アクションリサーチ，PRAが紹介されている[10]。このように日本の開発教育と途上国の参加型開発の手法が似ているのは単なる偶然ではない。最近，国際協力NGOの間でも，「豊かな日本のNGOが貧しいアジアのNGOに援助する」ということではなく，「共通の課題を抱えた日本とアジアのNGOが，共通の問題の解決に向けて協力していく」という発想の転換が行われつつある。日本の「総合的な学習の時間」においては参加型学習が強調されているものの，そこでの参加は教室の中における児童生徒の学習への参加

というレベルにとどまっていることが多い。開発教育においてなぜ参加型学習を採用したかというと，それは単に子どもたちを既存の学校の枠の中で学習に参加させる技法として行っているのではなく，より広く学校の運営や地域社会そして世界の問題解決への参加をめざしているものである。参加型学習を通して，社会参加のための知識や技法を身につけ，参加型社会づくりを行っていくことが開発教育・ESD の最終的な目標である。その意味で，日本の開発教育・ESD も途上国の参加型学習も，ともに参加型社会を築くパートナーとして今後協同して実践されていくであろう。

《ディスカッション》
1．MDG に示されたさまざまなグローバルな課題について，それらの相互関連性について考えてみよう。
2．参加型開発について詳しく調べて，なぜ参加型学習が求められるのかを考えよう。

〈注・文献〉
1) 国際開発の歴史については，田中治彦 (1994)『南北問題と開発教育』亜紀書房，pp.37 - 58
2) 本章では，「先進国」とは「先進工業国」の略語であり，OECD（経済協力開発機構）に加盟している34か国を指す。「途上国」とは「開発途上国」の略語であり，OECD 加盟国以外の国々を指す。ただし「途上国」には BRICs（ブラジル，ロシア，インド，中国）とよばれる近年経済発展が著しい国から，内陸国や小島嶼国に多い後発発展途上国も含まれる。
3) 国際貿易の自由化と経済成長，雇用の促進を目的として形成され，IMF（国際通貨基金），世界銀行，GATT をその軸とした，第二次大戦後の国際経済体制のこと。
4) 内発的発展論とは，外部からの資金や技術の投入によってではなく，地域の内部にある文化や資源や人材を見直して，それらによって自律的に発展を推進するという理論である。参加型開発とは，開発の受益層自身が開発の意思決定プロセスに参加すること，そしてより公平にその恩恵を受けることをめざす開発アプローチである。
5) UNDP, *Human Development Report*, (1990 -)（国連開発計画『人間開発報告書』国際協力出版会）。この中で従来の経済優先の開発指標に代わるものとして「人間開発指数（HDI）」が提案されている。具体的には，平均寿命，教育水準（成人識字率と就学率），国民所得を用いて算出する。
6) MDG の具体的な内容とその達成状況は外務省のホームページなどで見ることができる。
http://www.mofa.go.jp/mofaj/gaiko/oda/doukou/mdgs.html
7) 田中治彦著 (2008)『国際協力と開発教育 ——「援助」の近未来を探る』明石書店，pp.24 - 42
8) Oakley, P. *et al.* (1991) *Projects with People —— The Practice of Participation in Rural Development* ILO.（邦訳：P. オークレー編／勝間靖・斉藤千佳 (1993)『国際開発論入門 —— 住民参加による開発の理論と実践』築地書房）
9) PRA・PLA については，田中治彦 (2008)『国際協力と開発教育 ——「援助」の近未来を探る』明石書店，pp.43 - 61，ロバート・チェンバース著／野田直人・白鳥清志監訳 (2000)『参加型開発

と国際協力――変わるのはわたしたち』明石書店，およびソメシュ・クマール著／田中治彦監訳（2008）『参加型開発による地域づくりの方法――PRA実践ハンドブック』明石書店
10) 開発教育協会編（2010）『開発教育で実践するESDカリキュラム』学文社，pp.54-69

【さらなる学習のために】

・田中治彦編（2008）『開発教育――持続可能な世界のために』学文社
・田中治彦（2008）『国際協力と開発教育――「援助」の近未来を探る』明石書店
・山西優二ほか編（2008）『地域から描くこれからの開発教育』新評論
・開発教育協会編（2010）『開発教育で実践するESDカリキュラム』学文社

コラム 『世界がもし100人の村だったら』

「世界には63億人の人がいますが，もしそれを100人の村に縮めるとどうなるでしょう」という文で始まるエッセイ集『世界がもし100人の村だったら』（マガジンハウス）は，2001年末に発行されて，翌年ベストセラーになった。9・11事件が起き，その後アメリカがアフガニスタンやイラクを攻撃し，世界は分裂の危機にあった。もし世界が一つの村だったら激しく憎み合い殺し合うこともないだろう，という思いをもつこの詩は，もともとインターネットを通じて世界をめぐったメッセージであった。

本書の中に次のような一文がある。「すべてのエネルギーのうち，20人が80%を使い，80人が20%を分けあっています。75人は食べ物の蓄えがあり，雨露をしのぐところがあります。でも，あとの25人はそうではありません」ここにはミレニアム開発目標の背景にある世界の現実が示されている。

このエッセイを参加型ワークショップの教材にしたのが，『ワークショップ版　世界がもし100人の村だったら』（開発教育協会刊）である。教室を世界に見立てて，生徒たちが大陸別に分かれたり，各国の言葉であいさつする。そして，富であるビスケットを国民所得の比で分け合うことで，富の偏在を実感する。ワークショップ版も発刊以来1万部を超え，開発教育の教材としてはベストセラーとなった。

『ワークショップ版　世界がもし100人の村だったら　第3版』（開発教育協会刊）

（田中治彦）

7章　環境教育の進め方とその理論的背景

【目標とポイント】
環境教育の目的・目標に関する近年の動向を理解し，人々の持続可能な社会への参加の方法と環境教育の進め方に向けた課題を考える。

キーワード
持続可能な社会，環境的行動，三つの公正，つなぐ力，総合的な学習の時間，生涯学習としての環境教育

1　環境教育の目的・目標

(1)　「持続可能な社会」の形成者の育成——環境教育の目的

「環境教育」という用語が最初に用いられたのは1948年の国際自然保護連合（IUPN＝現在はIUCN）の設立総会の場であったとされる。その後，1972年の国連人間環境会議を経て，ベオグラード憲章（1975年），トビリシ宣言（1977年）など環境教育に関する国際会議が開かれ宣言が出されるようになった。こうした会議の議論を積極的にリードしたのは各国政府機関の代表者よりもむしろIUCNやWWF（世界自然保護基金）といった国際的な環境保護組織であった。この二つの団体は国連人間環境会議以降に新たに国連機関として設立された国連環境計画（UNEP）と共同で1989年に新・世界環境保全戦略「かけがえのない地球を大切に」を発表した。それまでの環境教育が，戦後の急激な都市の発展と人口集中・増加に伴う資源不足の懸念に対する天然資源の保全を主眼とした保全教育を中心としたものであったのに対し，新・世界環境保全戦略では「持続可能な生活様式のための世界倫理」が強調された。一方，1972年の国連人間環境会議で表面化した「環境」と「開発」をめぐるおもに北側諸国と南側諸国との対立構造の中で，こうした矛盾・対立を乗り越える試みとして1980年

に先の3団体により提起されていた「持続可能な開発（Sustainable Development）」が，1992年の地球サミットにおいて今後の世界のあり方を方向づける共通の概念として合意された。このことにより今日の環境教育は，「環境」に加えて新たに「経済」「社会」「文化」なども視野に入れた総合的な視野をもつ「持続可能な社会」の形成者の育成を期すことを目的としているということができる。

(2) 環境教育の具体的目標としての「環境的行動」とその形成過程

アメリカでは1970年に環境教育法（第一次）が制定された影響もあり，早い時期から環境教育の目標に関する研究や議論が行われてきた。1975年のベオグラード会議や1977年のトビリシ会議で環境教育の目的や目標が合意されていたが，アメリカの環境教育研究者たちは，たとえばトビリシ宣言で示された「気づき」「知識」「態度」「技能」「参加」といった目標が，教育実践上の目標とするには抽象的すぎるとみていた。研究者の多くは，環境教育のより具体

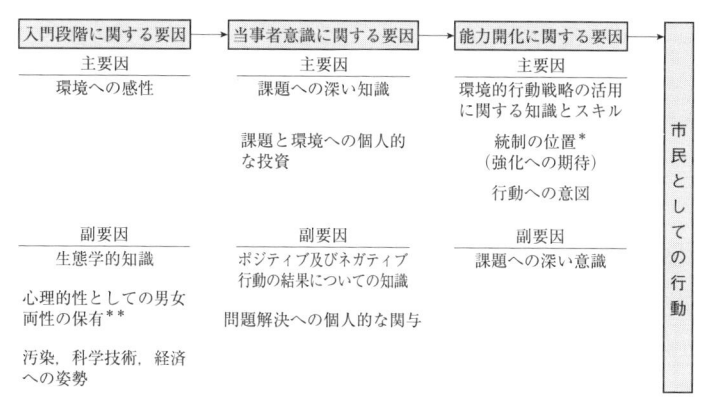

図7-1 態度フローチャート：環境的な市民としての行動につながる主要因及び副要因[1]

＊原文は locus of control で，心理学では「統制の位置」または「統制の所在」と訳される。自分の行動は自分の能力や努力で決められると考えるのが内的統制，他者の行為や運，課題の困難さなど個人ではどうにもできないものによると考えるのが外的統制。これは，いわば思考のくせとして，自分でなんとかできると考えるか，人のせいにして自分とは関係ないと考えるかの違い。

＊＊原文は androgyny。人間はだれしも，男性であっても女性的な心理の一面を保有し，また女性であっても男性的な心理の一面を有しているが，この程度には個人差がある。この図では，この個人差が環境的な市民としての行動につながる1つの要因（変数）とされている。

的な目標を,「環境的行動（環境に責任ある市民としての行動＝Responsible Environmental Citizenship Behavior）」の獲得にあると考えた。南イリノイ大学のH・E・ハンガーフォードらは「環境的行動」を「消費行動」「環境管理行動」「説得行動」「法的行動」「政治的行動」という5項目として設定した[2]。そのうえで「環境的行動」に至る過程について図7-1（前ページ）のようなフローチャートをまとめている。

ここでは「行動」に至る過程は「エントリーレベル（入門の段階）」→「オーナーシップ（当事者意識）」→「エンパワーメント（能力開花・力量形成）」という三段階があり、それぞれの段階ごとに主要因と副要因が存在するというプロセスモデルとして示されている。

(3) 持続可能な暮らしに向けた環境教育の目標

環境教育の目的が「持続可能な社会」の形成者の育成であることが理解され始めた1990年代後半以降、環境教育の目標を「個人の態度や行動を（環境配慮型に）変えること」とするだけでは不十分なのではないかとの議論が起きている。この議論は地球サミット（1992年）において「持続可能性をあらゆる教育に組み込むべき」という行動計画（「アジェンダ21」第36章）が策定されたにもかかわらず、その後の評価として、環境教育が十分な役割を果たしえなかったのではないかとの反省から生じたものである。従来型の環境教育を批判する論者の一人であるJ・フィエンは,「これまでの環境教育は、個人の生活スタイルの変化や環境への責任ある態度ばかりが強調されてきており、これからは『環境問題が、社会と私たちの暮らし方に構造的に埋め込まれていること』をもっと認識しなければならない」と指摘し、環境の質、人間の平等、人権と平和、そしてそれらを基礎づける政治的要因とのより緊密な関係を発展させていくことの必要性を指摘している[3]。こうした議論の特徴は、態度を変える手段として教育をとらえるのではなく、持続可能な暮らしに向けて自らの道筋を決定できる能力を育成していくことに教育の目標（ねらい）を定めている点にある[4]。

このように今日の環境教育では、持続可能な社会の原則、価値観、実践の教

育を学習のあらゆる側面に組み込むとともに，私たち一人ひとりが，世界の人々や将来世代，また環境との関係性の中で生きていることを認識し，行動を変革することが必要であり，そのように人々が持続可能な社会の構築に主体的に参画することを促すために「つなぐ力」「参加する力」「共に生きる力」「持続可能な社会のビジョンを描く力」などの力量形成（エンパワーメント）が求められている。

2　環境教育の進め方

(1) 持続可能な社会をめざす環境教育の課題

　持続可能な社会を構築していく際には，世界のあらゆる人々が共に「持続可能な社会」の構築に参画していくことが必要である。そのためには自然・社会・文化などのあらゆる意味で「つながり（すなわち，相互の関係性）」を意識することが必要である。体験をベースに自然とのかかわり，あるいは他の人々とのかかわりを通して，あらゆるものがつながっていることを理解し，その過程で自己像を確立し，他者に対する共感をはぐくみ，地球市民の一人として共に持続可能な社会づくりに参加する児童生徒を育てることが，今日の教育の主要な課題となってきた。この「つながり」を再構築する活動が環境教育である。

　ユネスコ（UNESCO）は21世紀に入ってから，人類を取り巻く種々の課題を解決し，平和で民主的な国際社会を確立していくために，「持続可能な未来に向けた教育」という視点で環境教育を再構成していくことを提唱している。このことは環境問題のみに焦点を当ててきた従来の環境教育から，環境・開発・貧困・人口・食料・ジェンダー・人権・平和・民主主義などの諸課題を持続可能性のためのキーとして総合的に扱っていく，広義の環境教育への転換を意味している。一本の木をモデルに説明するとすれば，個々の課題が枝にあたり，持続可能な社会が幹にあたる。すべてのテーマが持続可能な社会の構築に影響しているのである。

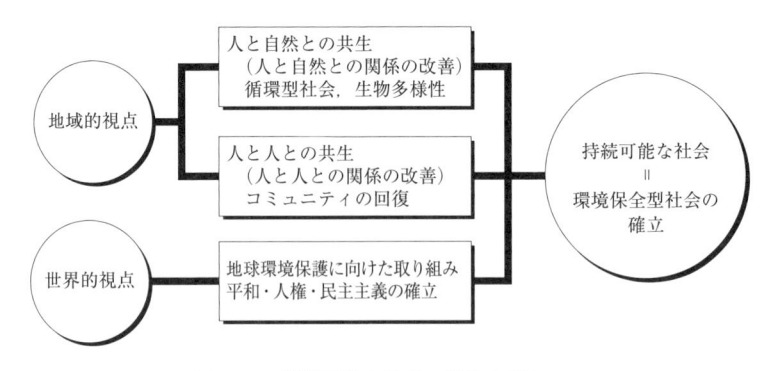

図7-2 持続可能な社会の構築の視点

(2) 児童生徒の社会参加を促す環境教育

　前述した諸問題が時間や空間を超えて，相互に密接にかかわっていること，自分ともつながっていることに気づき（すなわち「つながり」の意識化），そのつながりの改善に向けた行動，すなわち持続可能な社会の構築に参画する力をはぐくんでいくことが環境教育の総合的な目標である。「つながり」の意識化は，時間・空間を超えた想像力を含めた他者と自己との交感，すなわち「コミュニケーション能力」であり，「生きる力」の土台を形づくるものである。

　「つながり」の視点に立った学習は，結果として学校と保護者，地域が連携した「学校を核にした持続可能な地域づくり」に収斂させていくことができる。実際の環境教育の指導に際しては，この「つながり」を循環や多様性といった具体的項目として設定し，環境教育で押さえるべき概念を明確にすることが必要である。

　たとえば，多様性といったときに生物の多様性と人間（文化・民族など）の多様性の二つがあること。学校や家庭・地域から地球規模までの広がりという空間軸や，過去から現在・未来といった時間軸からみることなどである。

　児童生徒に学習（とそれを通してはぐくんだ「生きる力」）を通して，地域社会の一構成員として，社会参画を促すことは環境教育の特徴の一つである。この社会参画への第一歩は，学校における児童生徒の主体性の尊重である。学校の主人公は児童生徒であり，教職員と児童生徒は学校という空間を共有している

パートナーなのである。

(3) 発達段階に応じた環境教育の目標と評価の視点

　環境教育の目的は，持続可能な社会の構築に参加する人間を育てることである。この目的を達成するためには前述した多様な「つながり」に気づき，持続可能性や三つの公正の視点に立った新たなつながりを想像できる感性（認識）と，この新たなつながりを具体化していくための知識・意欲・技術を身につけ，具体的に参加していくことが必要である。

　これらは，気づき・知識・態度・技能・参加の五つの目標として知られているが，ユネスコのトビリシ環境教育政府間会議（トビリシ会議，1977年）でまとめられたトビリシ宣言に記されている環境教育の目標である。それは以下のものである。

気づき：環境全体とそれに関連する問題に対する気づきと感性を身につける。
知　識：環境とそれに関する問題について，多様な経験をし，基本的な理解として身につける。
態　度：環境に対する価値基準と環境を気づかう気持ちを共に身につけ，環境の改善と保護へ参加する意欲を身につける。
技　能：環境問題を識別し，解決する技能を身につける。
参　加：学習者が環境問題の解決に向けた行動に，あらゆるレベルで活発に関わり合いをもつ機会を提供する。

　このように環境教育においては，情報の伝達による「知識」「技能」「認識」の増加だけでなく，「態度」「参加」といった行動変容が求められている。このことが環境教育の評価を教科指導に比べて難しくしている点である。

　学習者の環境に対する知識・理解・態度などを評価するには多様な方法がある。習得した知識を測定するためには教科の評価と同様にペーパーテストによって，知識や理解度，応用力などを測定する。実験や観察の操作能力などは実践や実技テストが，学習者の態度や行動を測定するためには評定尺度やチェックリストなどの手法が使われる。環境教育の評価が教科と異なる点は，評定尺度などを用いて態度や信念，行動パターンなどを測定することにある。授業前

後による記述の変化，連想語の変化，ウェビングによる知識・関心の広がりなども評価手法の一つとして活用されている。

3 総合的な環境教育の視点

これまで述べてきたことは環境教育を実践していくうえで，どのような視点で教材や単元の開発，場の設定などを行ったらよいかということである。しかし，持続可能な社会をめざす環境教育を進めていくためには，さらに以下のような総合的な視点に立った指導が必要である。

① 「関係の改善」を意図する教育として行う

環境教育や福祉・健康教育，開発教育，人権教育，平和教育といった個々の課題をテーマとする教育活動は導入が異なるだけで，内容面では互いに乗り入れ可能である。「関係性（つながり）」の視点から，環境教育の課題である「世代内の公正」「世代間の公正」「種間の公正」の三つの公正を具体化していくための「関係の改善」を意図する，広い視点からの環境教育に取り組むことが必要である。

② 学社融合の一環として行う

子どもは生活時間のほとんどを学校で過ごしているが，一方，家庭やメディアの影響の中でも生活しており，社会的な存在である。また，体験学習の場の確保や「生きる力」の具体化，生活の場での持続可能性の追求などを考慮するならば，学校だけで環境教育を行うことは不可能である。

私たちを取り巻く諸課題を大胆に地域に提起し，学校だけでは問題解決できないことを認め，ともに活動したいと訴えていくべきである。このことは多くの教育ボランティアを生み出すなど，あらゆる意味での関係性の改善・強化につながり，結果として地域の教育力を向上させる。

学校が再度，コミュニティの核になることで，持続可能な地域づくりの芽をはぐくむことにもつながる。

③ 環境教育の場づくりを通して行う

持続可能な社会づくりの視点として，①生態的持続可能性の追求と，②社会

的持続可能性の追求の2点がある。

生態的持続可能性とは，循環型社会と「生物の多様性」の保護の二つに集約できる。廃棄物や温暖化といった問題は，循環という自然のサイクルを人間活動が阻害することによって生じている。とすれば，人間活動を再度，自然の循環のシステムに組み込むことが必要なのである。省資源・省エネルギー，リサイクル，堆肥化，農作物の栽培などは，循環型社会の実現につながる活動である。

学校給食を地産地消に変えていくことや学校農園での収穫物を学校給食で提供することを環境教育の一環として実践したり，行政が独自の学校版環境マネジメントシステム（ISO14000を模したもの）を導入したりすることによって，小中学校での持続可能なライフスタイルの具体化が進められている。これらも環境教育の場づくりといえる。

学校ビオトープ（ドイツ語で「生物の生息空間」を意味する）も，特別活動による環境教育の場づくりの一例である。

社会的持続可能性とは，人権や民主主義，社会参加といった社会的公正をも含んだ広い考え方であるが，学校の場合，地域の文化の伝承や種々のボランティア活動などを行ったり，多様なコミュニケーションの機会（人と人とのかかわり）をもつことは，地域の社会的持続性のベースとなるものである。

少子化とともに空き教室が増加しているが，これらを環境教育の場につくり変えることも可能である。空き教室に畳を入れ，地域の高齢者の憩いの場や郷土博物館などにしている例も見られる。これは世代間交流を促し，生活文化の伝承も含めて，人間相互の関係性の改善につながり，高齢者の自己実現という社会福祉面の向上も促すことになる。

④ クロスカリキュラムや総合的な学習の時間を通して行う

環境教育はあらゆる教科，科目，教科外の活動を通して行われる。その際に，テーマに関連する教科，科目などとの連携を行うことが不可欠である。

このような授業を展開するためには，あらかじめ教科（科目）間などの関連を図示した，環境教育の視点からの授業計画を立てておくことが必要である。

このことがクロスカリキュラムによる環境教育の取り組みにつながる。

　そして，各教科や教科外で扱われているテーマを子どもの日常生活や社会と切り結んだ形で統合化する時間が，特別活動や総合的な学習の時間なのである。

⑤　現代的課題を通して行う

　環境教育はメディアを活用することなどによって，より効果的に取り組むことができる。教育に新聞を活用するNIE (Newspaper in Education) は従来から行われてきたが，情報の適切な収集，整理，加工，発信といった情報活用能力は，現代社会では不可欠な学力の一つである。高度情報通信社会の進展とともにマルチメディアの登場によって，地球規模での情報の双方向性が保障されることとなった。インターネットを活用した環境教育の取り組みも，ここ数年で急速に広まっている。

　また，福祉やボランティア，国際交流なども「関係性」の視点に立つならば，環境教育と不可分であり，持続可能な社会の実現につながる「生きる力」をはぐくむ重要な場である。

⑥　あらゆる手法を通して行う

　児童生徒の五感に訴えること，またあらゆる手法を総動員することが環境教育に求められている。これらの中には音楽や絵画，演劇，詩や俳句なども含まれる。これら芸術や文学ともかかわる環境教育は，深い感動を伝える非常に効果的な手法である。

　また，児童生徒の環境教育への取り組みを支援する多様な取り組みがなされている。たとえば，環境省が実施している「子どもエコクラブ」は，小学生を対象とする地域の自主的環境サークルであるが，これを学校に取り込むことによって，他地域との交流や情報交換，サポート体制などの面で活用することができる。ほかにも同省の「自然大好きクラブ」や「子どもパークレンジャー」，文部科学省と農林水産省を中心とした「子ども農山漁村交流プロジェクト」など多くの環境教育プロジェクトが始まっている。

5 まとめ

　現在までの学校教育の制度では，「環境問題は広範囲で多面的な問題であること，また，環境教育は，各学校段階・各教科等を通じた横断的・総合的な取組を必要とする課題であるということなどから，学校における環境教育は，従来から特別な教科等を設けることは行わず，各教科，道徳，特別活動等の中で，また，それらの関連を図って，学校全体の教育活動を通して取り組む」（環境教育指導資料[4]）とされてきた。それに対し，環境教育研究者からは，近年，「環境」の教科化を求める声もあがっている。

　教科化は望ましいことではあるが，たとえ教科化が施行されなくても，環境教育を展開していくためには，教材開発や指導面のみならず，従来はあまり要求されなかった能力が教師・指導者に求められている。これらは，①学校と地域を結ぶ力，②児童生徒の活動にとどまらず学校にかかわる大人たちの活動を支援・促進する力，③教科の枠を越えて総合的に扱う力，の３点である。環境教育を通して，教師・指導者自身がこれらの視点に立った自己評価を行うことも求められる。

　また，環境教育の取り組みを契機に，学校内外のネットワークが広がる。これらのネットワークの広がりも環境教育の評価の視点として位置づけるなど，多面的な評価軸を設けることが，創造的な環境教育を発展させていくために必要である。

《ディスカッション》
1. 持続可能な社会の構築に参加する人間は，どのようにして形成されるだろうか。自分の身のまわりの出来事や経験に即して考えてみよう。
2. 学校教育で行われている環境教育は現状で十分だろうか。

〈注・文献〉
1) 石崎一記（2006）「自然体験学習と教育心理学」『自然体験学習論』高文堂出版社
2) Sia, A. P. & Hungerford, H. R. & Tomera, A. N. (1985) *Selected Predictors of Responsible*

Environmental Behavior : An Analysis. The Journal of Environmental Education 17(2), pp.31 - 40
3) 小栗有子（2005）「持続可能な開発のための教育構想と環境教育〜ESD論」『新しい環境教育の実践』高文堂出版社
4) 「環境教育指導資料」（2007）国立教育政策研究所教育課程研究センター

【さらなる学習のために】

・日本環境教育フォーラム（2008）『日本型環境教育の知恵 —— 人・自然・社会をつなぎ直す ——』小学館
・スー・グレイグ＆グラハム・パイク＆ディヴィッド・セルビー著／阿部治監修／㈶世界自然保護基金日本委員会訳（1998）『環境教育入門』明石書店

コラム PISAにおける「環境」の扱い

　PISA（Programme for International Student Assessment）とは，OECD加盟国の多くで義務教育の修了段階にある15歳の生徒を対象にした，読解力，数学的リテラシー，科学的リテラシーの三分野の国際学習到達度調査である。PISA調査では，義務教育修了段階の15歳児がもっている知識や技能を，実生活のさまざまな場面で直面する課題にどの程度活用できるかどうかを評価する。

　2006年の第3回PISAでは，初めて科学的リテラシーの一環として「環境」に関する国際比較調査が行われた。"Green at Fifteen？"（「15歳で環境？」）と名づけられたこの調査報告書では，生徒が環境や環境に関する諸問題について何を知っているのか，どこから知識を得ているのか，環境問題に対してどのような姿勢をもっているのか，そして生徒の環境科学に関する習熟度は環境に対する彼らの姿勢にどう関連するのか，といった点についての調査結果が示されている。

　PISAの学力調査結果は日本でも学力問題と関連づけた形で話題になるが，「環境」はここでも重要なリテラシー（欠かすことのできない資質・能力）と位置づけられている。

（阿部　治・降旗信一）

8章 環境教育における環境倫理の使命と役割

【目標とポイント】
環境教育の基盤となる三つの環境倫理的な情操と，環境教育の規範的枠組みとして論じられてきた環境倫理の思想の変遷を理解し，関係性・精神性・価値・徳などをめぐる「環境倫理による環境教育」の役割を考える。

キーワード
センス・オブ・ワンダー，情操教育，道徳感情，多様な関係性，価値観教育

1 環境教育の基盤となる環境倫理的な情操

環境教育の基盤を情操面から見たとき，①自然や環境への感性，②生態系への共感と一体感，③生命の尊重と生物多様性への畏敬の念，の三つをはぐくむことが重要となる。これらは，環境倫理学の発展においても，重要な規範性を帯びた思想のベースとなるものとして位置づけられてきた。

(1) 自然や環境への感性

まず，子どもの成長においては，知性や論理的思考の発達に先だって，感性の発達が見られる。その意味では，幼児期から自然や環境への感性の芽を培っていくことは，環境教育の出発点であるといえよう。

子どもたちの自然や環境への感性の大切さについて，レイチェル・カーソン (1907-1964) は，有名な「センス・オブ・ワンダー (sense of wonder)」という言葉を用いて次のように述べている。

> 「子どもたちの世界は，いつも生き生きとして新鮮で美しく，驚きと感激にみちあふれています。残念なことに，わたしたちの多くは大人になる前に澄みきった洞察力や，美しいもの，畏敬すべきものへの真実の本能をにぶらせ，あるときはまったく失ってしまいます。

「もしも私が，すべての子どもの成長を見守る善良な妖精に話しかける力をもっているとしたら，世界中の子どもに，生涯消えることのない『センス・オブ・ワンダー＝神秘さや不思議さに目を見はる感覚』を授けてほしいとたのむでしょう」[1]

　このようなセンス・オブ・ワンダーによって，それまで眠っていた感性が自然の中で覚醒すれば，森や自然の世界での経験は「生涯消えることのない」原体験となるであろう。

　そして，センス・オブ・ワンダーをつねに新鮮にもち続けるためには，私たちがすんでいる世界の喜び，感激，神秘などを子どもと共に再発見し，感動を分かち合ってくれる大人が少なくとも一人そばにいる必要がある[2]。

　自然環境において，教えられる側と教える側の共感的な一体化の場面こそが環境教育の出発点であり，感動する心が"環境教育の基盤"であるといえよう。

(2)　**生態系への共感と一体感**

　個々の自然物や環境要素に触れる直接体験や，そこでの感性の芽生えからさらに進んで，生態系全体との共感や一体感をはぐくむことも，環境教育の基盤となる。たとえば，環境倫理学の源流に位置づけられる「土地倫理（land ethic）」を提唱したアルド・レオポルド（1887-1948）は，日常の仕事として野生の生命をただ観察することではなく，永久に記憶に残る野生の生命と直接触れ合った若い頃の体験について述べている。

　　「……若い頃に野生の命と接触しそれを追求していたときの最初の印象は，その生命の形や色や雰囲気を生き生きとした鋭さで保っている」[3]

　このような生命とのふれあいの原体験によって培われた感性は，その後，生命についての知恵を形成し続け，環境についての深い洞察の尺度となるであろう。さらにレオポルドは，その意味を「個人」の経験から「生態系」についての経験へと広げて，次のように述べている。

　　「水の調べは誰の耳にも聞こえる。……この調べをほんの数小節聞けるようになるにも，まずここで長期間暮らし，丘陵や川のおしゃべりを理解できるようになることが必要だ。……すると，この音楽が聞こえてくるだ

ろう。幾千もの丘陵に刻まれた楽譜，草木や動物の生ける者と死せる者が奏でる調べ，秒という時間と世紀という時間とを結ぶ音律——以上が渾然一体となった大ハーモニーが」[4]

だれもがもっている美的情感は，視野を「個人」の感性であるセンス・オブ・ワンダーから生態系を支えている「土地」倫理へと広がり，より普遍的で持続的なものとして洗練される。この美的情感によって，宇宙のリズムと生命のリズムの調和を感じとることができる。それは，「幾千もの丘陵」という空間を越え，生ける者と死せる者，秒と世紀の時間を「渾然一体」に結びつける情感である。

人間には，生態系の一員として人間を超越した大自然と歴史的生命の連鎖を尊重し，畏怖し，見守ることが本能的に備わっているのではないか。このような美的情感に根ざした道徳的情操こそが，他者（自然物，動植物，他人）と共感し得る規範となると考えられよう。

(3) 生命の尊重と生物多様性への畏敬の念

自然や環境への感性をみがくことや生態系への一体感をはぐくむことに加えて，自然や環境やその中で生み出された種々の生命が長い進化の歴史をたどってきたことと，それによって多様性を獲得してきたこと，すなわち生命の歴史と生物の多様性の視点もまた，はぐくんでいく必要がある。生命と生物の多様性に対する尊重や畏敬の念は，自然や環境を保全しようという意識につながるものであり，環境教育の基盤として不可欠のものである。

たとえば，社会生物学者のE・O・ウィルソン (1929 -) は，ブラジルの森林での，次のような原体験について述べている。

「稲妻がストロボのフラッシュさながらに雨林の壁を照らした一瞬，私の目に映ったのは層をなす構造であった。……ほんの数分間，森林はこの舞台装置の中に照らし出された。その心象はシュールな様相をおび，一万年前に引き戻された人間の束縛のない野性の想像力に投影された」[5]

このような体験は，大自然の圧倒的な力の舞台に置かれた人間存在の小ささについて痛烈に覚醒させられる。この原体験から，ウィルソンは生物多様性

(biodiversity) こそが生命の進化を支えていることを確信する。生態系,群集,種,遺伝子の多様性について,ウィルソンは次のように述べている。

> 「この生命の集合体は十億年もかかって進化してきた。それは嵐をも飲み込み——嵐を遺伝子の中に組み込みそして私たち人間を創造し,この世界を作り上げた。それは世界をしっかりと支えている。……私にはすべてが時を超越して,永遠に変わることなく続いていくように思われた。……いったいどれだけの力が加わったとき,この進化のるつぼは壊れてしまうのだろうか」[6]

生命の歴史である「遺伝子の10億年の進化」と生物多様性の「時の超越性と永遠性」が表現されている。このような体験は,人間自身に刻み込まれた生命の歴史と,永遠不変である生物多様性への畏敬の念という教育と倫理の基盤であると考えられる。

環境教育の基盤の一つとして,このような生命の長き歴史のつらなりを私たちは自覚しておく必要があろう。同時に,永遠不変の存在であるはずの生物多様性の強靭ささえも,人間の行動によって「進化のるつぼ」の許容限界に達している。これは,私たちが持続可能な未来の環境について倫理的な不安として感じとっていることである。

2 環境倫理思想の歴史——環境教育の規範的枠組みの展開

環境倫理は,人間の立場のみならず,環境,動物,植物,すべての生命,さらには自然物や生態系全体を対象として議論される。環境教育の規範的枠組みとなるような環境倫理の思想の変遷を概観しておこう[7]。

(1) 人間中心主義——人間の権利と責任

アメリカの環境倫理を中心とした思想は,人間の権利と責任の立場から原生林を保全(conservation)すべきか(G・P・ピンショー(1865-1946)),自然それ自体の価値を保存(preservation)すべきか(J・ミューア(1838-1914))について対立した議論がなされてきた。このような環境思想史的流れは,R・F・ナッシュの『自然の権利』にまとめられている。

オーストラリアの哲学者J・パスモア（1914-2004）が，最初に体系的な環境倫理について，人間の立場から論じた。彼は西欧流の人間を中心とする権利と価値をめぐる伝統的倫理学によって，環境問題についても，柔軟に対処できると考えた。

　パスモア以降，このような人間中心主義の考え方に対して，人間非中心主義からの論議が起こり，人間による価値付与ではない，自然の内在的価値の根拠づけの方法に関して検討されてきた。現代では，H・ヨナス（1903-1993）が人間の責任について論じている。

(2) **人間非中心主義**——**内在的価値をめぐって**

　人間非中心主義は，道徳的根拠として人間を中心に置くのではなく，自然そのものに価値や権利を認めようとするものである。

　ピンショーなどの人間中心主義の立場では，自然が人間にとって有用あるいは有益であると考え，自然を「道具的価値（instrumental value）」としてみなす。これに対し，ミューアなどの人間非中心主義の立場では，自然を構成する自然物，動植物，景観，生態系などにはそれ自体に価値，つまり「内在的価値（intrinsic value）」があると考える。この内在的価値を有するものは，それ自身が存在の価値や権利をもつとされる。たとえば，「自然や動物の権利」を主張する立場では，人間がそれらに代わって権利の訴訟を行い得ると考えるのである。

　このようにして，環境倫理では，伝統的倫理の対象であった現存の人間をめぐる価値・権利・責任だけではなく，自然物や動植物，さらに未来世代の人々にまで広げて固有な内在価値を有するものとして説明する。つまり，人間ではない自然物・動植物や，未だ生まれていない未来の人々に関して，どのように倫理の対象として扱い得るか，という「道徳的地位」について議論がなされてきた。

　しかし，現在では生物多様性の重要性が主張されてきているように，人間中心主義‐人間非中心主義という対立を乗り越えるためには，それぞれの地域の生態系の多様性と人々の固有な文化的価値や，環境と生命とのかかわりが複雑に錯綜している関係的価値も配慮した環境倫理を考える必要があろう。

(3) **動物解放論**──'感覚ある動物'に権利をどこまで適用できるか？

　ある種の動物は人間と同じように感覚をもち，苦痛を感じる（有感動物（sentient being））。その意味で人間と同じように内在的価値をもつとし，したがって倫理的配慮が必要であり権利を有する，と考えるのがP・シンガー（1946-）である。彼は苦痛を受け虐待される動物実験や工場畜産を批判して，動物解放運動のきっかけを与えた。

　シンガーの説は，人間の有する権利と同様に，チンパンジーなどの類人猿にまで人権を認めようとする。しかしながら，そのことは，多くの人々にとっては権利の拡張が過剰であると感じられよう。本来，権利をめぐる倫理は社会生活において成立するものである。もしそうであるならば，そのような権利が群れや群集，生態系における生命的社会の維持にも必要な倫理として構築されねばならない，という批判もある。

(4) **生命中心主義**──**生物の幸福**

　動物解放論のように「苦痛を感じる感覚能力」を内在的価値の基準とするのではなく，P・W・テイラーの提起する生命中心主義（biocentrism）は，すべての生命が「固有価値（inherent worth）」をもち，それゆえ，それぞれの生命体がそれぞれの幸福を追求する可能性があるとする。したがって，固有価値を有するすべての生命を尊重するという道徳的態度が生じ，自然への尊重の姿勢と行動が生じる。こうして，生物や個体の集団が，その目的を実現するのを促進したり，妨害したりしない行為と義務が生じると考える。

　しかしながら，すべての生命に等しい道徳的価値を認めると，具体的な規範的義務が衝突する場合があり，問題の解決が難しくなることが多い。そこでテイラーは絶対的な平等主義を排して，価値の階層を認めることによって解決しようとする。つまり，多様な生物の幸福にはそれぞれの能力の実現に応じて度合いの異なった内在的価値があることを認めるのである。

(5) **生態系中心主義**──**全体論と共感**

　自然と生態系に関して，動物解放論や生命中心主義は，人間以外の生き物の個体に道徳的地位を認める。さらに別の流れとして，A・ネスらのディープ・

エコロジーの思想がある。

　動物解放論や生命中心主義のような個体や種の権利を擁護する視点からは，生態系，原生自然，生物多様性，稀少種，絶滅危惧種の諸問題の背景となる生物と環境のつながりについて十分に説明できない。そこで「生態系中心主義（ecocentrism）」の考え方が登場する。生態系はあらゆるものが相互依存の関係にあるという考えから，環境倫理的行為の意味を導き出そうとする。

　したがって，生物や動植物の全体が関係する「土地」という共同体（A・レオポルド）や生態系（J・B・キャリコット（1941-））の健全さが道徳的価値をもつと考える。これは，ホーリズム（holism（全体論））的な立場に立つものである。ただし，ホーリズムの立場を強く主張することは，個よりも全体が優先され，環境ファシズムという「全体主義」に陥ると批判されることがある。しかし，ホーリズムとファシズムをすぐに結びつけるのは適切ではない。ホーリズム的な視点は環境倫理，環境教育においても重要であって，ホーリズムと対立するものとしての要素還元主義こそが環境破壊の根源ともいえる。

　人間には社会的感情として，自己の利益を度外視して他人のためを思う利他的感情もある。キャリコットは，このような社会的感情は生物進化の過程で獲得されたもので，ある種の普遍的価値として共有されており，人間以外の環境や生命に対する同胞意識を生み出しているとする。こうして生態系全体の内在的価値を認めることができるのは，人間の利他的感情ないし共感能力によることを指摘している。

(6) **環境正義の思想 —— 差別と環境問題**

　環境問題は，生態系の保全およびそこから導かれる倫理的理由やある一つの原理だけからでは，現実の地球規模の環境汚染や生態系の破壊に対する分析や行動に対する動機づけとはならないであろう。

　R・グーハ（1958-）は，第三世界の立場から，具体的な環境について不正義の問題を取り上げた。環境についての不正義は，多くの国々で公害となって現れていた。それは，社会的・人権的差別による場合が多い。たとえば，日本の四大公害問題，わけても水俣病の問題を根深いものにした社会差別的構造は典

型であろう。また，アメリカの PCB 汚染（ノースカロライナ州ウォーレン郡），がん回廊と称される地域（ルイジアナ州）における有害廃棄物・排気ガスなどによって，多くの場合，差別されたアフリカ系アメリカ人が犠牲者となった。さらにナバホの保留地（アリゾナ州など）では，ウラン鉱山の採掘，鉱滓，地下水汚染が先住民の健康をむしばみ，その生活を破壊している。これらから「環境レイシズム」に反対する運動が起こり，環境正義（environmental justice）が論じられるようになっている。

環境正義は，「母なる地球の神聖さ，あらゆる生物種の生態学的統一性と相互依存関係，生態学的破壊を被らない権利」（「第1回全米有色人種環境運動指導者サミット」ワシントン DC，1991 年）を主張する。

「人間と自然」との関係においては，権利や義務，内在的価値などの概念規定による人間と自然との対立関係のみを強調するのではなく，多様な生態系とそこにすむ人々（先住民）の固有文化との多様な関係も忘れてはならない。

こうして環境正義の思想は，格差を生じさせた政策や経済力によって，公害や環境破壊の被害が差別された人々に集中しがちであることや，資源の配分が公平性を欠いていること，さらに環境についての政策決定や情報開示が不公平であることなどの不正義を正し，予防することを求めている。

(7) **環境プラグマティズム** ── **関係性の倫理へ**

環境倫理の議論を，環境問題の具体的な解決に向けて活動している市民活動家，環境政策立案者，NGO／NPO など，広範な人々のネットワークに組み入れること，すなわち環境倫理学が実践的な哲学（環境プラグマティズム）であることが要求されている。

人間の立場に立つ考え方であっても，キャリコットの場合は利他的感情や共感が，また「世代間倫理」の場合，過去の世代に恩義を感じ，次の世代に健全な環境を残そうとする思いがある（K・シュレダー＝フレチェット）。人間中心主義も人間非中心主義も，基準となる内在的価値の形式論や西欧流の権利と価値という形式的な原理から解決法を見出そうとしているため，現実の具体的な自然と地域文化の「関係の多様性」についてのとらえ方が不十分であると思わ

れる。

　いずれにせよ「人間にとって」の自然の価値は，一方で人間中心主義のようにお互いに対立するものとして自然を対象化し，自然を人間のために手段として利用すれば道具的価値の扱いとなる。また，他方で人間非中心主義のような，抽象的な内在的価値の概念は，現実離れした価値についての形式論に陥ることになろう。したがって，人間と自然の間に成り立つ「具体性」（現実の実体性）と「抽象性」（理論の普遍性）を結びつける「関係性」（価値多様性の連関性）も考えることが大切であろう。

3　関係性と価値および徳
──環境倫理にもとづいた環境教育の役割

(1) 多様な関係性と価値の多元性

　ディープ・エコロジーを提唱したネスは，人間と自然，環境と生命などの関係の二項の対立を関係的・全体的場からとらえる。

　たとえば，同じネズミを子どもの視点，つまりネズミと子どもの関係からみるとネズミはミッキーマウスのように見え「かわいい」となるであろうし，料理人の視点，つまり台所に現れたネズミという関係からみると「不潔」となるであろう。さらに実験者の視点からみた場合，より正確なデータが期待されるという関係からみると「実験動物」となるであろう。これは，見方や関係の相異から生じるものであり，いずれも現実に存在する同じネズミについての異なった多様な関係を言い表したものとなる。三者は対立するものではなく，それぞれ知覚されたものが一つの現実であり，したがって「あれか，これか」の二項対立の発想ではなく，関係の相異に応じて「あれも，これも」同じネズミであり，それらの関係性の存在を合わせて"ネズミの全体像"が理解できる。

　このような「多様な関係性」は，結びつく関係自体が価値の多元性を表すと考えられよう。

(2) 教育における価値体験の世界 ── 精神的覚醒

　次に多様な教育環境と倫理的価値にかかわる，人間の教育の役割を検討しよ

う。

　実存教育哲学者のE・シュプランガー（1882-1963）は特に精神的覚醒の重要さを主張し，価値の世界へ導入することが教育において必要なことを，次のように述べる。

　　「子どもを自己自身の内に導き入れるささやかな諸体験が，学校生活のなかで，たえず子どものために起こるべきである。それらの諸体験のうちでもっとも奥深いものを，われわれは『底から揺り起こすような（aufwühlend）』というのである。そうした体験が心に刻みつけられるべきであり，もっとも恵まれた場合には，それは『持続的』でもある。すなわち，その体験は決して二度と完全には忘れられない」[8]

　このようにシュプランガーは，環境教育と環境倫理の共通の源であった「環境意識」の原体験と同様に，「底から揺り起こす」ような，心の精神的覚醒という原体験を価値体験として述べている。私たちが出会うものの価値の内容や人生の意味などを感じとり，より高い価値へのひそかな憧れを刺激し，人間本性のうちに真に「神的なるもの」をつくり上げることが人間教育の源である，と考えている。この教育における価値体験の世界が，多様な環境と倫理的価値を受け容れる徳育の基礎であるといえよう。

(3) 「価値観」の教育と「徳」の教育 —— 徳の教育としての環境倫理

　環境と倫理における「関係の価値」は，種々の価値体験を通じて，具体的には，自然への愛情・尊重・感嘆の念，そして生命の尊重・ケア・共感などの価値へと，人間の成熟度に応じてより高い倫理的価値へと普遍化していく。

　その意味で，環境倫理も環境教育も，美的情感や道徳的情操から生じた多くの関係の価値を認める「徳を有する人間」を形成する教育であると考えてよいであろう。したがって，ある意味で「多様な価値観教育」が環境教育の原点である。そして，DNAや生物個体，種，群集さらには生態系の多様な価値の関係性に，それぞれの固有価値を認めることが規範となり，それらを，いつでもどこでもケアできる「徳」の教育が環境倫理の原点となろう。

　神学者のJ・A・ナッシュ（1938-2008）のあげるエコロジカルな徳について

述べておこう。それは，持続可能性（sustainability），適応可能性（adaptability），関係性（relationality），質素さ（frugality），公正さ（equity），連帯（solidarity），生物多様性（biodiversity），充足性（sufficiency），謙虚さ（humility）である[9]。

　これらの徳が教育によって身に刻まれ，環境倫理の規範的枠組みとなり，多様な関係性から生じる具体的な価値に目覚め，方向づけが与えられ，主体的に自己決定でき，環境問題解決に向けて行動できる動機を培うことが大切である。

　したがって「環境倫理にもとづいた環境教育」は，道徳情操が形成する価値についての「価値観教育」であるとともに，学ぶ努力と実行を通じて得る知恵の育成と，他者にケア（保護的配慮）[10]できる「徳の教育」であるといえよう。

4　まとめ

　実践的な環境教育は，環境問題に対して具体的な行動を求めるが，それは環境倫理の提供する理論的で規範的枠組みの中で方向が与えられ実行される。「持続可能な環境と生命の未来」のために，「環境教育の役割」は一つひとつのケースを体験的に実践して具体的な関係性の中に価値を見出すことを促すことであり，「環境倫理の役割」は多様な並列的諸価値を一段上の次元で統合[11]し，共通の目標と規範的枠組みを提供することである。そして「環境倫理にもとづいた環境教育」の実践的使命こそが，地球環境問題の解決への具体的一歩となろう。

《ディスカッション》
1. 環境教育における教育の本質とは何か，について意見を交換しよう。
2. 環境倫理の「べし」という規範性はどの程度有効かについて議論しよう。

〈注・文献〉
1) カーソン，R. 著／上遠恵子訳（2001）『センス・オブ・ワンダー』新潮社，p.23
2) 同上 pp.23 - 24
3) レオポルド，A. 著／新島義昭訳（1997）『野生のうたが聞こえる』講談社学術文庫，p.192
4) 同上 p.234
5) ウィルソン，E. 著／大貫昌子・牧野俊一訳（2004）『生命の多様性（上）』岩波現代文庫，p.11
6) 同上 pp.24 - 25

7) ジャルダン，J. R. 著／新田功ほか訳（2005）『環境倫理学 —— 環境哲学入門』人間の科学新社，加藤尚武編（2009）『環境と倫理 —— 自然と人間の共生を求めて』有斐閣アルマ，小原秀雄監修（1995）『環境思想の系譜3　環境思想の多様な展開』東海大学出版会
8) シュプランガー，E. 著／村田昇・片山光宏訳（1993）『教育学的展望 —— 現代の教育問題』東信堂，p.106
9) Nash, J. (1991) Loving Nature : Ecological Integrity and Christian Responsibility (Churches' Center for Theology and Public Policy)
10) メイヤロフ，M. 著／田村真・向野宣之訳（2003）『ケアの本質 —— 生きることの意味』ゆみる出版
11) 谷口文章（2004）「これからの環境教育の展開」『兵庫教育』642，兵庫県立教育研究所

【さらなる学習のために】

・ジョゼフ・R・ジャルダン著／新田功ほか訳（2005）『環境倫理学 —— 環境哲学入門』人間の科学新社
・鳥越皓之編（1996）『環境とライフスタイル』（有斐閣アルマ）
・アンゲーリカ・クレプス著／加藤泰史・高畑祐人訳（2011）『自然倫理学 —— ひとつの見取図』みすず書房

コラム　価値観教育・徳の教育・環境教育の役割の概念整理

　倫理は一つの抽象的原理からすべてを説明できるわけではない。さらに徳性という価値も問題とする。人間は，徳性を身につける努力から「生きる意味」を学ぶ。本能的に生きるだけでなく，よりよく生きることが大切である。ソクラテスの生き方が教育の理想像とよく言われるゆえんである。目前の諸々の価値ではなく，倫理が示すメタレベル（高次）の価値観は，教えられて身につくものではなく，人生の環境体験を通じて「生きる意味」についてみずから覚醒し，みずから獲得するものである。

（谷口文章）

9章　環境教育の目的と方法①
――環境保全意識向上につながる自然観察・自然体験――

【目標とポイント】
自然観察・自然体験の内容・方法に関する近年の動向を理解し，児童生徒の環境保全意識向上につながる自然観察・自然体験の進め方に向けた課題を考える。

キーワード
自然観察・自然体験，環境リテラシー，地域づくり学習，自然体験学習アクティビティ，自然体験活動憲章

1　環境教育と自然観察・自然体験

　「今回の活動では，ケヤキの前の芝生近くに行き，観察しました。そこにはマーガレットやチューリップ，パンジーなどのさまざまな花や植物がありました。これらだけでも10種類以上の色がありました。こういった自然の色は見ていてとても癒されるし，生活の中で心のバランスを保つために必要なものだと思います。自然と触れ合うことは心身の発達にとって重要な働きがあると思います。小学校の頃に行った自然教室でのことをよく覚えています。そういった体験をした次は，自然環境に対する意識を高め問題解決へと進んでいかなくてはいけないんだ，とあらためて気づいた気がします」

　上記のコメントは，4月下旬の新緑の季節，ある大学のキャンパス内で行った「1分間に何種類の色が数えられるか指を折って数えてみよう」という自然体験活動の参加者のものである。この活動のねらいは，身近な自然に感覚を集中させ，その存在や多様さに気づかせることにある。この活動の多くの参加者が「色の多様さに気づき，驚いた」といった感想とともに「癒された」「楽しかった」とコメントしている。自然観察・自然体験には，このようなシンプルなものもあれば，宿泊を伴ったり入念な準備を必要とする活動もある[1]。

教育基本法（2006）に，教育の目標として「生命を尊び，自然を大切にし，環境の保全に寄与する態度を養うこと」が示され，環境教育促進法（「環境教育等による環境保全の取組の促進に関する法律」(2011)）の基本理念にも「森林，田園，公園，河川，湖沼，海岸，海洋等における自然体験活動その他の体験活動を通じて環境の保全についての理解と関心を深めることの重要性」が明記されているように，自然観察・自然体験は環境教育の中でも重要な位置にある。本章では児童生徒の環境保全意識向上や行動の変化につながる自然観察・自然体験の内容と方法，さらに指導者について述べたうえでその実践に向けた今日的課題を示す。

2　自然観察・自然体験の内容
　──環境リテラシーとしての自然観察・自然体験

(1)　自然観察・自然体験とは

　物事の状態や変化を客観的に注意深く見る「観察」は，子どもの関心や感性を大切にし，子どもが自然に親しむ中で観察を行い，科学的に考える力の育成を図ろうとする意図のもとに理科学習の基礎をなすものとして戦前から実践されてきた。こうした科学的思考を培う基礎としての自然観察は，戦後の学習指導要領においても，「自然に主体的にはたらきかける子どもの姿」を大切にしながら継承されてきた[2]。

　一方，戦後の高度経済成長に伴い，各地で過度な開発行為が進む中で「自然に親しむ」「自然を知る」「自然を守る」という自然保護教育運動が展開された。こうした自然保護教育運動の中で自然観察は，「採集しない」「持ち帰らない」という原則を維持しながら「自然のしくみや人間とのかかわりあいの現状と自然を大切にするという価値観を学ぶ」[3]活動として展開された。

　自然観察とは，「自然（現象）についての観察」であったが，その一方，自然をこのように客体としてみる「観察」だけでは自然破壊を生み出した根源となっている近代的科学観と同じ視座に立ってしまうという反省から，「自然を自分の体の一部として大切にできる子どもを育てたい」[4]という考え方に象徴

されるように，自己（主体）と自然（客体）との統一的理解を図る模索がなされた。これが「（自然と人間が）つながっていることを実感的に学ぶ」という「自然体験」の学習原理である。

　ここでの「体験」とは，単に感覚や知覚によって得られる表面的な行為ではなく，「観察」も含んだ自己と世界との現実的な応答的関係によって成り立つ行為のことである。したがって自然観察と自然体験では，その歴史的文脈の違いはあるものの，本章では「自然観察・自然体験」として一体的に扱う。「自然観察・自然体験」においては，「自然」を教育の場や教材という「観察・体験のための手段」として理解するのではなく，人間と自然が相互の持続的関係を維持させながら目指す「共に生きる世界」として理解する必要がある。

　このような理解に立つと，自然観察・自然体験は，地域に暮らす子どもや大人たちにとっての地域の（人間も含めた）自然との応答的関係性を基礎とした生涯にわたる学習過程の一部といえる。同時に児童生徒に向けて，彼らが将来いかなる職業や立場になろうとも地球上の自然の循環の一員としてつねに身のまわりの自然と体験的にかかわりながら暮らすことの大切さとその方法を伝えることは環境教育の重要な使命であり，「自然観察・自然体験」は今日，重要な環境リテラシー（環境に関連して人間として身につけておくべく必須能力）の一つといえる。

(2) **地域づくり学習としての自然観察・自然体験**

　生涯にわたる学習過程の一部として自然観察・自然体験をとらえる場合，その学習課題を「自分たちの暮らす地域をどう創造していくか」という地域づくり学習と考えることができる。この学習は，子ども時代の発達期を経て成人となってからも続く人間的成長（主体形成）の過程としてみることができ，大きく，「気づき」の段階⇒「知る・学ぶ」段階⇒「理想をイメージする」段階⇒「計画・創造する」段階の四段階としてとらえることができる。

　「気づき」の段階とは，見る，聞く，触る，味わう，嗅ぐなどの諸感覚を通して地域の「自然」および「人間と自然とのかかわりとしての文化」を感じ，自然や文化に気づく段階である（本章の冒頭に例示した大学生のコメントはこの

認識段階である)。「知る・学ぶ」段階とは，ヒアリング・文献収集・測定などの調査・学習活動を通して，現在の自分たちがその自然や文化からどのような恩恵を受けているのか，また自分たちが自然や文化にどのような影響を与えているのかを歴史的な理解も含め深く学ぶことである。「理想をイメージする」段階とは，その前の二つの段階を踏まえて，自分たちのとるべき行動，暮らし，自分たちが理想とするその地域の姿，すなわち地域のビジョンを描き出すことである。そして，そこで描かれたビジョンを実現するまでの具体的な実践や学習を段階的に計画するのが「計画・創造する」段階である。

このような地域づくり学習のサイクルを生み出すことは学校教育においても学校外の地域教育においても可能である。

3　教育方法としての自然観察・自然体験

(1)　自然観察・自然体験学習の実施主体

教育は，児童生徒，学生はもとより，幼児，成人，高齢者のあらゆる世代を対象として，学校，家庭，職場，地域などのあらゆる場で展開されるものである。自然観察・自然体験学習も多種多様な展開が可能であり，幼稚園（保育所）から大学までの学校教育において行われるものと，学校外の社会教育・生涯学習において行われるものに大別できる。学校教育には対象の発達段階に対応した教育課程が学習指導要領として存在することから，学校教育における自然観察・自然体験学習は学習指導要領にもとづいて組織的・計画的に展開される必要がある。一方，社会教育・生涯学習では，学習者の課題意識や興味・関心に応じてその位置づけを調整する必要がある。また，学校教育と社会教育が連携しながら，地域の教育システム全体においても自然体験学習を位置づけていくことが求められる。

(2)　自然観察・自然体験の学習活動の実際

自然観察・自然体験では，①自然の厳しさや優しさにふれ，自分もその中に生きている実感をもてることや，②身近な動植物の飼育・栽培，地域の川や海，森や山などの自然での観察や体験などを通して問題解決の力を身につけ，自然

の巧みさや不思議さを理解できること，③地域の自然と人とのかかわりを通して地域の一員としての自覚をもてるようにすること，などが大切である。具体的事例として，広島県福山市立高島小学校は，理科を中心に生活科や総合的な学習の時間を活用し，それらを互いに関係づけた学校全体の自然体験学習の教育課程を開発している（表9-1）。海と山に囲まれた学校区の豊かな自然環境

表9-1　福山市立高島小学校における自然体験学習のカリキュラム

学年	教科等／授業テーマ	授業テーマの内容
1年生	生活科／田尻の自然	田尻の豊かな自然を取り入れた遊びを工夫し，同学年の友だちや幼稚園児と一緒に遊びを楽しむ中で，自然の不思議さや面白さに気づく。
2年生	生活科／田尻の自然	校区内の高浜海岸を探検し，生き物を調べたりする中で，季節ごとに地域の自然が変化していることに気づき，地域への愛着を深める。
3年生	理科・総合／舟入公園の昆虫	学校に隣接する舟入公園を学習の場とし，公園にすむ昆虫を継続的に観察する活動を通して，昆虫の育ち方や体のつくりについての理解を深めるとともに，昆虫の食べ物とすみかの関係について考える。
4年生	理科・総合／アンズとミカン	地域特産のアンズとミカンの生長を継続的に観察する中で，四季による植物の変化についての理解を深めるとともに，植物と昆虫との関係，人との関係について考える。
5年生	理科・総合／田尻のウバメガシ	地域に自生するウバメガシの生長を継続的に観察することで，植物の花のつくりや受粉，結実についての理解を深めるとともに，ウバメガシを使った炭焼きやドングリ料理を試みる。
6年生	理科・総合／アサリと海の環境	地域の高浜海岸に生息するアサリを取り上げ，子ども一人ひとりがアサリの研究を進めることで，海を中心とした地域の自然環境について考える。
特別支援学級（なのはな学級）	生活単元学習ほか／季節を感じる／わくわく実験・ものづくり	作物の栽培，収穫，料理を通して，自然を感じる。また，身近な物を使った遊びや実験，ものづくりを行い，さまざまな現象を科学的に考える。

（降旗・宮野・能條・藤井（2009）より転載）

を生かして,学年で追求する授業テーマを設定し,系統的かつ継続的に地域(この事例では田尻地区)の自然を系統的に学ぶ自然体験学習を進めている。さらに,隣接の幼稚園と連携し,自然観察や飼育・栽培,製作活動を園児と1年生とが一緒に行うことで,幼小連携の自然体験学習にも取り組んでいる[5]。

(3) **自然体験学習アクティビティ**

自然観察・自然体験学習では,今日,独自のねらいにもとづいて開発されたアクティビティ(単位活動)が普及している。これらはそれぞれに体系化され,

表9-2 日本で普及されている主な自然体験学習アクティビティ (名称の五十音順)

名称(英名)	特　徴	普及組織
アイオレシート (IORE SHEET: Illustrations of Outdoor Recreation & Education SHEET)	[アイオレ/IORE]とは,Illustrations of Outdoor Recreation & Education の頭文字をとったもの。手軽にフィールドに持ち出せるように開発された。	財団法人日本教育科学研究所
ネイチャーエクスプロアリング (Nature Exploring)	ネイチャーサインカードの指示のもとにコースを回り,公園や森の中を五感を使ってグループで自然を探険するゲーム。	財団法人日本レクリエーション協会
ネイチャーゲーム (Sharing Nature Program)	遊びを通して,自然の不思議や仕組みを学び自然と自分が一体であることに気づける,大人も子どもも参加できる環境教育プログラム。	社団法人日本ネイチャーゲーム協会
プロジェクトウェット (Project WET: Water Education for Teachers)	水や水資源に対する認識・知識・理解を深め責任感を促すことを目標として開発された「水」に関する教育プログラム。	プロジェクトWETジャパン事務局(財団法人河川環境管理財団)
プロジェクトワイルド (Project Wild)	「自然を大切に」と理解するだけでなく「自然や環境のために行動できる人」を育成することに取り組んだ野生生物を題材とした環境教育プログラム。	財団法人公園緑地管理財団
プロジェクトラーニングトゥリー (Project Learning Tree:PLT)	「木と学ぼう」と訳されているが,いまではPLTの略称で知られるようになった環境教育プログラム。自分たちのまわりの複雑な環境について,何を考えるべきか(考える内容)ではなく,いかに考えるか(考え方)について学ぶ。	特定非営利活動法人ERIC国際理解教育センター
森のムッレ教室	スウェーデンの野外生活推進協会が開発した5・6歳の子を対象にした自然教育プログラム。	日本野外生活推進協会

自然体験学習のプログラム（アクティビティ群）として民間団体によって実施されており，学校教育における教科，総合的な学習の時間，特別活動，道徳や，青少年育成のための社会教育や生涯学習の場で広く活用されている。その内容は，森林，田畑，公園，河川，湖沼，海岸，海洋といった自然のフィールドを生かした活動となっている（表9-2）。

こうしたアクティビティを活用する際には，学習計画上，活動しようとする内容が学習者にとってどういう意味をもつのかを十分に事前に検討し，アクティビティの実施そのものが目的化しないよう留意する必要がある。

表9-3　ネイチャーゲームを導入した指導事例

総合的な学習の時間における子どもの興味・関心に応じた学習展開例「第6学年　カジカガエルの見てきた穴吹川」の事例（指導計画は全38時間）中，自然体験学習アクティビティの活用部分を抜粋

	学習活動・主な内容	教師の指導・支援（◇）主な活動（◆）
1～2 〈本時1〉	川であそぼう ○穴吹川でネイチャーゲームをする。 ・「音いくつ」で音を見つけよう ・キュロキュロと鳴き声がするよ ・よく聞くけど何が鳴いているんだろう ・カエルが鳴いているのを見たことあるよ ・「森の色あわせ」で色を探そう ・石の上にカエルがいたよ ・よくみるとカエルって見つかるよ ・「ミステリーアニマル」って，いるのかな ・カジカガエルっていうんだ ・カジカガエルは減ってきているんだね	◇身近な環境を体感する中から子どもたちの発見したことをもとにしてカジカガエルに関心をもたせるように言葉かけ等で支援する。 ◇川は生きているという認識をもって活動の前には十分な下見を行う。さらに，子どもたちには川は変化している場所であることを繰り返し説明して注意を促す。 ◇カジカガエルが貴重な生き物であることを説明することによって，カジカガエルへの追究の意欲を高める。 ◆ゲームや活動を通して，カジカガエルやその周辺の自然環境に関心をもつ。（評価の観点：学習活動への関心・意欲・態度）
3～6	カジカガエルのことをもっと知ろう	略（評価の観点：相互的な思考・判断思考・判断）
7～16	カジカガエルはどうして減ったんだろう	略（評価の観点：相互的な思考・判断）
17～30	カジカガエルのことを知らせよう	略（評価の観点：学習活動にかかわる技能・表現）
31～38	自分たちでできることを実行しよう	略（評価の観点：知識を応用し総合する能力）

表 9-4　『環境教育指導資料（小学校編）』（2007）で紹介されたネイチャーゲームの実際

表 9-3 の指導計画中，「本時の活動の実際」の中から各アクティビティの説明部分を抜粋

音いくつ	目を閉じて 1 分間聞こえてくる音を数えると，川の流れの音に混じってキュロキュロと鳴く声が耳に入ってきた。いつも聞きなれている声ではあるが，あらためて鳴き声の主に興味をもった。「よく聞くけど何が鳴いているんだろう」「カエルが鳴いているのをみたことあるよ」「どんなカエルだろう」と関心を寄せ始めた。
森の色あわせ	カードに示された 18 色の色を水辺や河原の石，流木，コケなどから探すものである。「石の色にそっくりなカエルがいたよ」という発見があり，カジカガエルが保護色をしているので見つけにくいことを話し合った。
ミステリーアニマル	川の不思議な生き物についてのお話を聞いて絵に描く。「実はこの川には，不思議な不思議な動物がすんでいます。その動物は，きれいな流れにすむ生き物でとっても貴重な生き物です。体の表面はまだらになっていて石の上や石と小石の間の隙間で見つけることができます。春から夏にかけては川にいるけど，それ以外は森にいます…」のように形態的な特徴を交えた説明をし，子どもたちはそれを聞きながら画用紙に描いていく。「こんな動物いるのかな？」絵に描くと，ますます不思議になってきたようだ。「じゃあ，この動物を探してみよう」と言うと懸命に探し始めた。それまでに，カジカガエルに関心を高めていることもあり，簡単に見つけることができた。なお，カジカガエルを見つけながら，カゲロウなど多くの水生生物とも出合うことができた。

　具体的な自然体験学習アクティビティの展開例として，『環境教育指導資料（小学校編）』（2007）ではネイチャーゲームを導入した実践事例が紹介されている（表 9-3，表 9-4）。

4　自然観察・自然体験のための指導者

　学校教育における自然観察・自然体験指導の主役は教員である。しかし，教員と連携する地域の人材もまた，重要な指導者としての役割を担っている。理科や生活科，総合的な学習の時間で取り組まれる自然観察・自然体験においては，博物館，動物園・植物園・水族館，大学・公的研究機関，民間企業，NPO などに所属する専門家が地域の人材として考えられる。また，農業や林業，漁業を営む人々など，地域の自然環境に詳しい地域住民もいる。これらの人々は，地域を暮らしや活動の拠点とし，文化的資源を子どもや教員と共有するこ

とができる。これらの人々は子どもの発達援助の専門職ではないという点で，学校内の教員，養護教員，学校カウンセラー，学校外の学童保育の指導員などとは立場が異なる。しかしながら，学校での自然観察・自然体験を通じて子どもの発達援助に参加・共同するという指導者としての一定の自己認識と社会的承認をもつことにより，地域の人材もまた，子どもの発達援助のコミュニティ（共同体）の一員としてとらえることが可能となる。また，地域づくりの面から，学校はその拠点としてのさまざまな可能性を有しており，自然観察・自然体験の指導者には，学校と地域をつなぐコーディネーターとしての役割も期待されている。

2000年に発足した「自然体験活動推進協議会（CONE : Council for Outdoor & Nature Experiences）」は，自然体験活動にかかわる団体間の自主協定的なリーダー共通登録の制度を設け，指導者の資質向上に取り組んでいる。同協議会が定めた「自然体験活動憲章」（表9-5）は，自然への理解を深め，自然を大切にする気持ちを育てること，ゆたかな人間性や人と自然が共存する文化・社会をつくることなど，今日の環境教育の課題や方向性と重なる内容も含んだも

表9-5 自然体験活動推進協議会の「自然体験活動憲章」

　自然の神秘に満ちた不思議な力に出会うとき，人は深い感動とやすらぎを得ることができます。それは人間がもともと自然の一部であり，自然に生かされているからではないでしょうか。地球に生きるあらゆる生き物が共に暮らせる持続可能な社会を作り，未来の世代に引き継いでいくために，私たちは自然体験がとても重要な役割を果たすと考えています。なぜなら自然体験は，人と自然のつながりを確かなものにするだけでなく，健やかな心や体，生きる力を育み，人と人のよりよい関係を築いてくれるからです。そしてそのためには，よき指導者，体験と学びの手法，活動の場が大切です。より多くの人たちが，この自然体験の場の恩恵にあずかれるように，自然体験への正しい理解が広まり，その活動が積極的に行われることを願い，ここに自然体験活動憲章を定めます。
1. 自然体験活動は，自然のなかで遊び学び，感動するよろこびをつたえます。
2. 自然体験活動は，自然への理解を深め，自然を大切にする気持ちを育てます。
3. 自然体験活動は，ゆたかな人間性，心のかよった人と人のつながりを創ります。
4. 自然体験活動は，人と自然が共存する文化・社会を創造します。
5. 自然体験活動は，自然の力と活動にともなう危険性を理解し，安全への意識を高めます。

2000年3月6日制定

のとなっている[6]。

5　自然観察・自然体験の今日的課題

　学校教育全般において，子どもたちの思考力・判断力・表現力等，学習意欲，学習習慣・生活習慣，自分への自信や自らの将来についての関心，体力などに関してさまざまな問題点が指摘されている。その背景・原因の一つとして，自然体験の減少がある[7]。このような課題を克服するために2008年改訂の学習指導要領（小学校・中学校）では，指導計画の作成等にあたって配慮すべき事項として，各教科指導における「体験的な学習」「問題解決的な学習」の重視や「家庭や地域社会との連携」などを促進することが示されている。特別活動や総合的な学習の時間などの領域，あるいは各教科の学習内容に位置づける形で自然観察・自然体験を展開することは十分に可能であろう。

　だが，ここで留意しておくべきこととして，体験的な学習の導入に関して，終戦後の数年間に行われた生活体験をベースにした体験的な学習が「這い回る経験主義」として系統的な学習を重視する立場から批判され，その後衰退した歴史を繰り返さないことである。「どういう目的で自然観察・自然体験を行うのが適切か」「どのような場面でどういう手法をとることが教科・領域の目的を達成するにあたって適切なのか」を明確にせずに，ただ自然観察・自然体験を導入するだけではその効果を発揮することはできない。

　自然観察・自然体験は，児童生徒が，自分を取り巻くすべての環境の事物・現象に対して意欲的にかかわり，それらに対する感受性を豊かにし，自ら学び，自ら考える力を育成する学習である。その発達の特性によりさまざまな事物・現象に対して豊かな感受性を示すとともに，身体活動を伴った遊びや体験を通して学習が成立する。「確かな学力」を身につけさせるためには，「何を感じたのか」「何を学んだのか」「どう考えたのか」などを児童生徒自身が自分の言葉で表現することが重要といえる。すなわち，「観察・体験」の前にそのイメージをふくらませ，また「観察・体験」中は感覚をしっかりと使い，そして「観察・体験」の後にふりかえりを行うことにより教科・領域の目的を達成するこ

とが必要である。

　また，個々の「観察・体験」は，その子どもの人生というひとつらなりの連続性をもつ「経験」でもある。ここでは教科・領域を越えた「生きる力」「人間力」という総合的な人間としての力量を高める視点が求められる。この力量とは自己と自己を取り巻く自然（他者）との関係性を構想し，創造する力である。このときに自分（人間）中心的に考えるのではなく，かといって自分（人間）を疎外したり否定したりしてしまうような世界観でもない，自己と自然（他者）との誠実な応答的関係性を結ぶ力が必要といえる。

　教科・領域の目的を実現する「観察・体験」と，子どもの「生きる力」や「人間力」を総合的に高める「経験」の二つの意義を引き出すような自然観察・自然体験を授業の中で実現させることをめざしたい。

《ディスカッション》
1. これまでの自然観察・自然体験の中で，あなたの環境保全意識の向上や行動の変化につながったものがあっただろうか。
2. 児童生徒の環境保全意識の向上や行動の変化につなげるには自然観察・自然体験をどのように展開するのがよいだろうか。具体的に考えてみよう。

〈注・文献〉
1) 文部科学省では自然体験活動を「自然の中で，自然を活用して行われる活動であり，具体的には，キャンプ，ハイキング，スキー，カヌーといった野外活動，動植物や星の観察といった自然・環境学習活動，自然物を使った工作や自然の中での音楽会といった文化・芸術活動などを含んだ総合的な活動である」と定義している（「青少年の野外教育の充実について」(1996) 青少年の野外教育の振興に関する調査研究協力者会議）。
2) 日置光久・露木和男・一寸木肇・村山哲也（2009）『復刊 自然の観察』農山漁村文化協会
3) 金田平・柴田敏隆（1997）『野外観察の手引き』東洋館出版社
4) この文言は日本ナチュラリスト協会が1980年に制作したパンフレット「日本ナチュラリスト協会とは」に記載されている。降旗信一（2008）「1970年代から80年代にかけての自然保護教育の方法論的模索――日本ナチュラリスト協会の実践史より」『自然保護教育論』筑波書房
5) 降旗信一・宮野純次・能條歩・藤井浩樹（2009）「環境教育としての自然体験学習の課題と展望」『環境教育』No.19(1)
6) 『環境教育指導資料（小学校編）』(2007年3月) 国立教育政策研究所教育課程研究センター
7) 「幼稚園，小学校，中学校，高等学校及び特別支援学校の学習指導要領等の改善について」(2008) 中央教育審議会答申

【さらなる学習のために】
・降旗信一・朝岡幸彦編著（2006）『自然体験学習論』高文堂出版社
・小川潔・伊東静一・又井裕子編著（2008）『自然保護教育論』筑波書房
・降旗信一・高橋正弘編著（2009）『現代環境教育入門』筑波書房

コラム　自然学校とネットワーク

　自然学校は，自然体験活動を通じて，子どもたちの発達を支援するだけでなく，地域や社会の課題解決に取り組んでいる。その活動は，地域や社会の多様な課題に対して自然体験活動で培った多様な手法を通して貢献するという点が特徴といえる。2002年に自然学校に関する最初の調査が実施され，その時点では約2000校であった自然学校が2010年の調査では3700校以上が自然学校としての一定の活動を行っていることが報告されている（『地球のこども』148号）。自然学校には都市部で活動しているものと過疎地を含む農山漁村部で活動しているものがあるが，最近では地域づくりの担い手としての役割が生まれつつある。

　1987年9月，自然を舞台とした環境教育を日本で進めていこうとする行政機関，自然・環境保全団体，大学，報道機関，民間団体などの関係者が山梨県清里に集まり，第1回清里フォーラムが開催された。この会合は，日本に本格的な自然体験学習の受け皿としての自然学校を普及していくことをめざす関係者の交流の場として，その後5年間にわたり開催され，1992年には，その推進母体としての日本環境教育フォーラムが設立された。日本環境教育フォーラムは「自然を舞台とした環境教育」の実践的な展開の場として自然学校の存在を広く社会的に認知させるため，1996年には環境庁長官の出席のもと「自然学校宣言」シンポジウムが開催された。さらに2011年3月には「自然学校宣言2011」（主催：立教大学ESD研究センター，共催：公益社団法人日本環境教育フォーラム）が行われ，自然学校が持続的な経営システムにより高い社会効果を得る社会的起業（企業）として，「新しい公共」の担い手になり得ることが確認された。

（降旗信一）

10章　環境教育の目的と方法②
——参加型学習と市民教育——

【目標とポイント】
環境教育における参加と参加型学習の意味，および市民の視点が重視されるようになった背景を理解するとともに，参加型市民教育のあり方について考える。

キーワード
参加，参加型学習，市民としての責任，シティズンシップ教育

1　参加型学習

(1) 参加の意味するもの

　一般に，教育における「参加」は，「地域社会への参加」と「学習・授業への参加」に大別できる。前者の参加は「社会参加」と言い換えて定義することもできる。環境教育における参加も，これら二つのカテゴリーから論じられることが多い。なかでも前者は，国際的な環境教育の流れと関連させて論じられるもので，その始まりはベオグラード憲章（1975）に求めることができる。ベオグラード憲章は，環境教育の六つの目標を示し，その最後に「参加」を位置づけた（気づき・知識・態度・技能・評価能力・参加）。この六項目からなる環境教育の目標やプロセスは，今日の日本の環境教育の目標を考えるうえでの基礎となっている。憲章は「参加」について次のように記している。

> 参加：個人と社会集団が，環境問題に関する責任感および切迫感を深め，環境問題の解決に向けて適切な行動を確実にとれるようにするのを助けること。

　このとらえ方は，「知識の習得や理解にとどまらず，自ら行動できる人材をはぐくむことが大切[1]」とする日本の環境教育の方針とも符合している。

　学習の発展段階を踏まえると，この場合の参加は図 10-1（次ページ）の (A)

にあたる。すなわち，学習者の外側にある社会的な事象としての環境問題，およびその解決と「参加」は密接に結びついており，望む・望まないにかかわらず，「参加」するという行為そのものが社会的な意味をもつことになる。

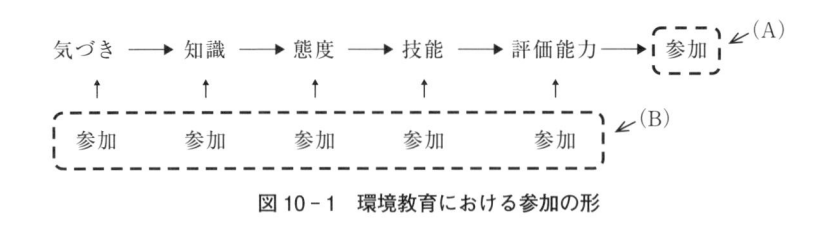

```
気づき ─→ 知識 ─→ 態度 ─→ 技能 ─→ 評価能力 ─→ ┌参加┐ ←(A)
          ↑       ↑       ↑       ↑              └──┘
       ┌─────────────────────────────────────────┐
         参加    参加    参加    参加    参加     ←(B)
       └─────────────────────────────────────────┘
```

図 10-1　環境教育における参加の形

　一方，学習・授業への参加は，「手段」としての参加ともいえるもので，環境教育の六つの目標の一つであるだけでなく，学習の最初から最後までのあらゆる場面に当てはまる(B)。すなわち，学習を通して環境にかかわってどのような気づき，知識，態度，技能，評価能力を学習者自身が身につけたかを問題とする。この学習はいわゆる「体験型」の学習論と密接な関係にある。体験型学習論の基盤は，注入することを通して学ばせようとする受動的・教化主義的な学習観ではなく，学習者自らが活動を通して学ぶことに，より大きな意味を認める能動的・経験主義的な学習観にある。

　体験的な学習は，(B)のそれぞれの場面における参加ととらえることができる一方，学習は次のプロセスで展開する[2]。

　　①新しい体験をする。
　　②そこではじめて知ったことについて，自分が知っている知識や過去の体験に照らして意味づけを行おうとする。
　　③疑問に思ったことを整理し，情報収集などをし，分析する。
　　④収集した情報から理解を得るとともに，さらに新たな疑問に出合う。
　　　上記の学びの過程は，「①体験する→ ②かえりみる→ ③調べる・分析する→ ④理解する・新たな疑問が生まれる→ ①'体験する」という順序で繰り返す。
　すなわち，④で生まれた新たな疑問が新たな体験①'を生み，新たな体験が

新たな疑問を生む④'ことによって，体験が質的にスパイラルに深められていく。このような学習はアクションリサーチに近く，机上での知的な学習にとどまらない野外科学[3]的性格をもっている。体験的活動としての参加には，緑化・飼育・栽培・美化等々，われわれのまわりに無数にあり，それらは「自然・社会」「野外・室内」「生産・消費」など多様な切り口から分類できる。

(2) 参加型学習

参加型学習は広義には(1)で述べた参加の要素を含むすべての学習を総称したものであり，最近ではゲームやアクティビティ，シミュレーションといった擬似体験的な学習も普及しつつある[4]。科学を野外科学と実験科学に分ける分類に従えば，参加型学習は開放性・総合性・個性把握的性格を特徴とする野外科学を中心としつつ，室内性・単純性・法則追究的性格を特徴とする実験科学にも対応することができる。

このような参加型学習にいち早く注目したのは，人権教育や国際理解教育，開発教育などの国際的なネットワークとのつながりをもつ実践家やNGO関係者，大学の研究者等であり，彼らを通じてアメリカやイギリス，カナダなどで開発された教材が数多く輸入・追試された[5]。これらの教材の中には題材を環境に求めたりESDの観点から作られたものが多く，環境教育との結びつきは深い。

表10-1 参加型学習の分類[6]

コミュニケーション型アクティビティ	他者とのコミュニケーションそのものを主目的とするもの。言葉を使わずに「物」や「ヒト」を紹介するアクティビティなど。
ブレインストーム型アクティビティ	自由な雰囲気の中での話し合い，曖昧な概念の具体化。特定の課題に関して一定のルールにもとづいて意見を出し合い，出されたそれぞれの意見をランク付けするなど。
ロールプレイ型アクティビティ	役割演技を通じて他者への共感を図る。先進国と途上国の違いをシミュレーションによって学ぶ「貿易ゲーム」。難民の立場から制限された条件で考える「難民ゲーム」など。
オブジェクト型アクティビティ	特定の対象物を用いることによって心理的な壁を取り払い，対話を進める。だれもがもつ「偏見」や「先入観」を写真などを使って学ぶ「フォトランゲージ」。一本の線の上に人生を書き込む「タイムライン」など。

参加型学習は，実際の教育現場での使われ方をもとにすると，内容面から表10-1の四つに類型化することができる。

　また，参加型学習の特徴は，次の三つの切り口に分けることができる。

表10-2　参加型学習の特徴[7]

具体的な方法論	「対話主義」「経験主義」
価値観にかかわるもの	「学習者中心主義」「社会性」
学習者のかかわり方	「能動性」「知識創造性」

　具体的な方法論としての「対話主義」「経験主義」とともに，体験学習と共通して参加型学習を特徴づけるものに，学習者の対象へのかかわり方としての「能動性」がある。

　この能動性の指標としては，R・ハートの「参画のはしご[8]」が有名である。

　ハートは，大人といっしょに活動する子どもの「自発性」と「協同性」を図10-2の8段階に区分した。ハートの「参画のはしご」は，参加の質の違いを示すとともに，参加型学習がともすれば陥りやすい課題（図中の「非参画」）を示すことで有用な判定基準となっている。

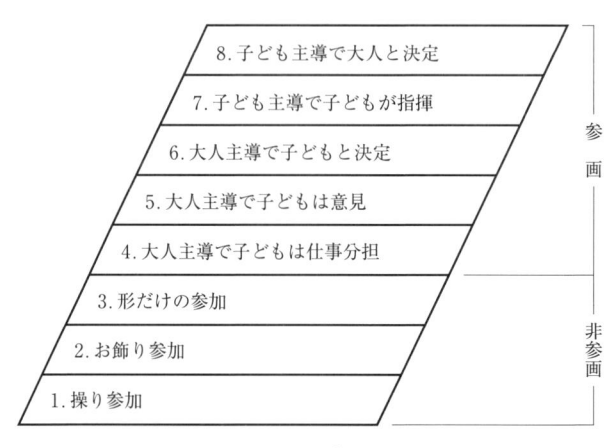

```
8. 子ども主導で大人と決定   ┐
7. 子ども主導で子どもが指揮  │
6. 大人主導で子どもと決定   │ 参画
5. 大人主導で子どもは意見   │
4. 大人主導で子どもは仕事分担 ┘
3. 形だけの参加         ┐
2. お飾り参加          │ 非参画
1. 操り参加           ┘
```

図10-2　子どもの参画
(文献8) p.42を筆者が部分修正した)

2　市民教育

(1) 環境教育における「市民」の視点

　従来の日本の環境教育に関する各種の答申・資料においては，とかく，環境問題解決のための個人的な心がけが強調されることが多かった。しかし，環境問題が「環境」「経済」「社会」のトリレンマであり，テサロニキ宣言（1997年）にあるように，環境と平和や人権，民主主義が密接に結びついた問題であるという理解が一般化するにつれ，民主主義の社会を支える市民を育成する教育としての視点が環境教育には欠かせないとの認識が広がりつつある。

　2008年，日本学術会議は環境教育にかかわる提言[9]をまとめたが，提言は「地球的規模の環境問題は，市民一人一人が様々な主体と協働して解決に向けて英知を結集しなくては解決できないという側面がある。専門家の養成とともに，普通の市民がこの問題について正確な知識を持ち，解決のための行動を起こすことが求められている」と述べるとともに，「『より良い環境づくりの創造的な活動に主体的に参画し，環境への責任ある態度や行動がとれる市民』の育成が環境教育のねらいである」と述べ（傍点：筆者），環境教育における市民的視点の必要性を強調した。

　海外に目を向けると，既に北米でも最大規模の環境教育研究者や実践者のネットワークである北米環境教育学会（NAAEE：North American Association for Environmental Education）は，「環境教育で学ぶべきガイドライン」の中に，環境教育によって子どもたちに身につけさせたい知識や技能の一つとして「個人的な責任と市民としての責任」をあげ，次のように述べている。

　　「環境教育を通して知識や技能だけを獲得しても，実際に使わなければ，環境教育の効果があったとは言えない。子どもたちは，学んだことを用い，<u>市民として責任ある思考と行動</u>を期待される。すなわち，自分自身で達した結論に基づいて，質のよい環境を確保するために何をすべきかについて，はっきりした動機を持ち，権利を行使することである。そのために，概念に基づく学習や探求，分析，行動などの技能を開発し，適応するにつれて，

彼らがすることは，個人であれ団体であれ，決して無力ではなく，<u>現状を変革できるという確信</u>を育てることが大切である[10]。（下線部：筆者）

これらの提言の特徴は「個人」と「市民」，あるいは「個人的責任」と「市民的責任」を明確に区別しつつ，両者を密接に結びつける点にある。すなわち，市民としての責任を果たすには，個人としての責任を社会の仕組みやシステムの理解，さらにはだれが，どのような組織が，どのように責任を果たすべきか，といった社会的責任の探求に関連づけて考えることの必要性を示している。

(2) **市民教育におけるシティズンシップ（市民性）と環境**

市民としての資質（市民性）を育てる教育においても「環境」は重要な構成要素となっている。ここでは，市民（性）教育を，その議論が世界でもっとも進んだ国の一つである英国のシティズンシップ教育の視点から考察する。

「シティズンシップ」は，2002年から英国（イングランド）で，学校教育における法的拘束力をもつ教科（必修教科）として設定されたこともあって，今日，世界的な注目を集めている。シティズンシップ教育とは，端的に述べるなら，一人前の大人としての市民の資質を育てる教育のことであるが，その意味するところは幅広い。D・ヒーターはシティズンシップを，実質としての「地位」，

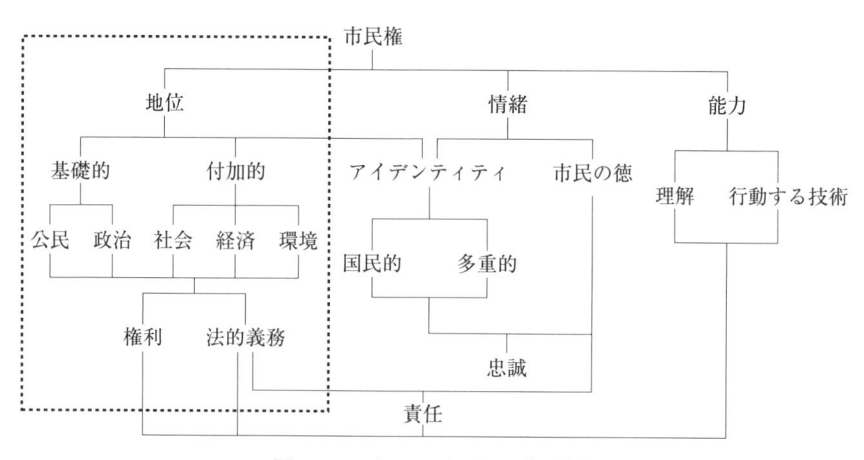

図10-3　シティズンシップの構造
（ヒーター（2002）『市民権とは何か』岩波書店，p.298）

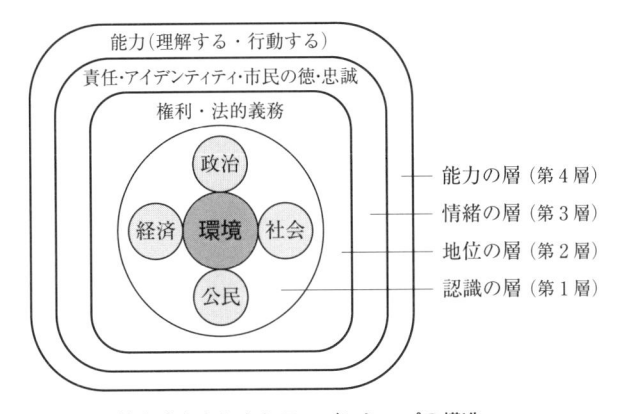

図10-4 環境を中心としたシティズンシップの構造

機能としての「情緒」「能力」の三つの側面からとらえ，その重要な構成要素の一つとして「環境」を位置づけた[11]。

ちなみに図10-3を「環境」を中心として，近いものから遠いものへと再構成すると，図10-4のようになる。

図10-4からは，環境に関するシティズンシップは「認識の層」「地位の層」「情緒の層」「能力の層」の四層構造の総体としてとらえることができる。

(3) 英国ナショナルカリキュラム・シティズンシップにおける環境

シティズンシップを英国の学校教育に教科として導入することに決定的な役割を果たした諮問委員会報告書（通称「クリックレポート」）は，教科シティズンシップのねらいを次のように記している。

- 参加型民主主義の本質や実行についての知識や技能や価値を確実なものにし，かつ増大させる。
- 子どもたちが能動的な市民に成長するために必要な，権利と義務，責任の感覚への気づきを向上させる。
- 上記のことを通して，個人や学校，社会に対するローカルかつ，より広い共同体レベルでの参加の価値を確立させる[12]。

「クリックレポート」はさらに，シティズンシップは構成要素としての「価値」と「技能」と「知識」が密接不可分に結びついたものであると述べるとともに，

シティズンシップの基本として「社会的・道徳的責任」「コミュニティへのかかわり」「政治的リテラシー」の三つを指摘している[13]。

これらを総合すると，シティズンシップとは「子どもたちが知的で思慮深く，責任感を有する市民となることを手助けするために，現代民主主義社会を支える市民的資質としての知識と技能と価値を，自らの人生や学校や近隣，さらにはより広いコミュニティに積極的にかかわることを通して学ぶ教育」のことであるとまとめることができる。

2007年改訂版ナショナルカリキュラム「学習プログラム」における環境にかかわる具体的な学習の「範囲と内容」は次のように記されている。

　〈キーステージ[14]3〉（以下，必要に応じて「KS」と略す。説明は注を参照）
　　・個人や集団や組織が，コミュニティや環境に作用する決定に影響を与えることのできる行動
　〈キーステージ4〉
　　・持続可能な開発のための政策と実践，ならびにそれらの環境への影響
　　・不平等や持続可能性や世界の資源の使い方に関する国際的な不一致や紛争，議論に対してグローバルなコミュニティが直面する挑戦

ナショナルカリキュラム2007は，KS3で11項目中1項目，KS4では13項目中2項目を，直接，環境にかかわる学習にあてている。その特徴は，「環境」「コミュニティ」「持続可能性」を一体のものとしてとらえるとともに，ローカルなコミュニティにかかわる問題をKS3に，グローバルなコミュニティにかかわる問題をKS4に振り分けている点にある。

ナショナルカリキュラムにもとづく教師用指導書である『スキーム・オブ・ワーク』では，KS3用に21単元，KS4用に12単元が開発されている。これらの単元群のうち，「環境（environment）」の語の使用頻度が特に高いものの一つに，KS3，第18単元「学校の校庭の開発」がある。

以下，この単元の学習がどのように展開されるのかを見てみよう。

① 単元の概要

この単元で子どもたちは，自分たちの学校の校庭改善の計画，工夫，実行に

責任を果たす。調査・相談・討論・分析を通して，彼らの学校やより広いコミュニティの必要性にあった校庭を計画する。同時に，個人やグループの異なった必要や要求の間の交渉やバランスをとることの重要性を学ぶ。

② 単元の展開[15]

学　　習　　活　　動
第1節　あなたは校庭に関して，学校とコミュニティの必要性をどのように確立することができますか？
・校庭が現在，1日のさまざまな時間にどのように使われているかを観察し，記録する。 ・敷地を使うさまざまなグループのニーズを確立する方法を話し合い，この情報を集め分析する方法に同意する。（例：アンケート用紙・図表）
第2節　あなたは校庭に対する優先度をどのように決定しますか？
・自分たちが集めた情報を分析する。 ・議論，ディベート，レポート作成を通して，自分たちの考えや理想を発表する。 ・校庭改善リストに含めるべきものとそうでないものについての決定をするために，どのような方法を用いることができるかをよく考える。 ・この意思決定を形成するシステムに同意する。
第3節　あなたは校庭を使っている人々の必要性をどのように知ることができますか？
・どのような種類の改善が，利用者のニーズへの解決法を与えるか？　その計画の長期間の持続可能性について考える。 ・自分たちの活動について議論をし，それがどのように計画に関係づけられるかを指し示すために，ローカルコミュニティやボランティアグループや個人を招待する。
第4節　あなたの校庭（の開発）を計画し，変化させましょう。
・その計画のさまざまな側面のコストを調査・計算し，これらを予算と比べる。 ・資金を探し，資金を得るイベントや活動を計画し，組織する。 ・計画の過程に続いて，その計画が完成したとき，子どもたちに校庭発展計画への彼ら自身やグループの貢献を振り返る。

③ 単元の特色

　この単元では，調査，分析・討論，意思決定，実行，評価というP（Plan）・D（Do）・C（Check）・A（Action）のサイクルを学習の過程として組み込みながら，校庭を造りかえるにあたっては「どのようにしたいのか」のみならず，「これまでどのように利用されてきたか」まで，丁寧に調査する。その際，校庭を学校のみでなく，コミュニティ全体の共有財産ととらえるとともに，校庭の使

用を文化的・社会的・政治経済的な多様性の考察にまで深めていく。また，子どもたちに調査・分析のスキルを身につけさせるとともに，計画遂行における責任と実行を子どもたちに求める。

　日本でも最近，校庭の芝生化やデザイン化が環境教育とのかかわりで注目されている。しかし，それらは往々にして大人の発想であり，子どもはかくあるべしとの先入観にもとづく場合も多い。本当は，子どもたちは管理の難しい芝生よりも，棒で線を引いたり，掘り返したりが自由にできる土の校庭を望んでいるのかもしれない。ともすれば大人の考える校庭改造には多額の費用が必要となるが，その資金の流れのプロセスに子どもたちが関与することはほとんどない。子どもたちが自分たちで資金を集め，調達できた資金の範囲内で校庭を改造することになれば，おそらく計画は右往左往するであろう。しかし，そのような試行錯誤の中でこそ，真に子どもたちの市民リテラシーは育つであろう。

　また，もしもこのようなシティズンシップをはぐくむ学習が日本に導入されたなら，学校におけるおそらく最大の問題は，「われわれは子どもたちをどこまで信頼することができるか」になるであろう。

(4) 身近な環境市民性教育

　環境市民性を育てる教育においては，環境教育における市民の視点と市民教育における環境の視点がともに必要である。それらが融合されないと，いわゆる「活動ばっかり」主義の這い回る環境教育になりかねない。そのような教育に陥らないためには，学習を社会やコミュニティの政治的・経済的仕組みやシステムと関連づけるとともに，その学習を通して環境にかかわってどのような知識や技能や価値観が身についたのかを反省的に吟味することが必要である。

　逆に，このような条件が備わっているならば，十分に環境市民性教育の条件を満たしているといってよいし，そのような実践は，特別な事例を探さずとも実はわれわれの身のまわりに無数にある。また，少しの工夫によって，現状をより質の高い環境市民性教育・学習に発展させることもできる。

3　参加型学習と市民教育

(1) 参加型市民教育・学習

　参加型学習と市民教育を，これまで述べてきたその内容と性格から「参加型市民教育・学習」として一体化させると，三次元の図（図10-5）を描くことができる。ここでの三つの軸は，距離性（空間的・時間的に近いか遠いか），社会性（政治的か道徳的か），主体性（能動的か受動的か）を示す。

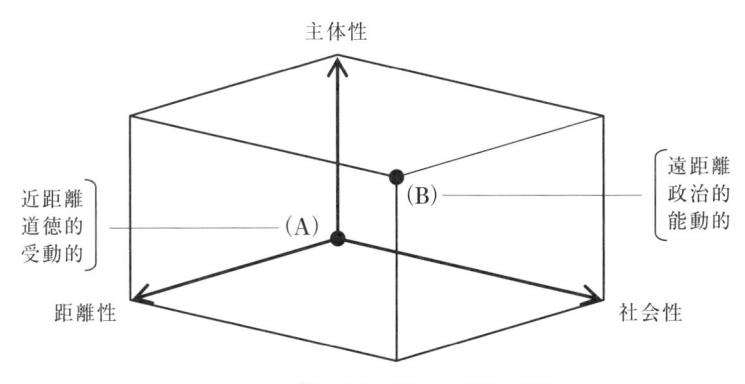

図10-5　参加型市民教育・学習の構造

　そうすると，参加型市民教育・学習は，点（A）「近距離・道徳的・受動的」から，点（B）「遠距離・政治的・能動的」まで，空間の中に多様に位置づけることができる。ちなみに前者には，校区内での大人主導のボランティア清掃活動などが，後者には子ども主導のフェアトレードをテーマとする取り組みなどが当てはまる。身近で具体的でイメージしやすいのは（A）型のものであるが，今後は学習を（B）型のものにまで拡大していく必要があるだろう。

(2) 共通の理念としての「現状変革への確信」

　環境にかかわる参加型学習と市民教育の根底に理念としてあるのは，個人としての自己実現と社会としての民主主義の実現であるが，いずれにしても学習者の「社会的有能感」をはぐくむものでなくてはならない。また，どちらの問題解決のプロセスにおいても単一の正解はない。それゆえ，そこでは協調，調

停,合意,ときには妥協など多様な話し合いが行われることになる。しかし,これらの話し合いには当然のことながら時間と手間がかかる。とはいえ,これらは見方を変えれば民主主義のためのコストでもある。これらのコストを省略すると,民主主義はたちどころに形骸化しかねない。大切なことは,すでにある民主主義を守るだけでなく,新しい民主主義をつねに創造し続ける精神をもち続けることである。そのためには,自己と社会の「現状を変革できるという確信[16]」を,自分自身が失わないようにするとともに,子どもたちにはぐくむことである。

《ディスカッション》

1. 環境学習における子どもの「参画」や「非参画」を示す事例にどのようなものがあるか。
2. 「近距離・道徳的・受動的」型と「遠距離・政治的・能動的」型で,参加型市民教育の内容はどのように異なるか。

〈注・文献〉
1)「環境保全の意欲の増進及び環境教育の推進に関する基本的な方針」2004年9月閣議決定
2) 日本生態系協会編(2001)『環境教育がわかる事典』柏書房,p.293
3) 川喜田二郎(1967)『発想法』中公新書,pp.13-14
4) これらにおいては一般的な「参加学習」と区別して,特に「参加『型』学習」と呼ばれることがある。
5) 唐木清志(2002)「社会科における『参加』の意義——『市民』育成をめざす社会科教育のあり方」社会科教育研究,2002別冊,p.32
6) 岡崎裕(2000)「人権教育と参加型学習——同和教育の21世紀的展開」中川喜世子・岡崎裕編『参加型人権教育論』明石書店,pp.17-18を筆者が部分修正した。
7) 岡崎裕(2000)同上書,p.28
8) R.ハート著/IPA日本支部訳/木下勇他監修(2000)『子どもの参画』萌文社
9) 日本学術会議環境学委員会環境思想・環境教育分科会(2008)「提言:学校教育を中心とした環境教育の充実に向けて」p.4,(http://www.scj.go.jp)
10) 日本生態系協会(2001)「第2章環境教育が目ざすもの,2-2-3 アメリカ合衆国」前掲書,p.110
11) D.ヒーター著/田中俊郎・関根政美訳(2002)『市民権とは何か』岩波書店,p.298
12) DFEE/QCA (1998) Education for Citizenship and the Teaching of Democracy in Schools: Final Report of the Advisory Group on Citizenship, QCA/98/245, [6.6] p.40
13) 同上 [6.7] pp.40-41
14) 英国では義務教育の11年間を四つのキーステージに分けている。キーステージの1,2が初等学校に,3,4が中等学校に相当する。
15) Qualifications and Curriculum Authority (2011) *18. Developing Your School Grounds, Schemes of Work : Key Stage 3 Citizenship*, DFES / QCA より筆者作成

16) 北米環境教育学会「環境教育で学ぶべきガイドライン」上掲10) 参照

【さらなる学習のために】

・A・ドブソン著／福士正博・桑田学訳（2006）『シチズンシップと環境』日本経済評論社
・Arthur, J. & Davis, I. & Hahn, C.（eds.）(2008) *The Sage Handbook of Education for Citizenship and Democracy*, Sage Publications, London.

コラム　環境シティズンシップ

　政治学・社会学的シティズンシップ論は，伝統的に自由主義的なものと共同体主義的なものに大きく二分される。前者は，市場や国家を足場に個人の権利を重視する。後者は，共同体を足場に市民の参加を重視する。それに対して近年，環境シティズンシップの立場から，第三のシティズンシップ論が提起されている。その一人 A・ドブソンは，自由主義的シティズンシップも共同体主義的シティズンシップも，いずれも当事者間の対等・互恵な「契約」観にもとづいているのに対して，第三のシティズンシップはそのような互恵性を前提にするべきではなく，むしろ契約にもとづかない，非対等かつ主体的な「責任」を重視するべきだと主張する。このようなシティズンシップ論に立つと，これからのわれわれの課題は，未来世代や途上国の人々，さらにはもの言わぬ自然や動植物に対して，現在世代はいかに責任を取りうるか，である。詳しくは参考文献を参照のこと。

（水山光春）

11章　環境教育の目的と方法③
―― 科学的アプローチ ――

【目標とポイント】
科学的な観点に立った環境教育には，(1)環境や環境問題への科学的な理解をめざすもの，(2)環境への科学的な見方・考え方（科学的環境観）の獲得をめざすもの，(3)環境や生命を尊重する態度の育成をめざすものなど，さまざまなタイプがある。

キーワード
科学教育，理科教育，科学的環境観，環境ガバナンス，STS教育

1　はじめに

科学は，さまざまな形で環境問題と密接にかかわっている。まず，環境問題を解決あるいは予防するためには，技術的応用も視野に入れた科学の適切な活用が欠かせない[1]。また，解決策や予防策を考案するためには，対象となる環境問題や，その問題が生じている環境（対象となる環境の構造やそこで起きている自然現象）そのものについて，まずは科学的に解明する必要がある。

たとえば，フロンなどの化学物質がオゾン層を破壊し，その結果として極地方を中心に有害な紫外線が降り注ぐリスクが高まった。そこで，それらの物質が規制対象となり，代替ガスも開発された。このとき，オゾン層破壊のメカニズムを明らかにし，代替ガスを開発するうえで，科学は大きな働きをした。

ところが，フロンなどのオゾン層を破壊する化学物質が大量に生み出されたのは，そもそも科学の研究とその応用に原因があった。オゾン層破壊の原因物質とされる以前は，フロンは便利で無害な物質としてもてはやされていた。つまり，科学の研究やその応用によって，新たな環境問題が生み出されたり，リスクが高まったりすることが，しばしば起こるということである。その顕著な例が，2011年3月の東北地方太平洋沖地震に起因した福島第一原発の事故で

あろう。原発の是非はここでは論じないが，科学の進展によって利用可能になった原子力技術が，高いリスクを伴うものであったということが，悲劇的な形で示されたのである。このような，科学の進展あるいは大規模な応用に伴って生じた近代社会の新たな姿を，ベック（Beck, U）は「危険社会」と呼んだ（1986年に出版された『危険社会』，原題"Riskogesellschaft"は，福島第一原発の事故を受けて，再びメディア等で紹介される機会が増えている）。

とはいえ，いったん高度な科学が社会の隅々まで浸透した現代社会において，科学自体を捨て去るという選択肢は，現実としてはありえない。また，科学の負の側面ばかりを強調することは，高度医療によって多くの命が救われていることからも明らかなように，一面的な議論である。つまり私たちの課題は，科学を，さまざまな環境問題などの解決やその予防のために，よりいっそう適切に活用していくことにある。このとき，科学の「推進」一辺倒ではなく，場合によっては特定の研究やその応用を「禁止」または「抑制」することも，選択肢の一つとなる。実際に，ヒトクローン研究のような倫理的問題を伴う分野では，すでに研究が制限されている。遺伝子組み換え技術の農業分野への応用は，研究室レベルでは高い成果を上げているものの，生態系への影響や人体への安全性などに対する懸念から，少なくとも日本国内では，現実の農業に広く活用されるには至っていない。

以上をまとめると，科学は環境を理解するために役立つ場合もあれば，環境を望ましくない方向に変えてしまうという負の側面もある，ということである。したがって，将来の持続可能な社会の中で，あるいはそのような社会をつくっていく過程の中で，科学がどのような存在として位置づけられるべきかは，社会における重要な検討課題である。

2　科学教育と環境教育 —— 科学的アプローチとは

科学を社会の中に適切に位置づけて活用していくためには，人々の科学的リテラシーが，一定以上の水準で安定していることが必要となる。そして，科学的リテラシーを育成するのは，科学教育の役割である。冒頭では，科学が環境

問題と密接にかかわっていることを指摘したが，科学教育もまた，環境教育と密接にかかわっている。言い換えれば，科学教育において何がどのように学ばれるのかは，環境教育の視点からみても，重要な問題なのである。

　実際に，学習指導要領（2008 ～ 2009 年改訂）においても，持続可能な社会の実現に向けて，科学の適切な活用が不可欠であることが，明確に意識されている。たとえば，中学校理科には，「持続可能な社会」の構築についての教育内容が盛り込まれている[2]。具体的には，第 1 分野の「(7)科学技術と人間」と第 2 分野の「(7)自然と人間」において，「自然環境の保全と科学技術の利用の在り方について科学的に考察し，持続可能な社会をつくることが重要であることを認識すること」と明記されている。この改訂は，これに先だつ中央教育審議会の答申における「持続可能な社会の構築が求められている状況に鑑み，理科についても，環境教育の充実を図る方向で改善する」[3] という記述を反映したものと考えられる。

　ところで，上記のように「理科」という名称は，通常は学校教育における教科に対して限定的に用いられている。また，「科学教育」という名称は，純粋な科学的知識や科学的探究能力の育成のみを連想させてしまいやすい。しかし，それらだけでは，環境教育と科学教育とが重なる領域における教育の内容・方法を，幅広く論じるには不都合である。そのため本章では，科学的な観点に立った教育をより広くとらえるため，これを「科学的アプローチ」と呼び，科学的アプローチによる環境教育にはどのようなものがあるかを解説していく。

3　科学的アプローチによる環境教育がめざすもの

　ひと口に科学的アプローチによる環境教育といっても，じつに多様なタイプが存在する。ここでは，その科学的アプローチが何をめざすのかという視点から，大きく三つのタイプに整理して解説する。すなわち，(1)環境や環境問題についての科学的な理解をめざすもの，(2)環境に対する科学的な見方・考え方（科学的環境観）の獲得をめざすもの，(3)環境や生命を尊重する態度の育成をめざすもの，である[4]。以上のタイプには含まれないが，今後重要となっていく科

学的アプローチや，検討すべき今後の課題については，次節で取り上げる。

(1) 環境や環境問題についての科学的な理解

　人々が環境や環境問題についての正確な科学的理解を有することは，持続可能な社会をつくるために不可欠である。たとえば，福島第一原発の事故においても，「放射能」と「放射線」とを混同した報道や議論が当初は目立った。このような，誤解にもとづいたり科学的な根拠を欠く議論は，現状評価や対策の選択を誤らせるおそれがある。一方で，初期の混乱は次第に収束し，インターネット空間（メーリングリスト，ツイッター，ソーシャルネットワークサービスなど）においても，かなり高度な発言や議論がなされるようになった。専門家が議論をリードしたという側面はあるが，議論に参加している専門家でない人々の科学的理解も，かなりの高水準に至ったことを示唆している。

　科学的な観点から環境や環境問題を理解することは，科学的アプローチによる環境教育において，最初にめざされるべき重要な目標である。環境や環境問題への最低限の理解は，科学的リテラシーの一部として，あらゆる人々が共通にもっていなければならない。また，このような最低限の共通理解は，特定の問題について詳細に検討する必要が生じた場合や，当人の興味・関心が高まった場合に，新たに自己学習を進めていくための土台ともなる。

　日本の学校教育では，人間自身や人間を取り巻く自然環境については，おもに小学校低学年の生活科や中学年以降の理科において取り扱われている。ここでは一般に，身近な環境に興味・関心をもち，人間や人間を取り巻く自然環境について科学的に理解するとともに，科学的な視点から自然環境を眺めることができる「科学的自然観」の獲得がめざされている。そのため，環境教育としてふつうは意識されてはいないものの，生活科や理科を含む多くの教科教育は，いわゆる「環境について（about）の学習」としての機能を果たしている。

　たとえば理科では，さまざまな動植物の存在やその特徴について，観察によって理解させようとする。さらに，光合成，食物連鎖，生態系などの，環境を理解するために不可欠な概念も，ほとんどは理科で取り扱われている。小・中学校の理科は，エネルギー，粒子，生命，地球の四領域に分けられているが，

この中で取り扱われている自然事象にかかわる内容はすべて，科学的アプローチによる環境教育において理解させたい内容と，大きく重なり合うものである。

これに加えて，環境教育としての明確な意識のもとで，環境問題に直接焦点を当てて行われる学習も必要である。たとえば，身近な湖沼の水質悪化を取り上げ，なぜ水質が悪化するのかについての科学的メカニズムを理解させ，実際に湖沼の水質測定によって富栄養化の問題を実感させる学習活動である。あるいは，環境汚染の指標生物の採集・観察を行わせる学習活動などもある。もっと大規模なプロジェクトとしては，地球温暖化について身近な環境から理解するために開発された，CO_2濃度の測定とマップ作成を中心とした学習プログラムなどもある[5]。

科学的アプローチによる環境教育は，このように一見すると理科と重なり合う部分が大きいが，国語，社会，技術・家庭などの他教科や，総合的な学習の時間などにおいても，あるいは，教科横断的なクロスカリキュラムとしても実施されてきた。

(2) **環境に対する科学的な見方・考え方（科学的環境観）**

理科では，上に述べたように，さまざまな自然事象についての科学的な理解を順次獲得していくことが，当面の目標としてめざされる。学習指導要領においても，理科を通じて獲得すべき科学的概念や法則が多数列挙されている。しかし，理科の最終的な目標は，断片的な理解を積み重ねることではなく，それらの上に「科学的な見方や考え方」（科学的自然観）を獲得することにある。実際に，学習指導要領に示されている中学校理科の目標の語尾は，「……科学的な見方や考え方を養う」であるし，高等学校の理科の目標の語尾も，「……科学的な自然観を育成する」となっている。

さらに，たとえば中学校理科の上記の部分について，『中学校学習指導要領解説　理科編』(2008) には，「とりわけ，自然環境の保全や科学技術の利用に関する問題などでは，人間が自然と調和しながら持続可能な社会をつくっていくため，身の回りの事象から地球規模の環境までを視野に入れて，科学的な根拠に基づいて賢明な意思決定ができるような力を身に付ける必要がある」と述

べられている。

　科学的アプローチによる環境教育の視点からみても，科学的な見方や考え方を軸にして自然や社会を眺めたり，環境問題などに対する判断（意思決定）を行うことができる資質・能力は，たいへん重要である。つまり，「環境に対する科学的な見方・考え方」（科学的環境観）の獲得をめざして行われる環境教育が必要なのである。

　もちろん，科学より感情や直感などの別の観点を優先した判断も，場合によってはありうるし，そうした判断が否定されるわけではない。たとえば，道路建設の際に，地域のシンボルとして大切にされてきた巨木を迂回するルートがとられることがある。科学的には安全性を低下させる選択肢であるし，経済的にも建設コストが増大するため合理的ではない。しかし，多くの人々はそれでも迂回ルートによって（あるいは他の方法によって），巨木を維持することを望むであろう。私たちは，科学的な判断によってのみ生きているわけではない。

　とはいえ，多くの人々が自分の立場を表明したり，社会的な議論に参加する場合には，まずは科学的な見方や考え方を出発点におかないと，建設的な議論や合意形成は難しい。言い換えれば，科学的環境観をある程度身につけた者が，あえて別の立場をとることはよいが，身につけない者同士が持論を展開すれば，まったくのすれ違いに終わるだけである。したがって，少なくとも科学的アプローチによる環境教育においては，焦点が当てられた環境や環境問題について，まずはそれを科学的に理解し，そのうえで科学的な根拠にもとづいて議論しようという，科学的環境観に立脚した学習展開が重視される必要がある。

(3) **環境や生命を尊重する態度**

　環境や生物を科学的に理解することは，それらを尊重しようとする態度にもつながる（少なくとも矛盾しない）と，理科教育では一般に考えられている。たとえば明治19（1886）年に初めて登場した「理科」という教科について，「小学校教則大綱」（1891）には，「理科ハ通常ノ天然物及現象ノ観察ヲ精密ニシ其相互及人生ニ対スル関係ノ大要ヲ理会セシメ兼ネテ天然物ヲ愛スルノ心ヲ養フヲ以テ要旨トス」と記されていた。現在でも，中学校理科第2分野の目標(4)は，

「生物とそれを取り巻く自然の事物・現象を調べる活動を行い，これらの活動を通して生命を尊重し，自然環境の保全に寄与する態度を育て，自然を総合的に見ることができるようにする」となっている。このように，一般に，環境や生物を科学的に理解することは，その重要性の認識や感嘆・畏敬の念につながり，自然を尊重する態度を育てるとみなされている[6]。

このような意図をもって行われる理科教育は，環境教育と重なり合う部分が大きい。言いかえれば，科学的アプローチによる環境教育として，環境や生物を科学的に理解するだけではなく，それにもとづいて，環境や生命を「尊重しようとする態度」の育成までがめざされる必要がある。

たとえば，中学校の理科では古くから食物連鎖が取り上げられているが，生物とそれを取り巻く環境が複雑かつ繊細にできているという理解は，それらを大切に保全していかなければならないという意識につなげることができる。あるいは，生物の発生を学ぶことは，生命現象が「奇跡的」といえるほどの精妙な過程を経て誕生するという驚きを与え，生命の尊さを実感させることにつなげることができる。地球環境の長大な歴史など，生物以外の分野においても，同様のことがいえる。このことは，野外生物学や生態学の発展が，それらを基盤とした「ガイア仮説」や「エコロジー思想」の提唱を招いたことを想起すると，理解しやすいであろう。

4　科学的アプローチの課題

次に，上記ではふれることのできなかったタイプの環境教育や，これからの検討課題について，要点のみを簡潔に述べることにする。

(1) 科学的アプローチをどの程度重視すべきか

科学教育においてめざされている理想とは，極論すれば，科学者のような知識・技能や自然観を身につけた状態へと学習者をできるだけ（あるいは必要な分だけ）近づけようとするものだといえる。これは，理科という教科の内部であれば，特に問題はないかもしれない[7]。しかし，環境教育としてなされる教育活動においては，なぜ科学者の知識・技能や自然観への「同化」がめざされ

るのかが，あらためて問われる必要がある。

　また，「科学的」という言葉は，一般には「まちがいのない」「確実な」といった言葉と同様の意味でとらえられている。しかし，地球温暖化のような環境問題の場合には，科学者間でも見解の不一致がみられたり，一致をみるまでにかなりの時間を要するものが少なくない。それにもかかわらず，科学的な議論が成熟する以前に，素早い判断を迫られるものが多い。つまり，科学が常に正解を保証してくれるわけでもないし，判断における確実な足場を提供してくれるわけでもないのである[8]。あるいは，治療が困難な疾病に対する新薬開発のような場面では，科学的な安全性が完全に立証されていなくても，リスクを承知で治験（効果や安全性の試験）に協力したいという患者がいるであろう。

　科学的アプローチによる環境教育においても，科学的環境観の絶対視や科学への盲信は，安易な「反科学」の姿勢と同じくらい危険である。指導者には，科学の有用性や必要性を理解しつつも，他の見方・考え方と並列して位置づけることができるような，バランス感覚が必要である。

(2) 科学的に価値があるから環境や生命は大切なのか

　前節では，環境や生物についての科学的な理解と，科学的な見方・考え方が，環境や生命を尊重する態度の育成につながると述べた。しかし，私たちがそれらを大切に思ったり，大事にしたいと思うのは，科学的な価値があるからなのであろうか。もちろん，自然環境を保全する確かな根拠として，科学的な知見が活用されることは重要である。しかし，「だから大切なのだ」というような論理展開は，視点を変えればこれらの価値を限定してしまうものになりかねない。科学的な根拠などは別として，理屈抜きに環境や生命は大切だ，好きだ，守らねばならない，というような思いもあってよいはずである。

　こうした思いは，理科の授業中に表だって強調されることは少ないかもしれないが，指導者の環境観や価値観がいわば「潜在的カリキュラム」として機能することで，学習者に影響を与えていることはありそうである。また，国語や総合的な学習の時間などでは，もっとはっきりと，学習者の環境や生命に対する「ふしぎだ」「すごい」「好きだ」という思いを大切に育てようとしているこ

とがある。このような「科学」の範疇では的確にとらえきれない感覚と，環境や生物についての科学的な理解とが，どのようなバランスでめざされるべきなのかは，環境教育を俯瞰的・体系的にみた場合の検討課題である。

(3) 科学のブラックボックス化がはらむ危険

　本章でこれまで述べてきた環境教育では，一般に「科学」という営みがブラックボックスになっており，科学者たちが生み出してきた科学という営み自体を吟味する視点に欠けている。上述したように，科学的事実と思われていることですら，科学者間での不一致は存在する。人間活動に起因する地球温暖化が実際に進行しているという常識になりつつある事実ですら，否定する科学者も存在する[9]。

　科学を盲信しないためには，科学とはどのような営みなのかという科学そのものに対する理解や，科学に携わる人々についてのリアルなイメージを，あわせてもつ必要がある。また，科学的アプローチによる環境教育の視点からも，科学や科学者の姿を積極的に理解させる必要がある。しかし，これまでの環境教育では，このような意図をもった実践はあまり行われてこなかった。

　今後は，環境科学とはどのような研究分野なのかや，そこで示される環境データはどのような人々が生み出していて，どの程度の妥当性や信頼性が期待できるのか，というようなことを理解させる環境教育も，取り組まれる必要がある。なお，理科教科書に登場する科学者は，19世紀以前の人物が多くを占めている。いま現在，環境や環境問題への挑戦を続けている科学と科学者に対する理解やイメージは，指導者による独自の工夫がなければ育ちにくい。

(4) 環境ガバナンスの視点

　「環境ガバナンス」とは，「上（政府）からの統治と下（市民社会）からの自治を統合し，持続可能な社会の構築に向け，関係する主体がその多様性と多元性を生かしながら積極的に関与し，問題解決を図るプロセス」と定義される[10]。もう少しかみ砕くと，環境保全や持続可能な社会を実現するための議論や意思決定を，政府や官僚に任せきりにするのではなく，市民の立場からも積極的にかかわっていこうとする立場や仕組みを表す言葉である。

特に環境問題に関しては，科学的には非常に高いレベルにある科学者（あるいは官僚などの政策立案者）にとってすら，科学的判断を下すことが困難なケースは多い。さらに，専門家の閉じた世界と市民感覚との乖離が指摘される中，もっと「市民感覚」を反映すべきだという主張は，裁判員制度に象徴されるように科学分野の外でもなされている。パブリックコメントのような試みも既にあるが，近年はさらに，コンセンサス会議などの「市民参加型テクノロジー・アセスメント」という手法が注目されている。これらは環境問題に特化した手法ではないが，海外の先行例では遺伝子組み換え作物やナノテクノロジーなど，環境問題と深くかかわる論点が，テーマとして設定されることも多い。

今後はますます，環境や環境問題がかかわる科学技術について，自分なりの考えをもちつつ，合意形成に積極的に参加するということが，市民にも求められるだろう。こうした事態に対応できる資質・能力は，科学的アプローチによる環境教育においても，あらかじめ想定し，育成していかなければならない。

すでに，『中学校学習指導要領解説　理科編』(2008) には，「指導に当たっては，設定したテーマに関する科学技術の利用の長所や短所を整理させ，同時には成立しにくい事柄について科学的な根拠に基づいて意思決定を行わせるような場面を意識的につくることが大切である」という記述がある。ここでは個人レベルの「意思決定」について言及されているが，環境教育としてはここからさらに一歩進んで，集団レベルでの「合意形成」をめざした学習活動も，今後は必要となるだろう。このような合意形成に主眼をおいた環境教育のプログラム開発は，まだ限られたものにすぎない。コンセンサス会議やシナリオワークショップのような市民参加型テクノロジー・アセスメントの手法には，参考とすべき点が多く，今後の教材開発と実践が期待される[11]。

(5) STS 教育の経験

STS とは，科学 (Science)，技術 (Technology)，社会 (Society) の頭文字をとった略字で，科学技術社会論と訳されることもある。STS 教育とは，純粋な科学の範疇に収まっている概念・法則などだけではなく，科学と技術や社会との接点ないし相互作用を，科学教育としても積極的に取り上げていこうとい

うアプローチ・実践である。これらは1980年代終盤から日本でも展開し始め，いったんは急速に科学教育界に広まったものの，近年はそれがやや沈静化していた[12]。しかし，既に引用してきた記述にもうかがえるように，2008～2009年の学習指導要領改訂によって，理科の中にSTS教育が明確に位置づけられた[13]。科学的アプローチによる環境教育は，このSTS教育の経験を抜きに語ることはできない（5章参照）。とはいえ環境教育の世界では，STS教育という名称自体やこれまでの研究・実践が，あまりよく知られていないようである。そのため，最後に，STS教育の経験への注目を促しておきたい。

5　おわりに

本章では，科学的アプローチによる環境教育について，さまざまなタイプのものがあることを示してきた。これらのタイプのすべてを一度に実践することは不可能である。したがって，初等・中等教育全体，あるいは社会教育・生涯教育も視野に入れつつ，そのなかでどのようなタイプを取り上げるのかという，体系的な視点とバランス感覚を念頭において，実践に取り組む必要がある。

《ディスカッション》
地球温暖化をテーマにしたときに，科学的アプローチによる環境教育としては，どのような学習活動が考えられるか。また，その学習活動では何をめざすのか。

〈注・文献〉
1) 本章での「科学」は自然科学を指す。また，文脈によっては技術的側面（科学技術）を含む。しかし煩雑さを避け，原則として単に「科学」と表記する。
2) 学校での科学教育はおもに理科で行われるが，生活科や総合的な学習の時間，あるいは国語・英語などの他教科でも，科学的内容が取り扱われている。
3) 中央教育審議会（2008）「幼稚園，小学校，中学校，高等学校及び特別支援学校の学習指導要領等の改善について（答申）」
4) 科学教育と環境教育との関係の詳しい議論は，福井智紀（2006）「科学的リテラシーと環境教育」『Bio-City』No.34, pp.102 - 105 も参照されたい。
5) 名古屋産業大学・伊藤雅一・岡村聖編著（2009）『みんなで作るCO_2濃度マップ：地球温暖化と私たちの暮らし』リバネス出版
6) 「自然についての教育」の重視や，それが環境や自然の尊重とつなげられているのは，じつは日本の理科教育の特色でもあるという。小川正賢（1998）『「理科」の再発見：異文化としての西洋科学』農山漁村文化協会

7) 日本の学校教育で科学を教えることがはらむ問題については，以下で詳細に論じられている（ただし環境教育に焦点を当てた議論ではない）。小川正賢（2006）『科学と教育のはざまで：科学教育の現代的諸問題』東洋館出版社
8) こうした議論については，たとえば次を読むとよい。藤垣裕子（2003）『専門知と公共性：科学技術社会論の構築へ向けて』東京大学出版会
9) 地球温暖化については，その根拠となるデータの信憑性をめぐって，「クライメート事件」と呼ばれるスキャンダル・論争まで生じた。
10) 松下和夫編著（2007）『環境ガバナンス論』京都大学学術出版会，p.4
11) その一例として，以下を紹介する。福井智紀・石﨑直人・後藤純雄（2011）「市民参加型テクノロジー・アセスメントの手法を導入した科学教育プログラムの開発」『日本科学教育学会研究会研究報告』25（3），pp.71-76
12) 小川正賢（2002）「学校教育におけるＳＴＳ：現状と展望」『科学技術社会論研究』第1号，pp.149-155，玉川大学出版部
13) 詳しくは，「さらなる学習のために」に掲げた橋本健夫ほか（2010）のpp.106-113に収録された「理科における実社会・実生活との関連付け」（拙稿）を参照されたい。

【さらなる学習のために】

・橋本健夫・鶴岡義彦・川上昭吾編著（2010）『現代理科教育改革の特色とその具現化』東洋館出版社
・平川秀幸（2010）『科学は誰のものか』日本放送出版協会
・松下佳代編著（2010）『<新しい能力>は教育を変えるか』ミネルヴァ書房

コラム　サイエンス・コミュニケーター

　科学の分野においては，専門家と非専門家をつなぐ人材としての「サイエンス・コミュニケーター」が注目されている。北海道大学のCoSTEP（Communications in Science and Technology Education Program）のように，一部の大学・大学院や科学博物館などにおいて，すでに養成講座が開設されている。科学的アプローチによる環境教育を行う場合には，科学の専門的な内容をいかにわかりやすく学習者に伝えるかが鍵となる。また，環境や環境問題への学習者の具体的な興味・関心を把握し，それに応える努力も必要である。しかし，理科を専門としていない小学校教師は多いし，中学・高校の理科教師でも十分対応できない内容は多い（たとえばナノテクノロジーの生態系への影響など）。そのため，科学的アプローチによる環境教育においても，専門家との双方向的な交流が重要となる。また，その交流を仲立ちするサイエンス・コミュニケーターの活用も鍵となる。さらに，学習者と専門家が直接に出会う場面を設けることは，現代の科学・科学者像を理解させる，という本章で述べた観点からも意義があるだろう。

（福井智紀）

12章　環境教育の目的と方法④
── 学校と地域の連携 ──

【目標とポイント】
学校と地域が連携して進める環境教育のあり方について，自然環境学習や食農学習を例に考える。また，東日本大震災とその後の復興に果たした学校と地域のきずなの役割を理解する。

キーワード
持続可能性，学校と地域の連携，コーディネーター，震災復興，ESD

1　学校での環境教育の現状と課題

　学校教育における環境教育は社会の構成員としての子どもの教育であり，次の社会を担う人材の養成である。その指導を担う教師は，環境や持続可能性についての広い視野と豊かな知識，経験・体験をもっていることが望まれる。そのためには教師自身が学び続けることが大切であり，また，教師の学びを支援する協力者，学校を支援する組織も必要である。

　学校における環境教育は，社会科や理科など特定教科の中で行われるほか，「総合的な学習の時間」などで教科横断的に扱われることも多い。また，学校行事を活用するなどさまざまな工夫がなされている。2004年に発表された国際学習到達度調査（PISA/OECD）の結果によって，日本の子どもたちの学力低下が明らかになり，文部科学省は「ゆとり教育」から「確かな学力」を重視する方向に転換した。その結果，にわかに「総合的な学習の時間」の見直しが取りざたされたが，新しい学習指導要領では時間数が約3分の2に短縮されたものの，ほぼ従来通りの形で残された。これらの時間をどれだけ効果的に使うかは，教師の力量にかかっている。

現在，教師は生徒指導，書類の作成，保護者への対応，授業の準備など，たいへんに忙しい。その一方で社会からは大きな期待が寄せられている。このような状況の中で，充実した環境教育を実践するには大きな負担を伴う。また，環境教育のかかわる分野は広く学際的であり，地域の支援や高等教育機関，社会教育施設など学校外の協力が必要である。

　2005年からは，国際連合の「持続可能な開発のための教育の10年」（DESD）が始まり，環境教育は「持続可能な開発のための教育（ESD）」の中に包含される形で扱われるようなってきている。2008年の学習指導要領改訂で，「持続可能な社会」という考え方が，社会科や理科などの学習内容に取り入れられている。

　学校における環境教育の目標は，第一義的には環境問題の解決，持続可能な社会の実現に向けて行動できる力を培うことである。1991年に刊行された『環境教育指導資料』には，環境教育編成の視点がわかりやすくまとめられている。すなわち，①幼児期のしつけ教育：物や資源を大切にする基本的な生活スタイルの確立，②自然に対する豊かな感性の育成，③科学的な思考，④情報が正しいかどうかの判断能力，⑤環境改善に向けて行動できる力の育成，⑥環境倫理の育成，である。環境教育に関連して育成されるべき思考として，クリティカル・シンキング（批判的思考），システム・シンキング（システム思考），グローバル・シンキング（地球的思考），あるいはトータル・シンキング（全体的な思考）などがあげられることも多い。

2　環境教育で育てる「生きる力」

　教育現場では教科の基礎・基本，学力向上を焦眉の急と考える人が多く，新しいものを考えるゆとりはあまりない。そのようなときに環境教育を積極的に進めるよう促しても容易には受け入れてもらえない。学校はきわめて多忙で，これ以上教師に負担をかけたくないと管理職が考えるのは無理からぬことである。しかし，現実にはすでに多くの学校で，環境教育にかかわるさまざまな教育実践を行っていることに気づいていないことが多い。また，教科の基本に環

境教育の豊かな体験を加えることによって，クリティカル・シンキングやコミュニケーション能力，主体的な行動力などのさまざまな能力の育成の機会を与えることができる。

　学習指導要領でいう「生きる力」は，このグローバル化の進む「知識基盤型社会」の時代にあってますます重要になってきている。この「生きる力」の意味を，「子どもたちに基礎・基本をしっかり身につけさせ，自ら学び，自ら考え，主体的に判断し，行動し，問題解決能力を身につけ，豊かな人間性，たくましく生きるための健康や体力を備えさせること」ととらえることができる。したがって，次代を担う子どもたちの「生きる力」をはぐくむうえで，環境教育は大きな可能性をもっているといえよう。

3　学校での環境教育の事例

　最近の学校（小学校および中学校）では，どのような環境教育の活動が行われているだろうか。たとえば，宮城県下で近年行われている内容のキーワードを拾ってみると，川の環境，水質環境，有機農業，栽培，緑化，防災教育，地震，津波，火山活動，エネルギー教育，地球温暖化と気候変動，ゴミとリサイクル，島の自然，海，生物多様性，海岸の植物，水生生物，土壌生物，ホタル，食糧，野鳥と巣箱，化石と地層（順不同）などがある。

　自然環境教育という場合，学習のフィールドとしてはさまざまなものがある。森であったり，海であったり，水田や畑であったり，里山であったりする。ここでは水田を例に，どのような内容の環境教育ができるかを考えてみたい。

(1)　教材としての「水田」

　環境教育の教材として日本文化の原風景ともいえる「水田」（または「稲」「稲作」「米」）は，多くの学校で扱われている。その特徴としては，次のことがあげられる。

1) 田植えや稲刈りなどさまざまな農業体験ができる。
2) 水田や稲や米には，子どもたちにとって身近なテーマが含まれている。
3) 理科，社会科，家庭科（小），技術・家庭科（中）などの教科と連動しや

すく，総合的な学習の時間でも扱いやすい。
4) 世界の稲作や消費経済，気候や文化の違いなどを考えることによってグローバルな視点を養うことができ，国際理解教育にも発展させることができる。
5) 気候変動や生物多様性などの現代的な課題を扱うことができ，有機農法などからは，食の安全，食育，スローフードなどへの発展がみられる。
6) 田植え踊りのような舞踊や民謡，神楽など伝承文化の継承へ広げることができ，地域の歴史と文化にかかわることができる。
7) ウェブやリモートセンシングなどICTを活用した学習を行うことができる。

(2) 「水田」や「稲」をテーマとしたときの体験学習

「水田」や「稲」を題材とした環境教育では，以下のような体験学習が可能である。

① 農家での田植え体験

農家は田植え前から忙しい。田植えに使う稲苗の準備や代掻きがある。田起こしを済ませた田んぼに水を張って，土をさらに細かく砕き，丁寧に掻き混ぜて，土の表面を平らにする。農家の協力によって行われる田植え体験は，もっとも基本的な体験であり，多くの学校で行われている。子どもたちは，水の温む季節に素足で水田に入ったときの足の裏のぬるっとした感触や土のにおいなど，五感で感じることのできる体験を通して，大きな感動を受けると思われる。

② 学校での稲の栽培

田植え後の苗がどう生長するかを学ぶには，学校での栽培が有効である。学校の中には，学校田をもつところや農家から水田を借りているところもある。また，ビニールシートを使っての学校水田づくりのほか，稲のポット栽培（バケツ稲）などは，簡便な方法である。

③ 水田の生き物調べ（小型動物，昆虫，微小生物，植物）

近年では，有機栽培，低農薬あるいは無農薬の栽培などにより，水田の生物相は豊かになってきている。カエルやメダカなどの動物だけでなく，中学校の

147

教科書に出てくる水中の微小生物なども多数観察することができる。水田の畔(あぜ)にしゃがんで水田をのぞくと，オタマジャクシ，ヒルやミミズ，タニシ，水生昆虫などのほかにも，小さなミジンコなども肉眼で見ることができ，飽きることがない。さらに，水田の中の稲や雑草の付着物や土表面の沈殿物を顕微鏡で観察すると，アメーバや珪藻など，さまざまな微小生物を観察できる。6月頃の水田では，水温差が朝と夕で10度を超え，水素イオン濃度が朝のpH6から昼すぎにはpH10を超えるなど，環境条件の激しい日周変化も見られる。

④ 農家での草取り

　稲の生長のために草取りは重要な農作業である。除草剤に頼らない方法としてアイガモに雑草を食べさせる農法もある。ただし，アイガモが入っていると水が絶えず濁り，光が届かず微小生物観察には適さない。また，稲が生長して水面に光が届かなくなると水田の中の生き物の様子も変わる。8月の暑い中，稲はわずかな時間に花を咲かせ，風を利用して受粉が行われる。豊かな実りのためにもっとも大切な時間である。稲の開花の優れた視聴覚教材もあるが，できれば直接観察させたいところである。

⑤ 農家での稲刈り体験

　農家は稲刈機を使うのがふつうであろうが，子どもたちの学習においては鎌を使っての稲刈り体験をすることが多い。秋空の下の稲刈りは，たいへんに充実した体験になり，その後，水田の掛け干しにされている稲わらのやぐらを見たとき，きっと豊かな体験の記憶が甦るだろう。

⑥ 脱穀と精米

　脱穀や精米も，いまは機械化されている。機械による脱穀や精米を観察することも大切であるが，脱穀から精米までを昔ながらの手作業で行うことで，機械の仕組みや先人の知恵や苦労を学ぶ機会にもなる。

⑦ 収穫祭（炊飯）

　秋に米は収穫され，炊飯や収穫祭など体験的学習が行われることが多い。米として食べるまでにどれだけの人の知恵と手がかかっているか，実感できる。「稲」や「米」からは，農業，食文化，生態系，経済，環境，農作業とかか

わる伝統芸能などのほか，気候変動や生物多様性などの課題も学ぶことができる。米はアジアを中心に世界中で食べられ，二期作，三期作の可能な地域もある。農薬を使わない米づくりと自然の厳しさ，安全な食への理解，冷害を乗り越えようとする人の力，米の品種と料理法など食文化，収穫への祈りと祭りなどさまざまな内容を展開することができる。

【実践事例】

気仙沼市立水梨小学校では，「田んぼを通して学ぶ『生きる力』」をテーマに，小学校の6年間を通して，地域の身近な自然や環境を知り，郷土を愛する心情と豊かな人間性や社会性をはぐくむことに取り組んでいる。

　1・2年生「田んぼの生きものを見つけよう」（生活科）
　3・4年生「田んぼまでの水の旅」と「昔の道具を知ろう」（総合的な学習の時間）
　5年生「水梨を知ろう（雑木林について）」（総合的な学習の時間）
　6年生「水梨歴史探検」（総合的な学習の時間）
　　5月「手作業での田植え」　　6月「はったんがけ（昔の農具）での除草」
　　9月「鎌を使っての稲刈り」　　10月「機械での脱穀」
　　11月「地域の方を招いての感謝祭」

子どもたちの変容：地域の自然や環境，文化などにふれ，地域の一員としての自覚が高まる。地域の伝統を守ろうとする気持ちが6年生に強くみられ，その思いは下級生にも伝わり，伝統を大切にする気持ちが育つ。

(3) 稲作から食農学習へ

日本の食料自給率の低さが，たびたび問題になる。学校での学習を通じて，安全な食の生産の重要性を知り，持続可能な農業を学んでほしい。学校では，地域性に根ざした環境教育を実践するところが多い。たとえば，宮城教育大学附属小学校では，「仙台学」を中心においた総合学習を進めており，仙台野菜や仙台名物の「ずんだ餅（大豆を潰した緑色の餡の餅）」を教材にしている。後者の場合，2年生が大豆の栽培を行い，6年生が稲の栽培を行い，秋に収穫した米と大豆で「ずんだ餅」をつくる。

気候変動が深刻な問題になっている現在，われわれは，未来の地球のための

農業や漁業がどうあるべきかを考え，自然環境に過度の負荷がかからないよう配慮しなければならない。食材である「肉」「魚」「野菜」が，どこで，どのように生産され，加工され，届けられるかについての知識は，賢い消費者になるためにも必要である。また，環境保全のためには，食材としている動物が，どのような場所で何を食べ育つのか，食物連鎖という概念を念頭において学ぶことも大切である。

4　学校と地域の連携

学校における環境教育を進めていくうえでも，また，高齢化や共同体活動の衰退，災害からの復興などの課題を抱える地域にとっても，環境教育を通じての学校と地域の連携は，今後ますます重要になっていくであろう。

(1)　教師と学校に求められるもの

学校の外部に支援や協力を依頼しようとしたとき，子どもたちを前に教師自身が生き生きと学ぶ姿を示すことが大切であり，支援者に指導いっさいを丸投げせず，教師が子どもたちに何を伝えたいか，学習させたいかなどの要望を支援者に積極的に伝え，相談することが大切である。

学校で環境教育を進める教師には，どのような能力が必要であろうか。環境教育が全校的に進んでいる学校をみると，そこにはあるべき教師の姿が見えてくる。

① リーダーとなる教師の存在の必要性

活発な環境教育を実施している学校をみると，必ずコーディネート能力をそなえたリーダー的教師の存在がある。また，学校によっては，校長あるいは教頭がその役割を果たしている場合もある。

その教師に期待される能力とは，1)指導計画の立案やカリキュラム・デザイン力，2)コーディネート能力，3)校長や仲間，支援者サイドへの説得力，4)支援者サイド（大学など）へのアクセス能力，5)地域内での連携力，などである。

② リーダーが力を発揮するために

リーダー的な教師が力を発揮するためには，1)同僚教員や校長の理解と支援，

2)教育委員会の理解，3)高等教育機関，研究機関，NPO，あるいは社会教育施設など知識ベースを支える組織の協力，4)保護者の理解と支援，などがあげられる。

(2) 支援機関として必要なこと

大学など「知識ベース」を支える支援機関には，①指導計画の開発と提供，②教育現場の課題を教師と共有し解決する姿勢，③質問や課題に呼応する基礎知識のデータベース化，③専門領域を越えたスタッフの連携，④教師のカリキュラム・デザイン力とコーディネート能力育成のための支援，⑤活動のための資金の獲得，などが求められる。このとき支援者は，教師や学校のおかれた状況を理解し，一方的な押しつけをすることにならないことが大切である。支援する側は，一方的に専門知識・経験・情報を提供するというのではなく，学校と教師，あるいは児童生徒から学ぶ，児童生徒と感動を共有するということも大切である。大学など支援機関は地域に貢献する代償として，地域からの信頼などさまざまな見返りを受けるのであるから，互いにWin-Winの関係を築くことができる。支援者は，学校が年間カリキュラムで動いていることと，子どもたちへの教育最終責任が学校にあることを忘れてはならない。

(3) 地域での成果の共有

結果を独り占めしたり，一人勝ちにならないように成果を周囲と共有すること，つまり他校への還元，地域への還元が，地域に受け入れてもらうために大切である。たとえば小学校の場合，市町村教育委員会の理解のもとに，一つの学校の成果を，近隣の小学校全体に広げ，小学校から中学校，中学校から管轄外の県立高校にまで理解と協力を得ながら，市全体の教育活動へと高めることが，環境教育の理念にかなう。

宮城県気仙沼市では，小・中・高校の系統的な実践という「垂直的リンク」と，この取り組みを地域の他の学校に広げる「水平的リンク」，そしてそれを，地域の知識ベースが支える「側面的リンク」という三つのリンクを形成し，この立体的な連携システムのもとで，地域が一体となった環境教育の推進を行っている（次ページ図12-1）。

気仙沼の環境教育推進の連携体制

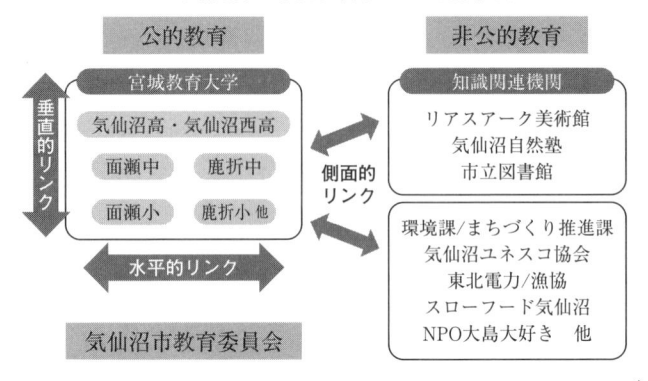

```
        公的教育                    非公的教育
   ┌─────────────────┐        ┌─────────────────┐
   │   宮城教育大学    │        │   知識関連機関   │
垂 │ 気仙沼高・気仙沼西高│        │ リアスアーク美術館│
直 │  面瀬中   鹿折中  │ ←側面的→│  気仙沼自然塾   │
的 │                  │  リンク │  市立図書館     │
リ │  面瀬小   鹿折小 他│        ├─────────────────┤
ン │                  │        │環境課/まちづくり推進課│
ク │                  │        │  気仙沼ユネスコ協会│
   │                  │        │  東北電力/漁協   │
   │                  │        │  スローフード気仙沼│
   │                  │        │  NPO大島大好き 他│
   └─────────────────┘        └─────────────────┘
       ←水平的リンク→
       気仙沼市教育委員会
```

図12-1 小学校・中学校・高校が連携した環境教育の取り組みの例[1]
(気仙沼ESD/RCE推進委員会　2006.11.8)

　地域としての成果を上げるためには，教師，学校，教育委員会などそれぞれのステークホルダーのたゆまぬ努力が大切である。学校という教育現場は教師や管理職である校長の異動があり，人が変わるとそれまでの活動の継続がくずれがちである。地域全体の高い意識と学校教師集団の中で培った伝統は，教師力や学校としての教育力の向上を可能とする。

(4)　**学校を中心とした地域ネットワーク**

　既に述べたように環境教育は，広い学際領域を含むため，それぞれの学校の活動に応じた支援ネットワークが必要である。

　気仙沼市立面瀬小学校では，地域や大学等の専門機関と連携し，必要な専門的知識や技術を積極的に導入して，子どもの探求心やニーズに応じた深まりのある学習を展開した。そのための体制として，実践プログラムを支援する地域の産業団体や専門機関，行政など約20団体からなる「プロジェクト連携推進委員会」を組織し，専門機関と地域のネットワークで統合された地域力を生かしながら，環境教育を基軸にESDを推進した（図12-2）。もちろん，これらの団体が一度にネットワークに加わったわけではなく，専門的な知識の供与，実践プログラム作成上の支援，ゲスト・ティーチャーの依頼，資金獲得など，支援者との信頼を築きながら一つひとつ丁寧に結んでいった結果である。

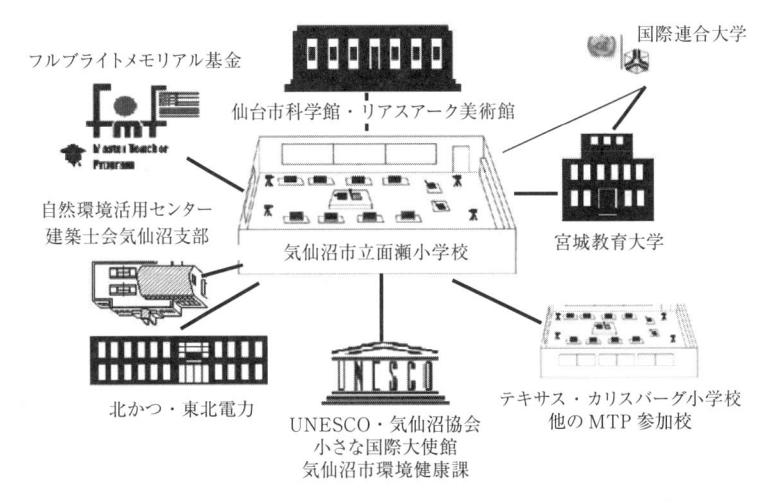

図12-2 学校中心のネットワーク（気仙沼市立面瀬小学校）[2]

　このネットワークでは，知識ベースの中核を宮城教育大学が担当したが，大学が気仙沼市教育委員会と連携協定を結んだこともネットワークの安定化に寄与したといえる。

　その結果，宮城教育大学にとって気仙沼市が重要な教育研究の場になっており，互いにWin-Winの関係を築くことができ，10年以上の長期にわたる連携が可能になっている。現在は大学の支援拠点として市立連携センターが設立されている。

4　東日本大震災時における学校と地域との連携の果たした役割

　気仙沼市は，これまでも，明治29（1896）年や昭和8（1933）年の三陸大津波，そして昭和35（1960）年チリ地震津波など，幾度となく津波に襲われ，そのたびに被災した経験をもつことから，住民の津波に対する防災意識は高く，これまで避難訓練や防災教育に積極的に取り組んできた。近年では，近い将来高い確率で発生が予想されていた「宮城県沖地震」を想定して，市では，市の各地域の地形や環境を分析し，津波の浸水想定地域を予想してハザードマップを作成するとともに，各地域の学校や自治会は学校や地域の環境や状況に応じて防

災マニュアルを作成し，行政等と連携しながら繰り返し防災教育・訓練を実施してきた。

しかし，2011年3月11日に発生した東日本大震災によって，状況は一変した。気仙沼が誇る美しくも豊かな海辺の自然環境は，未曾有の大津波によってことごとく破壊され，市の基幹産業である水産業や水産加工業，観光業など，海を基盤する産業も大きな打撃を受けた。さらには，地域の大半が津波や大火災で被災し，避難所や他地域に避難せざるをえないなど，地域の社会構造そのものも大きな変化を余儀なくされている。

このような中で，環境教育を基軸とするESDによってはぐくまれ，構築されてきた地域とのきずなが，今回どのように機能したのかを紹介したい。

(1) 気仙沼の環境教育を通した学校と地域のつながりの醸成

気仙沼市は，宮城県の北東部，「陸中海岸国立公園」の南玄関口に位置する水産と観光が中心の小さな港町である。リアス式の美しい海岸線を有し，「森」「川」「海」がコンパクトにそろっており，その豊かな自然環境を生かして，環境教育，食育，国際理解教育，そして，防災教育等の特色ある教育活動を推進してきた。漁師たちが，海の幸をはぐくむ豊かな森を育てるため，山に植樹する「森は海の恋人」運動や，恵まれた食材に支えられた「食彩豊かな地域社会の創造」をめざして日本で初めて行った「スローフード都市宣言」，さらには，日本有数の遠洋漁業基地として「国際水産文化都市」を標榜するなど，地域に根ざしながらも海外とも積極的に交流を図り，「持続可能な社会づくり」をめざした活動を展開してきた。

一方，学校教育においては，今世紀初頭から市内の学校が，地域の多様なセクターや専門機関，そして国際機関と連携強化を図りながら地域の環境や課題をテーマに海外の学校と共同で，ローカルとグローバルの視点を併せもった国際的な教育を展開してきた。現在，この取り組みは，市内の小・中・高校が連携した取り組みへと発展するとともに，地域の他の学校へも波及しつつあり，気仙沼市の教育全体のコンセプトとなっている。

こうした広範な協力体制のもとでの教育活動が評価され，気仙沼市は，

2005年からスタートした「国連・持続可能な発展のための教育の10年」(DESD)のモデルとして，国連大学からESD普及の地域拠点である「仙台広域圏RCE (Regional Centres of Expertise)」に認定され，世界のESD推進の一翼を担うことになった。

さらに，2008年からは，学校教育の更なる質の向上を図るために市内の各校が，文部科学省が推奨するユネスコスクールに積極的に申請し，現在，幼・小・中・高校合わせて1市町村としては全国最多の35校の加盟が認められるなど，学校教育におけるESDの先進地域として評価されるまでになった。

気仙沼市は，このような教育施策により，地域とのきずなを基盤に，国際的な視野から自分たちの地域のよさや課題をとらえ直すことを通して，地域への愛情と豊かな国際感覚の育成をめざしてきたのである。

(2) **震災直後の学校と地域の連携による緊急避難**

しかし，悲劇は突然訪れた。中学校の卒業式を翌日に控えた3月11日金曜日午後2時46分，気仙沼の位置する宮城県沖を震源とするマグニチュード9.0の巨大地震（東北地方太平洋沖地震）が東日本を襲った。立っていられないほどの激しい揺れは5分近くも続き，それから30分ほどして，「千年に一度」といわれる想像を絶する巨大津波が東日本沿岸一帯を襲ったのである。

この大津波により気仙沼の海岸沿いの集落や湾の奥に広がる市街地は，壊滅的な被害を受けた。また，津波によって湾に流された多数の石油タンクから漏れ出した油に引火し，10日以上も燃え続け北部の市街地を焼き尽くした。

この巨大地震と津波により，電気・水道等のライフライン，電話やインターネット等の通信網，そして，道路や鉄道等の交通手段のすべてが，一瞬にして寸断され，気仙沼市のほとんどの学校および地域は，孤立状態に陥った。まさしく「陸の孤島」となったのである。

このような孤立した状況の中で，各学校や地域には，「子どもや地域住民の命をいかに守るか」という緊急かつ重大な責務が課せられた。

気仙沼市では，これまで，近い将来予想される地震と津波に備え，各学校で防災マニュアルを策定し，さまざまな状況を想定しながら繰り返し避難訓練も

行ってきた。しかしながら，今回の震災の規模は，その想定やマニュアルを遙かに超えるまさに「未曾有」のものだった。しかも，地域がおかれた地理的条件や社会的状況により被害の大きさやその性質が大きく異なったため，その対処は著しく難しいものとなった。加えて，通信網の寸断により，行政からの指示や情報，他地域との連絡が途絶え，何の情報もない中で，学校や地域は，独自の判断や選択を迫られることとなったのである。

このような過酷な状況の中で，気仙沼市の各学校や地域では，教師や地域住民たちの知恵と経験と勇気とによるぎりぎりの避難・脱出行動が繰り広げられた。

ある小学校では，港から2kmほども離れているにもかかわらず，2m近い津波が学校に押し寄せた。校庭に避難していた数百人の子どもたちを連れて，校長をはじめ教職員は，線路の上や工事用の事務所など，5か所も避難場所を渡り歩きながら，そして最終的には地域の寺院に子どもたちを受け入れてもらい，そこで数日避難して，迫り来る津波から子どもたちの命を守った。

また，気仙沼湾の入り口に位置する高校には，地震発生から30分ほどで高さ20m近くの津波が押し寄せた。津波は，校舎の1階から2階，そして，3階を襲い，4階の一部も破壊した。150人ほどの生徒たちは，教師の先導で近くの高台の避難所に走って逃げたが，そこにも津波が迫り，さらに1km以上も走って二次避難所の小学校まで避難した。逃げ遅れた40人ほどの教職員と周辺の地域住民は校舎の屋上に避難し，翌日，流れ着いた船に乗り込んで，まだ海水に取り囲まれた学校から近くの高台に脱出した。

さらには，港の近くの公民館には，大津波警報とともに，周辺の保育所の園児や住民，工場等で働く市民などが多数避難したが，津波は，みるみる敷地内に押し寄せ，そのかさを増していった。避難した住民や園児は2階から3階と避難したが，そこにも津波が迫ってきたため，最後は屋上にまで逃げざるを得なかった。雪が舞い散る中，教員と地域住民は互いに，寒さと飢えで震える幼い子どもや老人たちを，ヘリコプターが救出に来るまで昼夜にわたって励まし，守り続けた。

この他にも，気仙沼の各地域では，教職員と地域住民が一丸となって子どもたちや地域住民の命を守るためにぎりぎりの判断をし，全力を尽くした。そのこともあって，気仙沼市の学校においては，被災当時，学校にいた児童生徒の中では，だれひとり，命を落とした子どもはいなかったのである。

(3) 学校・教育再生への道のり

　震災直後から，ほとんどの学校には多くの避難民が押し寄せ，避難所となった。大規模な被災で避難所が100か所以上にも上ったうえに，交通網が寸断されていたこともあり，市役所職員をすべての避難所に配置できずに，教職員の多くが地域住民と協力し，避難所経営や支援にあたることになった。教職員自らの家族の安否も不明な中，避難民の受け入れや炊き出し，食料や物資の運搬や調達など，それぞれの学校で避難民の対応にあたった。その一方では，通信手段がない中で，教師たちは，地域の協力を得ながら避難所や学区を聞き回ったり，張り紙をしたりしながら子どもたちと保護者の安否確認や被害状況の把握，臨時休業や卒業式等の行事のお知らせなど，情報収集と連絡に奔走した。

　このような避難所経営や震災時の学校経営においては，学校と地域とのきずながとても大きな機能を果たした。それまで，環境教育やふるさと教育（地域学習）等のESDを通して，地域の連携を積極的に推進してきた学校や地域においては，物資や情報の共有化が図られることで，学校と避難民の立場や利害が対立せずに避難所経営が円滑に行われ，復興に向けたプロセスにいち早く移行することができたのである。

　震災から数日経つと，自家用車流出や深刻化したガソリン不足の影響で，教職員の通勤もままならなくなった。それでも教職員は，何キロも徒歩で通勤したり，学校に泊まり込んだり，乗り合わせで通勤したりしながら，被災した校舎内の泥かきや散乱した備品の片付け，行事等の準備や家庭訪問など学校再開に向けて準備を進めた。

　しかしながら，学校再開に向けては，多くの課題が山積していた。

　電気や水道などのライフラインは，新年度の4月入っても，未だに復旧せず，子どもたちは，学区を越えた広域の100以上もの避難所に避難していて，食料

や衣類，文房具なども満足に行き渡らない状況であった。一方，学校も，体育館のみならず教室も避難所として提供していたところが多く，また，自衛隊や警察，消防の駐屯地や遺体安置所として提供している学校施設も多くあった。

しかし，市教育委員会と各学校は，「教育の再生は，地域の復興を牽引する」との思いで，「震災の中での学校再開」を合い言葉に，不十分なインフラや多くの制約の中でも，学校再開をめざして一つひとつ課題解決に取り組んだ。

避難民と話し合い，学校再開に必要な最低限の教室を確保し，地元のバス会社の協力を得て学区を越えて避難している子どもたちのためにスクールバスを走らせ，なるべく早い完全給食への移行と災害救助法を適用した弁当の提供などの施策を行った。

そして，ついに，2011年4月21日木曜日に，市内の全小中学校が一斉に新年度のスタートを切ることができた。

このように，気仙沼市の教職員は，この未曾有の困難の中でも，地域住民と互いに協力しながら，子どもたちの命を守るために，地域住民の避難のために，そして，学校と教育の再生のために，持てる力のすべてを注ぎ込んで，使命を果たそうと努力した。

(4) 震災復興と環境教育ではぐくむべき力

このたびの大震災の経験を通して，この震災を乗り越えるために，教師や子どもたち，そして地域住民がもつどのような能力が生きたのか。また，今後，復興に向けて，どのような資質・能力をはぐくまなければならないのかを考える。

冒頭にも述べたように，気仙沼市では，地域全体で国際環境教育を基軸とするESDを推進し，子どもたちに「持続可能な未来の担い手」となるために必要な力をはぐくむことをめざしてきた。

また，それと同時に，2000年のPISAの結果が公表されて以来，PISAで求められるリテラシーの重要性を認識し，ESDの体験・探究的な学習アプローチとプロセスを通して，これらの育成にも努めてきた。

今回の震災では，各学校が各場面で直面する緊急かつ重要な課題に対して，

さまざまな情報を相互的に活用して，自立的に判断し行動して解決しなければならなかった。そして，そのためには，教職員が一致団結し，コミュニティや消防，警察，自衛隊や米軍にいたるまでさまざまなセクターとの協力関係を構築する必要があった。気仙沼市は，これまで環境教育を基軸とするESDを通して，これらの「相互的な活用能力」や「自立的な思考・判断・行動力」の育成，地域や海外の「さまざまなセクターや人々とのパートナーシップの構築」を実践する教育活動を展開してきた。これらは，まさにOECDが「知識基盤社会」の時代を担う子どもたちに必要と位置づける，①社会的・文化的・技術的ツールを相互作用的に活用する力，②多様な社会グループにおける人間関係形成能力，③自立的に行動する能力，の三つの「主要能力（キー・コンピテンシー）」に通じるものだと考える。

　国の教育振興基本計画に記述してあるように，ESDとOECDによるキー・コンピテンシーは，新教育基本法の理念と軌を一にするものであり，子どもたちに「生きる力」をはぐくみ，未来の担い手として育成する重要な教育理念である。そして，このたびの震災においても，これは，危機管理や避難対応等で確かに機能したといえるし，今後の学校および地域の復興プロセスにおいても，重要な理念になると確信する。そして，そのなかでも，地域とのきずなを基盤に「多様な社会グループにおいて人間関係を形成する能力」は，「自助」「共助」「公助」をサイクルとする防災教育においては，重要な要素となるものである。

(5)　未来への希望ときずな

　最後に，震災の中で行われたある中学校の卒業式の答辞の一節を紹介する。この短い言葉の一つひとつに，震災の困難の中でも，気仙沼に住む人々の未来への希望ときずなの大切さが込められている。

　　「『階上中学校』といえば，『防災教育』と言われ，内外から高く評価され，十分な訓練もしていた私たちでした。しかし，自然の猛威の前には人間の力はあまりにも無力で，私たちから大切なものを容赦なく奪っていきました。
　　　天から与えられた試練と言うにはひどすぎるものでした。辛くて，悔しくてたまりません。

しかし，苦境にあっても天を恨まず，運命に耐え，助け合っていくことが，これからの私たちの使命です」

《ディスカッション》
1. 学校と地域の交流を進めるうえで，教師として，あるいは地域住民としてもっとも重要なことは何か。
2. 国境を越えた学校間交流を行う場合，環境にかかわるテーマとしてどのようなものを設定するとよいか。

〈注・文献〉
1) 気仙沼市教育委員会・宮城教育大学・文部科学省・日本ユネスコ国内委員会（2009）「メビウス～持続可能な循環～ Mobius for Sustainability」（及川幸彦　編集・執筆）
2) 及川幸彦「ESD進展に向けた地域及び海外の専門知識との連携と協働」（2008）国連大学グローバルセミナー東北セッション論文

【さらなる学習のために】
・富山和子（1995）『お米は生きている』講談社

コラム　マータイさんの"もったいない"

　ケニア出身の環境保護活動家であるワンガリ・マータイさんによって有名になった"もったいない"という言葉にみられるように，日本人は古来，自然の恵みを無駄にしないよう大切にしてきた。森羅万象に対して，自然は時として大きな災害をもたらすが，畏敬の念や慈しみ，感謝の念をもって接してきた。山の幸の収穫においても，キノコや山菜のタラノメにしても，採り尽くすのではなく，来年のために自然の一部を残すという習慣をもつ地方がある。1個だけ木の上に残しておく「木守の柿」も自然への感謝の現れであろう。忘れられた"もったいない"という言葉の価値を呼び起こすのも地域のESDであり，世代間の交流を通じた地域の教育力である。

（見上一幸・及川幸彦）

13章　環境教育の目的と方法⑤
―― 多様なステークホルダーとの連携 ――

【目標とポイント】
学校，NGO，メディア，企業など多様なステークホルダーの特徴を理解し，その連携について地域社会，行政を中心に実践事例を学ぶ。

キーワード
公害，自然保護，地球環境，コーディネーター，相互理解

1　ステークホルダーと環境教育の分野

　環境教育は「環境」と「教育」が一緒になったものである。環境は非常に幅の広い概念であり，公害から自然保護の問題，そして地球環境問題へと果てしなく広がる。教育も幼児から児童生徒，高等教育，そして生涯学習までの広範囲の学習者を対象としている。この環境と教育を組み合わせた概念もまたどこまでも広がっていく。すなわち環境教育は，それをつくるうえで，かなり広い範囲で思考する研究が必要であり，その実践においては，当然，多様な担い手を必要とする。すなわち，環境教育の大きな特徴は，多様なステークホルダー（利害関係者）の協力連携が必要ということである。

　環境教育に関するステークホルダーは学校，NGO，メディア，企業，地域社会，市民，行政など多様である。また，環境教育の対象分野も多彩であって，自然，生活，地球などの大きな枠組みの中に，それぞれ細分化された分野が存在する。このステークホルダーと対象分野との組み合わせが一つひとつの環境教育の場面となる。

　図13-1のように，左側のステークホルダーと右側の対象分野との間に幾重にも線が結ばれ（線は例示），その一本一本が環境教育の実践活動となる。

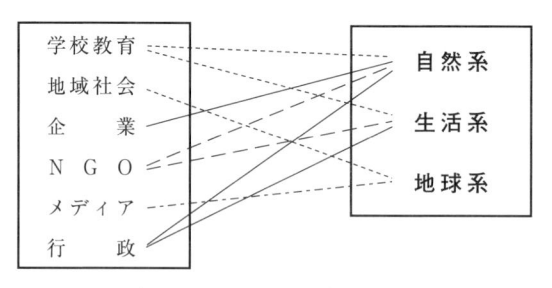

図 13-1 多様なステークホルダーと環境教育の分野

2　各ステークホルダーの特色

(1) 学　校

　学校は，環境教育にとって第一に念頭におくべきステークホルダーである。後述するように，日本では学校教育の内容・構成は学習指導要領を通じて高度に体系づけられており，総合的かつ体系的に環境教育を実施するためには，学校の果たす役割は非常に大きい。

　近年，環境問題は非常に複雑になってきており，理解することは簡単ではない。特に，地球環境問題は構造が複雑で，専門的知識が必要になることもある。たとえば「京都議定書」という言葉を知っていても，その中身を具体的に知る人は少なく，一般市民にはなかなか理解できないことが多い。

　1980年ごろまでは，環境問題はおもに公害と自然破壊の問題に限られていた。いずれも基本的には，ある特定の地域の問題であった。公害では加害企業と被害者（患者）の裁判と，監督官庁である環境庁（現環境省），厚生省（現厚生労働省）などが責任をどうとるかで話は終わっていた。開発か自然保護かを争う問題においても，多くの場合，当事者と研究者，地域行政の間の論争・調整あるいは差し止め訴訟で決着がついていた。これに対し，地球規模の環境問題が出現してくると，事態は急に複雑になってきた。温暖化やオゾン層の破壊といった地球環境問題は，地球全体にまたがる問題であり，被害者と加害者が入り組んでいる。さらには，原因究明が困難である場合が多い。解決への政策も複雑で，途上国と先進工業国とのせめぎあいもある。政治外交上の問題や経

済も絡んでくる。前述の京都議定書にしても，たとえば排出量取引やクリーン開発メカニズム（CDM）などの政策について，詳しく知る人は少ない。

　このような地球規模の環境問題を正確に理解するためには，系統立てた学習が不可欠となる。ここで，学校は大きな役割を果たさなければならない。日本国民がみなローカルからグローバルまでの環境問題を理解しているという状況は，個々人の私的な興味・関心にのみ立脚していては現実には達成不可能だからである。そのため理想的には，環境や環境問題を取り扱うための「環境科」のような独立教科を必履修科目として設置し，すべての児童生徒たちに理解してもらうのが望ましいだろう。教科として設置され学習指導要領や検定教科書が作成されれば，全国一斉に体系的な学習機会が提供されることになるからである。たとえば，小学生で漢字を九百字以上覚えるというような大変難しいことも，教科の内容として明確に位置づけられているからこそ，すべての教師や児童が真剣に取り組むのである。環境問題は，21世紀の最大の課題の一つであることはまちがいない。人類最大の課題を前に，学校で教科として扱うのは当然のことではないか。他の教科と比べても，その重要性は明らかである。

　しかしながら，現在，特設科目などの形で学校独自に設置している場合を別にすると，学校に教科としての「環境」は存在しない。文部科学省は2007年に小学校版『環境教育指導資料』を改訂するなどして，教科横断的に，環境教育のさらなる普及を図っている。いまでは，総合的な学習の時間を使って，集中的に環境問題を教えている学校も少なくない。また，熱心な教師が担任学級や担当教科で環境問題を取り上げていることも多い。教育委員会や学校単位で，系統的な指導方針が定められているところもある。とはいえ，全体的にはそれらはまだ少数派であり，多くの学校では断片的・非体系的な取り扱いがほとんどである。こうした状況を放置すれば，世界の趨勢から取り残され，持続可能な社会の実現もおぼつかない。学校の中で，教科横断的に，さらにできれば単独教科として，環境教育をいっそう推進していかなければならない。

(2) NGO

　環境NGO（NPOを含む）の活動には反公害運動や自然保護，途上国への環境支援，地球環境問題への対応などさまざまな形がある。こうした活動に参加し，支援することも有効な環境教育の実践であるといえる。

　日本の環境NGO活動は，反公害運動に始まった。古くは足尾鉱毒事件に対する反対運動，そして戦後の四大公害に代表される公害への反対運動へと続く。

　足尾鉱毒事件における栃木県選出の国会議員・田中正造の奮闘および地域住民の反対運動は悲惨を極めた。足尾銅山からの鉱毒を含んだ水が渡良瀬川に流れ込み，洪水のたびに稲作に被害をもたらす。怒った農民が鉱毒反対を訴え，田中正造がその支援をした。しかし，政府は耳を貸さず，鉱山は鉱毒の処理を不完全にしたまま存続した。さらに渡良瀬川に遊水池を造ることになり，移転を迫られた農民が反対運動を始めた。田中正造もこれに参加したが，結局は政府に押し切られた。東京ではキリスト教の婦人連盟や学生が支援の輪を広げたが，日清・日露の戦争の波にかき消されてしまった。

　戦後は経済の高度成長政策に日本中が酔いしれ，長く環境破壊に気がつかなかった。九州の水俣で「奇病発生」が報じられたのが1956（昭和31）年，また東海道に連なる工業都市が次々と工場排煙と水質汚濁に巻き込まれ，日本の大都市は公害に苦しむようになり，列島総汚染という状況になった。四大公害と呼ばれる熊本県の水俣病，四日市市のぜんそく，富山県のイタイイタイ病，新潟水俣病をはじめ，全国各地で激しい公害が次々と明るみに出た。健康被害を受けた患者が中心となって反公害運動が盛り上がり，若手弁護士や市民活動家が支援を続けた。地域の小中学校でも教員が児童生徒に公害の恐ろしさを説いた。こうした動きが政府を動かし，当時の佐藤内閣は1970（昭和45）年末に14本の公害関連法を成立させ，ようやく対策が本格化した。次いで公害裁判の判決が出始め，1971（昭和46）年6月，イタイイタイ病で患者側が勝利したほか，四大公害は全面的に患者，市民側が勝訴した。

　公害をめぐる一連の流れは，日本における市民運動の力が少しずつ成長してきたことを示している。この流れをさらに進めたのが自然破壊をめぐる反対運

動である。田中内閣の列島改造計画に象徴される道路・ダム建設，リゾート開発，ゴルフ場開発などで各地の自然，特に里山が破壊された。奥山はスーパー林道の建設で寸断された。海岸線はコンクリートに変わっていった。これに対し，日本自然保護協会をはじめ全国のさまざまな自然保護団体が立ち上がり，全国各地で「開発か保護か」の論争が起こった。しかし，あまりにも自然を傷つけたため，1980年代には自然保護派の市民の声のほうが強くなり，一定規模以上の開発行為には環境アセスメントが義務化され，保護対策が付帯していない開発は認められなくなってきた。

　明治以来，政府が推し進めてきた政策の陰の部分が公害であり，自然破壊であったため，これに反対する動きは必然的に反政府側に足場を置くことになり，野党との共闘を生む結果となった。このため日本の環境NGOには反政府の影がつきまとい，長い間一般に浸透しなかった。

　しかし1980年代後半に温暖化やオゾン層の破壊といった地球規模の環境問題が表面化するようになると，企業も政府もNGOも反目している場合ではないことに気づくようになった。1992年のリオデジャネイロでの地球サミット以降，経済界が急速に環境対応に取り組み始め，それまで対立的であった環境NGOとの対話が進み始めた。同じように政府と環境NGOとの共同作業もみられるようになった。1999年には日本野鳥の会が読売新聞，NECと協力して九州からシベリアにいたる鶴の渡り調査を行い，世界的な評価を受けた。1987年に設立された公益社団法人日本環境教育フォーラムは，積極的に行政や企業との協働を進め，企業や行政とNGOとの共同作業のさきがけとなった。

(3) **メディア**

　環境教育においてもっとも影響力のあるステークホルダーの一つがメディアである。学校やNGOと違って短期的に力を発揮する。たとえば1992年，リオデジャネイロで開かれた地球サミットの際には，洪水のような大量報道によって地球環境問題がほとんどの国民に理解されるようになった。日本において地球環境問題が新聞などで報道され始めたのは1980年代後半であった。1988年，読売新聞が一面で「地球環境を守る」と題する年間60回の連載を行った

のを皮切りに，新聞各紙，テレビが相次いで地球環境問題について報道し始めた。しかしまだ「難しくてよくわからない」というのが一般の反応だった。オゾン層が何であるか，温暖化というのはどういったメカニズムなのか，野生生物はどうして激減しているのか，といったことについて国民には理解するための基礎知識が欠けていた。新聞報道する際には，「オゾン層とは何か」「温暖化とは何か」などについて説明を繰り返さなければならなかった。

　それが1992年の地球サミット前後の大量報道により，小学生でも温暖化についての基礎知識をもつようになり，だれもが紫外線の害やオゾン層について一定程度理解するようになった。92年以降は企業が「環境にやさしい」ことを積極的に宣伝・広報するようになった。21世紀に入ると「環境にやさしい」「自然とともに」といったキャッチフレーズが多くの国民の支持を得るようになった。自然破壊を伴う開発行為や環境破壊的な企業経営は減少している。これは報道，宣伝・広告などを含めたメディアの力によるものであろう。

　古くは足尾鉱毒事件で，田中正造が新聞社や雑誌社の記者を連れて現地入りした影響で新聞，雑誌が盛んに足尾鉱毒事件を報道するようになり，東京を中心に大きな反対運動が広がった経験がある。また，戦後の公害の際，地域の公害が住民に告発され，それが地方紙に掲載され，やがて全国紙に飛び火する形で大きな問題に発展し，政府が動いて法律ができたり，対策が練られたりするようになった歴史がある。

　逆に，メディアが積極的に動かなかったことにより，重大な事件が長らく人目に触れなかった苦い経験もある。水俣病がその例である。1956年5月，地方紙に掲載された「奇病発見」の記事は全国紙には報道されなかった。その後，水俣病は事実上10年以上も放置された。その間，多数の患者が苦闘し，亡くなっていった。これは報道がその責務を果たさなかったことにより被害が拡大したといえるであろう。それ以前に行政の怠慢が指摘されるが，報道側にも大きな責任があることを指摘しておきたい。

　近年は，新聞や雑誌を上回るほどに，テレビやインターネットなど，電波・情報通信メディアの影響が強くなってきている。特にテレビの影響力は強い。

テレビは視覚的に訴えることができるので，複雑な環境問題を易しく解説するにはうってつけの媒体である。テレビ番組を利用した環境教育には可能性が無限にある。ニュース報道だけではなく，芸能人やスポーツ選手などを起用し，広く一般に呼びかけるのも効果的であろう。

インターネットを利用した環境教育も有効である。これまではマスメディアが一方通行的にニュースを送り続けてきたが，いまではインターネットを通じて双方向のコミュニケーションが可能となっている。ニュースや報道のあり方も大きく変わってくるはずである。これまでの概念とは全く違った形のメディアの新たな役割が期待できそうである。このように現代ではメディアはよくも悪くも大きな影響力をもつ。その影響力をどのように使って環境教育を有効なものにしていくかを考えなくてはならない。

(4) 企　業

1991年，日本経済団体連合会（経団連）は「地球環境憲章」を発表した。この憲章は経団連首脳部の強い意志のもとに作成された。当時，経済界は一部を除き，まだ環境問題に真剣には対応していなかった。長い公害対策で苦労してきただけに経済界の首脳陣は環境問題に対する拒否反応が強く，環境庁（当時）に対しても友好的ではなかった。しかし，経団連首脳部は強いリーダーシップを発揮し，「経済より環境を優先する」という考えのもとにこの憲章を作成した。それまで経済界では「経済あっての環境」という考えが強かった。その考えをほぼ逆転させたのである。この憲章を機に日本の経済界は地球環境問題に真剣に対処するようになった。翌年の地球サミットには経団連も使節団を派遣し，サミット後，大手企業は競って地球環境室を設置するようになった。

それまで，製造業を営む企業は公害の元凶とされ，四大公害裁判以降は公害対策に莫大な投資を強いられてきた。そのおかげで日本の激しい公害は1970年以来，短期間で収束していった。しかし，その後もリゾート開発などに伴う自然破壊でも企業は先頭に立つ形になり，環境NGOなどから批判され続けていた。このため公害対策や自然保護について，経済界には「無理にやらされている」といった意識が残っており，環境対策は「おつきあい」といった程度の

気持ちで対応していた企業が多かった。

しかし，この憲章が発表されて以来，企業は次々に変わっていった。地球環境問題の認識が広まり，企業といえども地球市民の一員であるから環境保全への義務がある，という考えが広まっていった。企業内の担当者の認識が深まるとともに企業内部に環境意識がしみこむようになった。

1997年12月，トヨタ自動車はハイブリッド・エンジンを搭載した新型車プリウスを発表し，気候変動枠組条約第3回締約国会議（COP3）が開催されている京都市の会議場に持ち込んだ。トヨタ自動車は当初，同レベルの他社の車に比べ，価格が高かったため，プリウスは売れないだろうと見込んでいた。しかし発売後，徐々に売れ行きが増し，ハイブリッド車はトヨタ自動車の看板技術となった。その後，他のいくつかの車種にもハイブリッド・エンジンを搭載するようになり，トヨタ自動車は環境にやさしい車は売れると認識した。すなわち，「環境」を本業に取り込むようになったわけで，環境に心を配ることが本業の成否を左右するほど重要であることを理解したのである。プリウスの成功以後，他の多くの企業も「環境」を企業経営の柱として取り込むようになった。

こうした経験を踏まえ，日本の企業は，世界に冠たる公害防止技術を駆使しながら温暖化をはじめ地球環境問題に本格的に取り組むようになった。欧米各国の企業は，一つの企業としては公害防止の面で突出した対応をしているところがあるが，業界全体の足並みがそろっているわけではない。一方，日本の産業界は突出した企業は少ないものの業界全体として，また国全体としての公害防止技術の水準は世界でもっとも優れているといわれ，今後も世界の環境改善技術をリードしていくことが期待される。

企業の社会的責任（CSR）の観点から環境改善に取り組む企業も多く，その場合は一般市民を対象にさまざまな環境教育を展開している。また，新入社員研修や幹部社員研修などに環境問題の研修を義務づけている企業も多い。日本商工会議所では「エコ検定」を行っており，2010年の受験者数は16万人を超えている。表13-1は公益社団法人日本環境教育フォーラムと共同で環境教育

事業を行っている企業とそのプロジェクトの例であるが，都市型環境教育から自然体験まで非常に幅広い展開となっている。

表 13-1　日本環境教育フォーラムと企業との共同事業（左はプロジェクト，右は企業）

市民のための環境公開講座	損保ジャパン	伊賀エンゼル自然塾	森永製菓
森の人づくり講座	NEC	きのこ・たけのこ里山学校	明治製菓
アサヒビール環境文化講座	アサヒビール	エコアイデアワークショップ	パナソニック
学校の環境教育支援	コスモ石油	イオン環境塾	イオン1％クラブ
ニッセイみどりの環境講座	日本生命	環境若武者育成塾	アサヒビール
王子の森自然学校	王子製紙	守ろう地球のたからもの	三菱東京UFJ
アサヒ・J-POWER 風の子塾	電源開発	DENSO YOUTH EARTH Action	デンソー
GEMS普及プロジェクト	小学館	インドネシア環境教育支援	トヨタ

3　ステークホルダーの連携

(1) 地域社会における連携

　さまざまな環境問題を改善の方向に導くためには，多様なステークホルダーの協力が必要になる。多くのステークホルダーが連携して活動することによって，効果が上がっている事例も多い。その典型的な姿は，地域社会でよく見られる。比較的小規模な範囲で，顔が見える範囲での提携だからお互いを信用できるという利点があるからであろう。

　東京都江戸川区の事例を見てみよう。江戸川区は東京の東に位置し，人口は68万人である。2000年，江戸川区と市民が共同で，環境教育を主業務とするNPO法人「えどがわエコセンター」を設立した。当面は区が資金援助しながら団体としての力をつけ，徐々に区の環境関連業務をNPOに移管していく構想である。将来は区の業務の多くを受託し，区の職員，業務をスリム化していくねらいである。

　えどがわエコセンターの特徴は，区内の環境改善を商店街や学校，町内会，

中小企業団体などと連携して行っていることである。環境に熱心な一部の市民が主導するのではなく、ごくふつうの生活者が率先して環境改善に立ち上がる仕組みを模索している。そうでなければ地に足が着いた活動はできないという信念からである。

区内にある97の商店街と連携して、エコ商店街を設置している。エコバッグを配布したり、エコ祭りを開いたり、打ち水を行ったりしている。

学校はグリーンプラン校という名称で毎年7〜10校ずつエコ化している。卒業生のお古の上履きを皆が使えるようにしたり、雨水の活用、アルミ缶のリサイクル活動、教科・領域での環境学習の充実、金魚の飼育を通した環境学習、電気・ガス・水道等の使用量の削減などを行っている。

江戸川区の全町内会が結集して1970年から「環境を良くする運動」を開始し、現在も継承している。主としてゴミ対策だが、生ゴミ半減運動やプラスチックの分別回収を行っている。町内会連合会の役員がエコセンターの役員に就任し、地域とエコセンターのパイプ役となっている。

中小企業向けには、えどがわエコセンター認定の「Eカンパニー制度」を発足させている。電気・水道・ガスのいずれか一つを減らした実績があればこの認証を得られる江戸川版ISOである。それほどハードルが高くなく、だれでもエコ活動に参加できるようにと設けられた制度で、2010年末に区内の136事業所がこの認証を受けている。エコカンパニーの認証を受けても直接的なメリットはないが、仕事に対して従業員や家族の誇りが生まれると喜ばれている。

フリーマーケットの開催　　　　　　ゆずジャムづくり講習会

(2) 行政の役割

　江戸川区の事例のように地域の連携には行政の力が不可欠となる。しかし行政とNPOや市民団体との間にはまだ意識のずれが目立つ。行政サイドは従来どおり，行政主導で物事を進めようとしがちで，NPOは従来の路線を改革しようとすることが多い。お互いに相手の立場を理解していないまま連携事業を進めても結局はうまくいかない。

　えどがわエコセンターのように行政とNPO，学校，商店街，町内会などを結びつけるコーディネーターが必要である。行政で通用するルールや言葉は必ずしも一般市民でのルールや言葉と同じではない。

　東京湾最奥部にある三番瀬（千葉県市川市）の埋め立てが中止になり，2002年，その再生方法の議論について市民主導の「三番瀬再生計画検討会議」で計画を立てることになった。しかし，会議の議論はなかなか収束できず，1年の予定が2年かかった。そのもっとも大きな理由は会議のルールが明確でなかったことである。本委員会のほかに作業部会が多く設けられ，そこでの決定を本委員会で審議し，進んでいく方法だったが，作業部会の決定に不満をもった人が，本委員会でまた作業部会の決定に反対意見を述べるといったことが頻発した。はじめに本委員会と作業部会の関係や議論の後の採決には従うといった基本的な体制が確認されていなかったからだ。

　また，言葉の違いも大きかった。漁師たちが「きれいな海」というとそれは1960年代の海だが，一部NPOの「きれいな海」は1980年代ぐらい，穴ジャコが生息する程度の「きれいさ」であった。同じように「きれいな海」といっても，ステークホルダーごとに「きれい」のレベルが違っていた。活気あふれる地域，自然環境豊かな地域といっても各自がイメージするものはかなり違っていた。

　行政のほうは，以前からの習性で会議において主導的な役割を果たそうとしがちである。その場合，会議前にはすでに台本ができており，委員長に台本どおりに進行するよう要請することが多い。

　「三番瀬再生計画検討会議」の場合も，NPO側が「この会議は市民主導なの

だから，行政は記録をとってくれるだけでいい」と説明しても，その場では「わかりました」と言いながら次の会議ではまた同じことを繰り返す状態が続いた。長年しみついた作業方法はそう簡単には変わらなかった。千葉県庁職員が頑固だったわけではなく，変革はそれほど難しいということであろう。この会議でもっとも苦労したのが県庁職員だといわれている。それほどに行政の事業運営方法は民間とはかけ離れている。悪いというのではなく，平等，公平，無駄づかい防止の徹底など行政としてはどうしても越えなければならないハードルがある。NPOや市民，地域団体などは，その行政の立場を理解し，協力することが求められる。

こうしたことがうまくできている地域にはそれぞれ優秀なコーディネーターがいる。学校や行政が独特の立場を守らなければならないことを理解したうえで自由闊達な一般市民のよいところを結びつけるには両者の立場に精通している人が間に入るとスムーズに事が動く。

多様なステークホルダーの協力は，地球環境問題のような複雑な課題となればなおさら必要となる。地域社会の連携が，やがて国のまとまりになり，世界を動かす原動力となっていく。地域社会の連携を小さな運動と考えることなく，運動のその先は世界に向かって開けていると解釈することが肝要だろう。

《ディスカッション》
1. 学校における環境教育は自主性が重んじられている。「環境」が教科ではない状況の中でどのようにしたらより効果的な環境教育が展開できるか考えてみよう。
2. 多様なステークホルダーの相互協力の難しさについて考え，その解決策を議論しよう。

【さらなる学習のために】
・地球環境戦略研究機関（2001）『環境メディア論』中央法規出版
・地球環境戦略研究機関（2002）『環境革命の時代』東京書籍
・ロデリック・ナッシュ著／松野弘訳（1999）『自然の権利』ちくま学芸文庫

・田仲耕治編（1999）『総合学習の可能性を問う』ミネルヴァ書房
・宇根豊・貝原浩（2000）『田んぼの学校・入学編』農山漁村文化協会
・日本自然保護協会（2002）『自然保護NGO半世紀のあゆみ』平凡社
・岡島成行（2001）『自然学校をつくろう』山と渓谷社
・日本環境教育フォーラム（2000）『日本型環境教育の提案・改訂新版』小学館
・日本環境教育フォーラム（2008）『日本型環境教育の知恵』小学館
・三上直行（2009）『地域環境の再生と円卓会議』日本評論社

> **コラム** アメリカの環境NGO
>
> 　1983年秋，筆者が初めてサンフランシスコの環境保護NGO「シエラ・クラブ」の本部を訪ねた時の驚きは，今も鮮明に覚えている。かなり大きなビル全体がシエラ・クラブの事務所なのだ。日本では考えられないような規模だった。
>
> 　環境政策を学びにアメリカの大学院に派遣されたのだが，政策論は日本のほうがよくできている部分もあり，途中から環境NGOの研究に移った。アメリカで勉強をしているうちに環境NGOの幅広い活動に目が開かれていったからだ。地方自治体との連携や連邦政府とのやりとりなど，当時の日本ではありえないような活躍ぶりだった。
>
> 　そこで全米の主な環境NGOを訪ねる計画を立て，アムトラックという鉄道に乗り込んでサンフランシスコからニューヨークまでさまざまな団体を訪ねたのだが，その初めてのインタビューがシエラ・クラブの会長さんだった。
>
> 　あれから約30年の月日が流れたが，日本とアメリカのNGOの差はあまり縮まらない。アメリカの環境NGOの会員総数は約1500万人，それに対し日本のそれは30〜40万人にすぎない。原因はいろいろあって，それが複雑に作用しているのだろうが，それにしても差がありすぎる。
>
> 　環境政策については，世界中どこでも伝統的にNGOが活躍している。日本でもやはりNGOの参画が望ましいのだが，そのためには一般市民がもう少し関心をもたないといけない。その突破口になるのは，既存思考から大きくジャンプできる若い発想力だろう。大学生の目に環境NGOが格好いいものに映る日が早く来ないかな，と思う。

（岡島成行）

14章　学校における環境教育の計画・プログラムづくりに向けた視点

【目標とポイント】
学校の環境教育を充実させるための教育計画や学習プログラムの企画・立案における基本的視点を理解し，その具体的な進め方を考える。

キーワード
環境教育計画，環境教育プログラム，探究学習

1　環境教育の三つの段階

環境教育は，環境に関する感性，知識，態度，スキル，そして判断能力と行動力の育成にその目的がある。学校における環境教育の場合，学習者が児童生徒であることから，その発達に応じた教育計画や学習プログラムの作成が大切となる。2007年発行の『環境教育指導資料小学校編』[1]では，小学校における環境教育のねらいが次のようにまとめられている。

①環境に対する豊かな感受性の育成
②環境に関する見方や考え方の育成
③環境に働きかける実践力の育成

アメリカの環境教育の専門家もこれに類似した指摘をしている。環境教育の三つの段階を示し，それぞれの段階を達成する要素を解析しているが，各段階の要素として，環境に対する感性（エントリーレベル），環境問題についての知識（二番目としてのオーナーシップ），環境保全に向けた行動についての知識やスキル（三番目のエンパワーメント）などをあげている[2]（7章参照）。言葉のつかい方は違っているが，学習内容まで掘り下げるとそれらが意味していることは近い。

2　環境に対する感性をはぐくむ学習

『環境教育指導資料』では，環境教育のねらいの一つとして「環境に対する豊かな感受性の育成」があげられ，その内容について「自分自身を取り巻くすべての環境に関する事物・現象に対して，興味・関心をもち，意欲的にかかわり，環境に対する豊かな感受性をもつことができるようにする」と述べられている。環境に生じている事象に敏感であり，それに関心をもち意欲的にかかわるということであるが，そうした感性を育成するには何が必要なのであろうか。環境との関係を強め，環境を身近な存在にすることが大切である。「自然は素晴らしい」「生き物のつながりの中には美しさがある」「人間は環境によって生かされている」などの気づきを体験的に獲得する過程は，環境を身近な存在にすることにつながり，そして学習者は環境に生じている変化を自らの問題として敏感に受け止めるようになると考えられる。

　また，環境に対する感性の育成をねらった学習は，環境の基準が何であるかを学習者が認識する作業ともいえる。たとえば，川という環境を取り上げるならば，川は清浄で遊ぶことができる場であることを体験的に認識すること，つまり本来あるべき環境の基準をしっかりと理解しておくことは，結果として環境が悪い方向に変化している事象を知ったとき，敏感に感受性を働かせることになる。

　環境に対する感性の育成においては，子ども時代の遊びという場や機会は大切であると指摘されているが，外遊びの空間が減少しその時間も少なくなっている今日において，学習プログラムとしての自然や文化の体験も重要な意味をもつ。近年，ネイチャーセンターや博物館，またNPOが子どもの自然学習プログラムを整え指導者を配置するなど，社会教育活動の一環として子どもを対象にした自然体験学習プログラムが準備されるようになっている。

　学校教育も児童生徒の環境に対する感性の育成に寄与している。小学校生活科では「自分と身近な人々，社会及び自然とのかかわりに関心を」[3]もつことが教科の目標の一つであることから，校庭や隣接する公園での自然観察，自然

を活用した遊び，動植物の飼育・栽培などの体験学習がよく実施される。教科の目標が自然，文化，社会とのかかわりの学習であることから，こうした学習は環境に対する感性の育成と深く関連している。自然豊かな場所での宿泊体験（学校行事），自然の大切さをテーマにした道徳の時間，自然を素材・題材にすることもある図画工作科や音楽科についても，自然や環境の美しさを感受する能力を育成するのに寄与している。問題解決能力の育成を一つのねらいとしている総合的な学習の時間でも，探究学習の出発点として身近な環境を体験する学習が広く行われ，環境に対する感性の育成にかかわっている。

環境の体験学習過程では，環境の中で生じているネガティブな事象に遭遇することがある。そうした環境問題に関心をもつことも環境に対する感性に位置づけられるであろう。たとえば，川の学習を総合的な学習の時間で実践しようとすると，河川に散乱しているゴミに強い関心をもつ児童生徒も出てくる。また，社会科の授業でよく実践されるゴミ処理場の体験学習によって，ゴミの多さ，最終処分場の問題などに気づき関心をもつこともある。これらも環境に対する感性の発露であると考えられ，そうした関心を大切にしながら問題解決学習へと発展させることもできる。

3　環境・環境問題に関する知識や探究能力の育成

『環境教育指導資料』では，環境教育のねらいの2点目に「環境に関する見方や考え方の育成」があげられ，「身近な環境や様々な自然，社会の事物・現象の中から自ら問題を見付けて解決していく問題解決の能力と，その過程を通して獲得することができる知識や技能を身に付けることによって，環境に関して，持続可能な社会の構築につながる見方や考え方をはぐくむようにする」と述べられている。また，環境のとらえ方の例として，循環，多様性，生態系，共生，有限性，保全をあげている。

上記のような環境のとらえ方を獲得するには知識の習得が不可欠であり，そこにおいて教科を位置づけることが重要となる。たとえば，小学校3・4年の社会科における「地域の人々の生活にとって必要な飲料水，電気，ガスの確保

や廃棄物の処理について」[3] の学びは，循環，有限性，保全という環境のとらえ方の育成につながり，5年の「国土の環境が人々の生活や産業と密接な関連をもっていること」[3] の学びでも，保全・循環という環境のとらえ方に寄与する。また，理科の自然を観察し動植物を調べる学習では，多様性や保全という環境のとらえ方につながる。理科の場合，物理や化学にかかわる知識や概念の学習が多く含まれるが，これらの学びは循環やエネルギーの概念，そして資源の有限性の学習の基礎となる。ほかにも，日常生活に必要な知識や技能を身につけることを一つのねらいとした小学校家庭科における「環境に配慮した工夫」[3] の学習は，家庭で生じるゴミの減量・分別の理解に寄与する。教科での学習は，身近なことに関連づけて体験的に学ぶことで，環境や環境問題に関する知識と環境のとらえ方の育成につながる。

　総合的な学習の時間では，児童生徒の問題意識から環境のテーマを設定することができ，また探究学習の延長として実践力を身につける学びも可能である。しかも，総合的な学習の時間は各教科の学びを関連づける場でもあるので，各教科で学んだ環境に関する知識を統合するよい機会となる。たとえば，身近な川を題材にして，流域と水質を科学的に学び，地域の下水道の状況と今後の政策を調べ，家庭の雑排水のあり方を知る中で，各教科において個別に育成された環境に関する知識が統合化されていく。

　総合的な学習の時間にあたっては，児童生徒の実態を把握し，環境教育の実践によって何を育成するのかを考えることが大切となる。しかも地域の特色を生かしながらテーマを設定することになるが，具体的に調べたり取り組んだりする探究課題の設定においては児童生徒の主体的な判断を尊重しなければならない。児童生徒が問題を発見し学習課題を設定できるように，体験学習や外部講師の招聘によって問題意識を高める学習が初期の段階で重要となる。

4　環境行動や実践力育成につながる学習

　環境問題の改善を望むようになった児童や生徒にとって，次の課題は自分たちでできることを模索することであろう。たとえば，ゴミ問題をテーマにした

場合，ゴミの出所や行方を知ることから始まり，ゴミ処理の実情を調査していくなかで，問題解決にはゴミの分別や減量が重要であることを児童生徒は理解していく。そして自分たちでできることは何かを考える学習となっていく。気候変動をテーマにした場合でも，その解決の一つとしてエネルギーの節約が求められるという一般的な解決方向を知るだけで学習が終了するなら，各人の環境行動には発展しない。「自分たちでできることは何か」を問い，日常生活を振り返るなど具体的な行動を考え，そして共有するという学習が必要となる。

　探究学習では，市役所の担当者や専門家から学ぶこともあろうし，本やインターネットで情報を取得することもある。こうした知識や情報の中には行動にかかわった内容もあり，学習者はそれを思い出しながら自分たちでできることを模索し，提案していくことになる。環境行動の具体的な事例としては，節電・節水の活動，ゴミの減量・分別の活動，給食の食べ残しを減らす活動，学校や地域の環境美化活動，自然を豊かにする活動（例：ビオトープの造成，維持）など，学校生活にかかわった活動が多い。また，自分で調べた成果を地域に普及する発表会の企画なども行動の一つの形態である。さらに探究学習が発展すれば，学校生活や地域社会の環境改善の計画を作り，それを試みようとする行動，社会性をもった行動も予想できる。学校での環境教育の成果を地域の人材や機関と連携させながら家庭や地域に広げていくことも今後の環境行動の一つとして期待される。こうした行動はあくまでも児童生徒の自主的な考え・提案にもとづくべきである。自分たちで計画した行動であれば責任をもって進めていくことになる。

　行動につながる学習においては，「人が自分たちの意見に耳を傾けてくれた」といった成果を学習者自身が実感できることが大切である。学習成果とそうした実感を徐々に積み上げていくことで，児童生徒は自分の行動とまわりの変化のつながりを認識することになる。こうした成功の感覚の積み重ねは，環境行動の判断における重要な要素となるので，学習活動の成果と課題を把握するプロセスは大切である。

5　環境教育の計画・プログラムの作成プロセス

　これまで述べてきた感性，知識そして実践力の三つを位置づけた環境教育を行うにあたっては，教師さらには学校として長期的な見通しや目標をもつことが大切である。年間計画では，児童生徒に何を育成するか，環境や環境問題をどのように各教科等に位置づけるかなどを検討することになるが，その際，環境に関する学びの段階をより長期的な視点でみておく必要がある。たとえば，小学校低学年の段階では環境とのかかわりを大切にする学習を多く展開する中で，児童の環境への関心を高め，環境に対する感性をはぐくみ，中学年，高学年と学年が上がるにつれて，環境に関する知識を増やし，探究力を身につけさせ，環境行動につながる実践力を培うというように全体的な見通しをもっておくと，年間計画でのねらいが明瞭になる。低学年では環境に対する感性の育成にかかわった学習が多くなるが，知識や実践力に関した学習を導入することも考慮すべきである。また，自然や環境の体験によって得られる自然や環境に関するとらえ方の内容は年齢によって異なるといわれているので，高学年であっても環境の体験学習は大切といえる。感性，知識，実践力への力の注ぎ方は学年によって違っていても，各発達段階においてそれら三つは小さなサイクルとして存在し，年齢が進む中で螺旋階段のようにレベルアップしていくことをイメージするとわかりやすい。上述の見通しがあれば，小学校1年生の児童が卒業する5年後には，環境への関心をもち，環境や環境問題の豊かな知識のうえに探究する能力を高め，そして実践力に関しては意欲的で前向きな児童像が想像できる。自分が現在担当している学級の児童は環境に関心をもつことにこだわって学んでいるが，2〜3年後は実践力を身につけていくことになろうといった教育上の見通しが立てられる。

　長期的な見通し・目標の次には，学年ごとの環境教育の年間計画とその中心となる学習プログラムの作成が必要になる。この年間計画では，まずその学年や学級におけるねらいを再確認しながら，各教科，道徳，総合的な学習の時間，特別活動のそれぞれを関連づけて，環境に関する学習プログラムを作成する。

環境をテーマに一つの単元で進めることができる点，また児童生徒の問題意識の脈絡で進めることができる点で，総合的な学習の時間を活用した環境教育の年間計画を作ることは有効なアプローチである。図14-1は，総合的な学習の時間を軸にした環境学習のテーマと，各教科，道徳，特別活動との相互関係を示している。児童生徒の問題意識から環境問題に関するテーマを設定し，各教科における環境関連事項を探り，あわせて道徳や特別活動における学びや活動ともつながりをもたせるような俯瞰図を描いてみると，児童生徒の学びの段階や学習の流れを把握しやすい。教科の中には環境の課題学習と関連した内容が含まれているので，そうした教科の内容と関連づけることは，総合的な学習の時間での探究学習に効果をもたらす。また，総合的な学習の時間での課題学習は各教科での学びにも影響を及ぼすという相互の関係がある。総合的な学習の時間での環境に関する内容を時系列的に配置し，各教科，道徳，特別活動での環境関連の教育内容を表にすれば，それらの関係がより具体的になる。

ここでは総合的な学習の時間を中心とした事例を示したが，学年によっては教科を中心におくことが効果的な場合もある。たとえば，小学校第5学年社

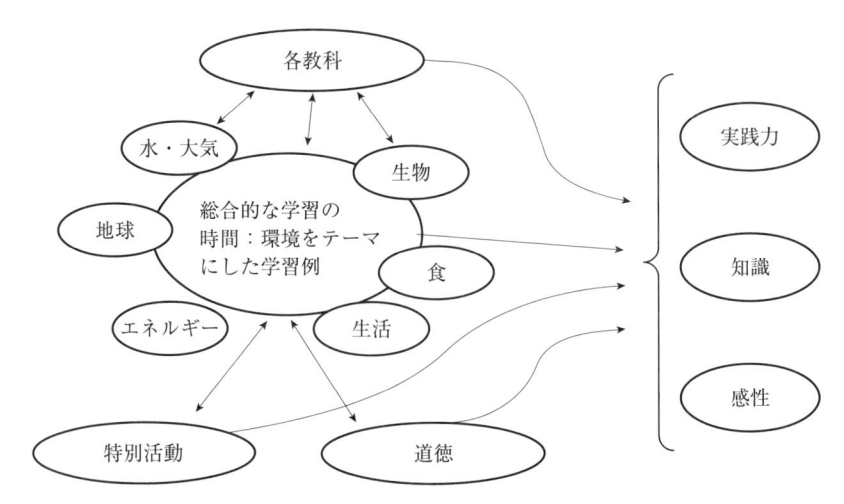

図14-1 総合的な学習の時間を軸にした環境や環境問題の学習テーマ例と各教科，道徳，特別活動との相互関係

会科には国土の様子を学ぶ単元があり，環境と深くかかわっているので，その単元を重視して年間計画を立てることも考えられる。第6学年理科では生物と環境とのかかわりを学ぶことが一つのねらいとなっているので，総合的な学習の時間（たとえば地域の自然の保全をテーマにした場合）をうまく連動させる年間計画もありうる。これらの場合においても，児童生徒の問題意識や地域の特色に応じて立案することが大切である。

　年間計画とほぼ同時に学習プログラムの開発が必要となってくる。教科の場合は，環境教育の内容を教科の目標や内容に適応させることになるが，総合的な学習の時間の場合は，学校独自の目標設定が可能であり，前年度の学習の流れから児童生徒の問題意識をもとに環境教育の計画を立てることができる。

　以下は総合的な学習の時間を活用した環境教育の学習プログラムを立案するときに検討すべき事柄である。
　①児童生徒の実態把握，地域の特色の把握，テーマの設定
　②学習プログラムの目標やねらいの検討
　③学習の内容と方法の検討（学習内容，学習手法，時数，教科等との関連）
　④必要な情報や教材の整理・準備（他の実践例，関係機関や人材との連絡・調整，使用用具）

学習の流れと内容

テーマへの関心の喚起と環境や環境問題の学習，児童生徒による問題発見と課題設定
（教科等の振り返り，体験学習・外部人材・見学・調査の活用）
　　　　↓
調べ活動，グループでの分析・意見交換，まとめ
　　　　↓
自分たちでできることの検討と実践，意見交換，コミュニケーション
　　　　↓
発表，普及，振り返り

学習の方法
体験学習，グループ学習，観察・実験，ディベート，外部講師，見学 など

環境教育の計画や学習プログラムの企画・立案については，そのときの状況に応じて修正するなどの柔軟な対応も必要であり，ここで示したパターンは一例にすぎない。また，学習プログラムが終了したら，学習者の学びの評価にもとづき学習プログラムの反省を行い，修正が必要な場合は改善し，次年度の計画に生かすことが求められる。

　これまで述べたこと以外の留意点を以下にまとめておく。

　① 地域との連携

　環境教育では地域環境がテーマになることも多い。地域環境を熟知している地域の協力者や環境改善に取り組んでいる人や専門家と連携した学習プログラムは，環境教育の幅を広げ，児童生徒の意欲を高める効果がある。ただし，環境教育のプログラム実施によって児童生徒に育成したいことを地域の協力者や専門家に理解してもらうためにも，教師としてそのことを明瞭にし，協力者等と十分話し合う必要がある。

　また，学校が地域に支えられるという考えだけでなく，学校は地域の環境教育のネットワークの担い手でもあるというとらえ方も大切であり，児童生徒の主体性をはぐくむことを基本にしながら学校における環境教育の成果を家庭や地域に広げる試みも可能である。

　② 自分の地域と他地域との関連

　テーマの設定や学習プログラムの開発においては，他の地域とのつながりも考慮することが必要である。たとえば，「ゴミは形を変えて移動し他の地域に負担をかけている」「飲み水は水源地が守られているから確保できる」「毎日の食べ物の多くは海外に依存し，その移動にたくさんのエネルギーを使っている」など，自らの地域が他の地域と強く関連しているという環境のとらえ方をもつには，他地域との関係を考える学習活動が不可欠である。

　また，他の地域での優れた環境のとらえ方や改善の動きなどは，自らの環境改善の実践にとってよい見本になることもあり，自分がすんでいる地域にこだわりながらも他の地域にも目を向けることは効果がある。空間認識が広がる小学校高学年もしくは中学生以上では有効である。また，こうした学年以上にな

れば，地球環境の問題，海外での環境問題などを理解することが可能となってくるので，それらを科学的に理解する学習や自分たちの生活との関連を認識する学習も大切である。

③　グループ学習

　環境の学習においては，学習者個人と環境という関係のほかに，それにかかわった人（教師，友だち，保護者，地域の協力者など）との交流によっても学習者は知識を蓄積していく。たとえばグループの仲間による問題の発見が，グループ内での探究学習を発展させ，問題に気づくことができなかった児童生徒の環境認識が高まることがみられる。このようにグループ学習を教育方法として位置づけることは有効である。

　また，グループでの意見交換は，多様な価値の存在に気づくことを促し，自らの考えを表現する能力を発達させる効果をもつ。環境の課題に関しては多様な価値が存在するので，合意を形成する能力やコミュニケーション能力を育成するためにもグループでの学習活動は大切である。

④　教師も学ぶというとらえ方

　環境教育の過程では，教師も学ぶことが多い。「先生も家ではちゃんとゴミを減らし分別しているのですか」と児童生徒から質問されると，環境教育は自分の生活や生き方とも関係していることに気づかされる。教師と子どものよい意味での相互関係がそこに存在する。環境教育の場合，指導者から学習者という一方向の関係だけでなく相互に影響を及ぼす場面が多い。また，地域の協力者や専門家と交流することでこれまでと違った環境観を学ぶことがあり，教師であっても地域の人や環境から学ぶという姿勢が必要である。

　1990年代後半から注目されているエコ・スクールの活動は，学校における環境教育の充実発展の一つのモデルとなる。環境に配慮した校舎・校庭・設備の充実のみならず，学校生活やカリキュラム全体を環境教育の観点から見直すエコ・スクールは，これまで述べてきた三つの視点を学校で展開する一つのあり方である。学校においてエコ・スクールがさらに進むことが期待される。

《ディスカッション》
1. 学校での環境教育実践を想定し，自分のすんでいる地域の中から環境教育として設定できるテーマを考えてみよう。
2. あなたが立案したい学習プログラムは何をねらっているのか。児童生徒に何を育成したいのか。

〈注・文献〉
1) 国立教育政策研究所教育課程研究センター（2007）『環境教育指導資料 小学校編』東洋館出版社
2) Hungerford, H.R. & Volk, T.L. (1990) *Changing learner behavior through environmental education*, The Journal of Environmental Education, Vol. 21, issue 3, pp.8 - 21
3) 文部科学省（1998）「小学校学習指導要領」

【さらなる学習のために】

・日本児童教育振興財団編（2003）『環境教育実践マニュアル』小学館
・総合的な学習における環境学習研究会編著（2002）『総合的な学習 こう展開する環境学習』清水書院
・全国小中学校環境教育研究会編著（2000）『実践 環境教育で取り組む「総合的な学習」』ぎょうせい

コラム 学校と地域の協力者や専門家をつなぐコーディネーターの必要性

　地域と連携した環境教育は，児童生徒の環境観の育成に寄与するのみならず，教師自身の地域や環境の学びにつながる。また，地域の協力者も自分の成長を感じるなど，学校，地域の双方にとって意味がある。しかし，教師と地域の協力者との打ち合わせなどが増えることから教師側に負担感が生じるという課題がある。教師だけでなく，地域の協力者にも協力依頼が集中するという問題もある。双方の負担を軽減し効果的な準備をするには，地域の人々や機関・組織などのネットワークに明るく，かつ学校教育の支援を調整できるコーディネーター（教師ではなく学校外の人材）の存在が必要といえる。ただし，この場合でもコーディネーターにお任せしていいということではなく，地域の協力者と教師との直接の議論にもとづく葛藤や理解は学習プログラムのねらいの共有化にとって大切なプロセスなので，コーディネーターを交えた両者の効果的・効率的な打ち合わせは必要である。

(樋口利彦)

終章 循環型社会の実現と人類の未来のために

【目標とポイント】
温暖化やエネルギー問題，少子高齢化や過疎化など，持続可能性を脅かすさまざまな課題に対してバックキャスティングの視点が重要であること，また，今後，原子力や化石燃料に代わって再生可能エネルギーを活用するエネルギーシフトが必然であることを理解する。

キーワード
エコ・エコノミー，限界集落，バックキャスティング，脱原発，再生可能エネルギー，エネルギーシフト，スマートグリッド，マイクログリッド

1 現状とこれからのシナリオ

本書でたびたび述べられてきた持続可能な開発，持続可能性（サスティナビリティ）といった，持続可能な社会のキーワードは，1972年の国連人間環境会議に端を発している。このような持続可能性を重視する動きは，人口増や経済成長に伴う私たち人類の資源消費が地球の環境容量をオーバーし，持続不可能な状況に至っていることへの懸念の表れであった。そしてこの半世紀の間に，表1（次ページ）に示すような多くの取り組みがなされてきた。

では，これらの取り組みは功を奏してきたのだろうか。このことを，二つの著名な未来予測にもとづいてみてみよう。

まず一つめは，環境問題など人類の活動による負荷が地球に危機的な影響を与えていることへの警鐘としてもっともよく知られているメドウズらによる『成長の限界』（1972）である。システムダイナミックスモデルを用いた世界初の人類の将来予測を行った同書では，人口増に対して資源や食料が追いつかず，人間活動による汚染も増加し，やがて人類は破局を迎えるというシナリオを提

表1 「持続可能な開発」に関する主な国際会議の流れ

1968年7月：国連経済社会理事会 「技術革新は否定的な面も含んでおり、特に無計画、無制限な開発が人間環境を破壊し、生活の根本を脅かしている。そこで、この問題をあらゆる角度から討議するための国際会議の開催を要求したい」(スウェーデン大使アストローム氏の提案)	1969年5月：『ウ・タント報告』
	1972年：『成長の限界』
	1977年：トビリシ環境教育政府間会議
1972年6月：国連人間環境会議	1980年：『世界環境保全戦略』
1982年5月：国連環境計画管理理事会特別会合	1989年7月：アルジェサミット
	1990年3月：万人のための教育世界会議
1987年12月：国連総会で"Our Common Future"を決議	1991年：『新・世界環境保全戦略』
1992年6月：国連環境開発会議	1992年：『限界を超えて』
1995年3月：社会開発サミット	1994年：第1回欧州サスティナブル・シティ会議
	1995年9月：世界女性会議
1997年6月：国連環境開発特別総会	1997年12月：環境と社会に関する国際会議
2000年9月：国連ミレニアム・サミット	1999年12月：世界経済フォーラム(ダボス会議)
2002年8月：持続可能な開発に関する世界首脳会議	2005年：『成長の限界 人類の選択』
2012年　　：持続可能な開発に関する世界サミット(リオ+20)	2005年：「持続可能な開発のための教育の10年」

示し，世界に衝撃を与えた。メドウズらは，その後，プログラムの精緻化をはかりながら，『限界を超えて』(1992)，『成長の限界　人類の選択』(2005，原著は2004)と，引き続き人類の将来予測を行っているが，いずれも悲観的な予測結果を示している。では，どうしたらよいのであろうか。メドウズらの指摘は，人類は，環境に負荷をかけている今の「行き過ぎ」から引き返し，エコロジカル・フットプリントを減らさなければならないとし，個人の価値観を変え，政策を変えることで，先進国は大量消費社会を変え，途上国は人口増加を抑制することが必要であるとする。そしてこの「行き過ぎ」からの引き返しは，実現不可能な幻想ではなく，フロンなどによるオゾン層破壊を食い止めるための取り組みを人類は協力して行ったではないか，と可能性が残されていることを示唆している[1]。

　メドウズ同様に，わが国でも知られているもう一つのシナリオがレスター・

ブラウンの『プラン B』(2003) である。レスター・ブラウンは，温室効果ガスの排出削減や再生可能エネルギー，持続可能な都市，貧困解消，生物多様性，食料安全保障など多岐にわたって，人類の取り組みを改善することを提起しているが，その重要なベースにエコ・エコノミーという考え方をあげている[2]。これは，経済活動が地球環境にもっとも大きな影響を与えており，それを是正するためには，経済は環境の一部であり，環境を破壊しては経済が成り立たないとする考えである。企業による環境教育や環境保全活動は，日本においても，後述するように CSR として広く知られるようになってきている。

この二つのシナリオのベースにあるのは，これまで本書の各章でみてきたように，現在の世界が抱えている環境，開発，資源・エネルギー，人口・食料，貧困，人権・ジェンダー，平和，民主主義など，多様な課題である。残念ながらこれらのシナリオは，かなり悲観的なものであるといわざるをえない。しかし，両者はともに価値観の転換に果たす環境教育に大きな期待をかけている。

2　日本の持続可能性を脅かす諸課題

日本に目を転じるならば，これらの課題以外にも福島第一原発事故の速やかな収束とエネルギー問題，震災復興・再生，少子・高齢化，過疎化，経済格差の拡大，低い食料自給率，高い自殺率，孤立化・関係性の希薄化，無縁社会といった多くの問題を抱えている。

中長期でみた場合，高齢化の問題は日本が世界で最初に迎えるきわめて大きな課題である。『平成 22 年版 高齢社会白書』[3]によれば，2009 年時点の日本の総人口 1 億 2751 万人のうち，65 歳以上の高齢者人口は 2901 万人で，高齢者が総人口に占める割合（高齢化率）は 22.7 %，つまり，5 人に 1 人以上が高齢者である。そして 2055 年には，5 人に 2 人以上が高齢者となることが推計されており，高齢者と生産年齢人口（15 ～ 64 歳）の比率は，1960 年の 11.2，2005 年の 3.3 に対して，2055 年には 1.3 となることが見込まれている。

このような高齢化は地方の過疎化を進行させ，過疎地域を抱える全国 775 市町村に所属する 6 万 2271 集落を対象にした国土交通省の調査[4]の結果，住民

の50％以上が65歳以上の限界集落は7873集落（12.6％）に達し，機能維持が困難となっている集落が2917集落（4.7％）もある。10年以内に消滅の可能性のある集落が422集落，「いずれ消滅」する可能性のある集落が2219集落，合わせて2641集落ある。この「10年以内」と「いずれ」を合わせた数は1999年の調査と比較して284増加している。

　このような過疎化の進行は，手を加えることによって維持されてきた里山に代表される日本の生物多様性に大きな影響を与えるだけでなく，農業などの第一次産業の衰退や，農地や山林の荒廃による防災機能の低下，自然と共生してきた知恵や文化の消滅などを意味している。日本が直面している急速な高齢化は他国に先駆けており，これから高齢化を迎える中国など多くの国々から注目されている。日本の持続可能な未来を見据えた場合，この高齢化や過疎化などへの対応がきわめて重要である。この点について，従来から農山漁村を環境教育の活動拠点としてきた自然学校が，持続可能な地域づくりの拠点としての役割を積極的に果たす動きがみられ，地域再生の重要なアクターとして近年注目されてきている。自然学校は，活動拠点をもち，年間を通じたプログラムを展開し，指導者が常駐しているような社会教育組織のことであるが，公立・民営など全国に3700拠点以上あり，この間急速に増加している。

3　環境問題に対する日本の取り組み

　2010年秋に愛知県で開催された生物多様性条約第10回締約国会議（COP10）において，日本政府は「国連生物多様性の10年」を提案した。これは同年末の国連総会で決議され，2011年1月から実施されている。これはESDの10年（DESD）の提案を踏襲し，生物多様性の保全において，日本のイニシアティブを発揮することを意図したものである。この生物多様性の10年の中心はCEPA（広報，教育，普及啓発：Communication, Education and Public Awareness）を通じた教育普及活動である。条約事務局が作成したCEPAのガイドライン（ツールキット）には，広報・教育・普及啓発のみではなく，能力開発やパートナーシップ，参加行動など生物多様性の保全に向けたあらゆる活動が含まれてい

終章 循環型社会の実現と人類の未来のために

る。日本の企業も COP10 を契機に，生物多様性についての関心を高めており，ESD の 10 年と生物多様性の 10 年という，ともに日本が提案した二つの「国連の 10 年」は，国際的に日本ブランドを打ち出す CSR のフラッグシップとなる可能性がある。

　しかしながら，日本政府による持続可能な開発のビジョンは残念ながら不十分と言わざるをえない。日本政府の持続可能な社会をめざす戦略は，21 世紀環境立国戦略として 2007 年に閣議決定され，その方策は，3R による循環型社会，低炭素社会，自然共生社会の三つを具体化することで，持続可能な開発をめざすものであった。しかし，その具体化への動きは見えてこない。持続可能な開発には環境・社会・経済の三つの視点が必要であるが，そのいずれの点でも不十分である。環境面では，温暖化への対応が焦眉の急である。京都議定書で定めた温室効果ガス排出量を 6％削減する公約も実現は程遠く，温室効果ガス削減に効果がある環境税導入にも躊躇している状態である。社会面では，前述の少子高齢化に伴う過疎化，限界集落の増大が大きな課題となっている。民間や地方自治体による取り組みは見られるものの，国家レベルでの有効な取り組みはほとんど見られない。経済面でも，シャッター通りに見られる地方経済の衰退，国家レベルでの産業の空洞化が指摘されているが，経済の持続的な活性化を促す有効な施策ははなはだ不十分である。

　環境への取り組みに熱心な EU においては，地球サミットのアジェンダ 21 にもとづいて，EU が各国に持続可能な開発戦略の策定や持続可能開発の国家委員会の設置を求めている。EU 主要国は，環境面のみならず，貧困や福祉といった総合的な視点で持続可能な開発戦略を策定し，目標を定めている。将来から現在を振り返り，将来破局に陥らないために現在何をしていけばいいのかを考える，いわゆるバックキャスティングの手法を取り入れて実現に取り組んでいる。この点では，日本は残念ながら後塵を拝しており，過去の趨勢をベースとして将来を予測するフォアキャスティングの段階にある。

　持続可能な開発を提唱した国連の「環境と開発に関する世界委員会」は日本の提案で設置されたものである。また，日本の環境技術は世界トップクラスで

もある。このような背景からも，持続可能な開発や持続可能な社会づくりにおいて，日本が国際的なイニシアティブを発揮することは至極当然であるばかりでなく国際的にも期待されている。

4　社会的責任の浸透

2010年に社会的責任（Social Responsibility）に関するISO（国際標準化機構）規格であるISO26000が発効された。このISO規格は先進国から発展途上国まで含めた国際的な場で複数のステークホルダー（消費者，政府，産業界，労働界，NGO，学術研究機関等）によって議論され開発された国際規格で，多様なステークホルダーの社会的責任（SR）についてのさまざまな概念を統合的にまとめたガイドラインとなっている。ここでは対象を企業に限定したCSR（Corporate Social Responsibility）ではなく，さまざまな組織が持続可能な社会への貢献に責任をもつという考え方から，企業を指すCを外し，単にSRとしているのが特徴である。

ここでいう社会的責任とは，組織の決定および活動が社会および環境に及ぼす影響に対して，透明かつ倫理的な行動を通じて組織が担う責任で，①健康および社会の繁栄を含む持続可能な開発への貢献，②ステークホルダーの期待への配慮，③関連法令の順守および国際行動規範の尊重，④組織全体に取り入れられ組織の関係の中で実践される行動，などが含まれる。今後SRに取り組む企業を含むすべての組織には，持続可能な開発への貢献と同時に，この規格が作られた多様なステークホルダーの対話のプロセスであるステークホルダーエンゲージメントが求められるようになる。

ISO26000は企業だけでなく，さまざまな組織に適用される点がポイントであり，SRは目的ではなく，自然環境と社会のサスティナビリティのための活動であり，同時にステークホルダーからの要請や期待に誠実に応えるためのものということができる。このことは，私たちが学んでいる大学などの教育機関にもSRが適用されることはもちろん，一人ひとりの個人のSR（Citizens' Social Responsibility）が問われてくることを意味している。

5 エネルギーシフトと環境教育

(1) 脱原発の必然性

2011年3月11日の東北地方太平洋沖地震とその直後の巨大津波によってメルトダウンし，収束のめどが立たない福島第一原発の事故。この原発事故からわれわれは以下のようなことを学んだはずである。

- 原子力発電が「安全」ではなく，かなり脆弱なものであること
- 使用済み核燃料の処理問題が全く解決されていないこと
- 発電コストの中に放射性廃棄物の処理費用等が含まれていなかったこと
- われわれは必要以上に多くの電気を使っていて，節電の余地がまだまだあること

それにもかかわらず，なお将来的にも原発に依存せざるをえないと考える人々が少なくない以上，本書の締めくくりとして環境教育の中でも重要な領域であるエネルギー問題にふれておく必要がある。

2010年時点で日本の総発電量の約6割は石油・天然ガス・石炭など化石燃料を使った火力発電によって，約3割は原子力発電によって，そして残りの約10％が水力・風力・太陽光などの再生可能エネルギーによってつくられていた。2010年に策定されたエネルギー基本計画では，2030年度までに14基以上の原発を新設するなどして電力の5割を原子力によって供給する方針であった。しかし，福島第一原発事故によって，その構想はほぼ実現不可能なものとなっている。2011年7月13日，菅直人首相（当時）は2010年策定のエネルギー基本計画を抜本的に見直し，今後原子力発電への依存度を計画的，段階的に下げ，将来は原発がなくてもやっていける社会を実現するという「脱原発」の方針を表明した。この表明に対しては，経済界やマスコミ，与野党からも批判が相次いでいるが，現実を直視した場合，日本における「脱原発」は事実として着実に進行するであろう。

日本における原子力発電所の営業運転開始基数を十年単位でみると，1970年代，80年代，90年代は各10年間で15〜16基の原発が営業運転を開始した

が，2000年以降は5基に急減している。原子力発電の比率を高める方針を出しながら，現実には地元の同意が得られないなどの理由から建設があまり進まなかったことがわかる。今回の福島第一原発の事故によって，今後の原発建設は当分見送られるであろうし，すでに建設に着手している3か所の原子力発電所（電源開発の大間原発，東京電力の東通原発1号機，中国電力の島根原発3号機）についても，安全基準の見直しや地元自治体の反対などによって計画どおりに進むことは考えにくい。新たに打ち出される安全基準を満たすためには膨大なコストがかかることから，工事の無期限中断ないし計画の断念も十分にありうる。したがって，原子力発電所の2010年代の営業運転開始基数は限りなくゼロに近くなることが予想される。

一方，これまでに東海原発，浜岡原発1号機，2号機の3基がすでに営業運転を終了している。営業運転開始から平均32年で引退したことになる。今回の東日本大震災で運転がストップしている福島第一，福島第二，女川の各原発，政府の運転停止要請を受けて停止している静岡県の浜岡原発，そしてトラブルや定期点検で運転停止中のものを差し引くと，運転終了基を除く日本の全原発54基のうち，2011年8月末時点で運転されているのは8基だけである。

福島第一原発1号機は営業運転開始からすでに40年を経過しており，老朽化していたことも事故拡大の一因とされている。今後，老朽化している発電所については，定期点検を終了しても大規模な補強工事なしに運転再開の同意は得られにくいであろうし，その後の運転可能年数を考慮すれば，大規模な補強工事よりも運転終了を選択する可能性が大きいであろう。

図1（次ページ）は，営業運転開始から35年経過したものが順次営業運転を終了していき，新たな原子力発電所が建築されないと仮定した場合の，2010年から2030年までの5年ごとの稼働原発基数と年間発電能力の推移を示したものである（福島第一原発の6基，福島第二原発の4基，そして浜岡原発の5基は，2011年以降再稼働の可能性はないと考え，2011年時点での運転終了として計算している）。

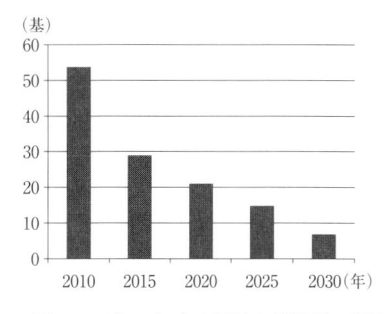

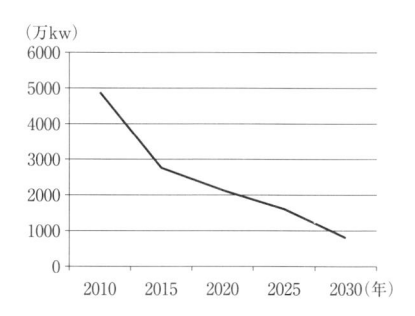

終章　循環型社会の実現と人類の未来のために

図1　日本における原子力発電所の稼働基数（左図）と合計発電能力（右図）の推移予測

2010年までは日本の総発電量の3割は原子力発電によってまかなわれてきたが，今後「脱原発」のうねりが高まらなくても，原子力発電による発電量は，老朽基の運転終了によって2030年には2010年の約3割から1割以下に減少すると見込まれる。原発からの脱却は事実として進行していくのである。

(2)　再生可能エネルギー開発の急増

それでは，原子力発電の減少分を火力発電所の増強で補えばよいかというとそうはいかない。低炭素社会をめざす潮流の中で温室効果ガスの排出量を急増させる選択は取りにくいし，少し長期的にみた場合，石油や天然ガスの可採年数の減少に伴って，化石燃料の価格の大幅な上昇は避けられない。図2は過去15年間の原油価格の推移を示したものであるが，ドイツやイタリアのように「脱原発」をめざす国が今後増加することも考えられるので，将来の化石燃料

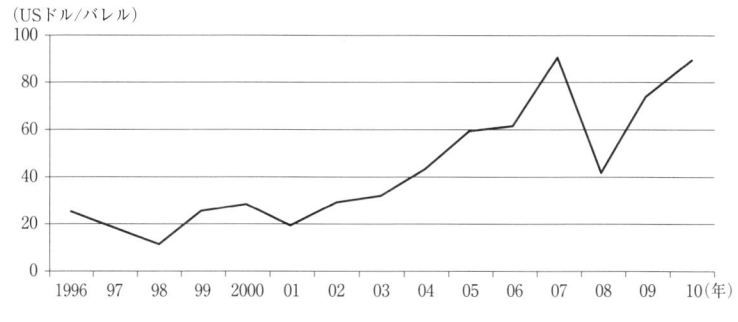

図2　原油価格（WTI）の推移
（出典：IMF Primary Commodity Prices）

193

価格は過去15年を大きく上回る上昇率を示すことが予想される。

このような状況を踏まえると，今後開発に力を注ぐべきエネルギーは，太陽光，風力，小水力，地熱，潮力などの再生可能エネルギー（自然エネルギーとほぼ同義語）ということになる。これらの再生可能エネルギーを用いた発電については，従来の火力発電や原子力発電と異なり，一か所で巨大な発電をするのではなく，各地に分散して比較的規模の小さな発電が行われるといういわゆる「分散型発電」という特色がある。今回の東日本大震災で，巨大施設集中型の電力供給の脆弱性が露見したが，今後の電力供給が分散型に進むことは必然の流れとなるであろう。

再生可能エネルギーを用いた発電は，これまでは火力発電や原子力発電に比べて発電コストが高いことや，既存電力会社の送電線の使用制約などがネックとなって普及は緩やかであった。しかし，温暖化対策の一環として各国政府が再生可能エネルギー普及の誘導政策を実施するようになり，それと並行して大量生産体制も徐々に整い，発電コストは急速に低下してきている。

① 風力発電

発電コストの面で，現時点でもっとも火力発電に近く，近年急速に発電所の新設が進んでいるのが風力発電である（図3参照）。偏西風地帯にあり，風力発電機の開発に1970年代から取り組んだヴェスタス社のあるデンマークの場

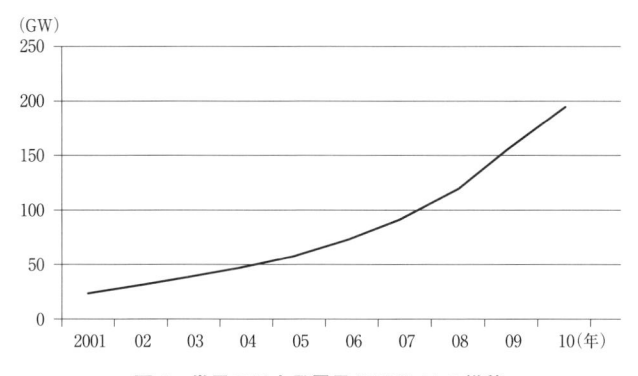

図3 世界の風力発電量（累積能力）の推移
（出典：Global Wind Report 2010）

合，すでに電力需要の20％を風力発電でまかなっており，風力発電機の大量導入によって過去二十余年間で発電コストは10分の1という水準に下がっている。近い将来，風力発電が火力発電より低コストになることは確実視されている。風力発電量の伸びが著しいのは中国で，2010年に2009年末比で73％も増設し，2010年末には一挙に世界最大の風力発電国になっており[5]，今後も大量の風力発電機の設置が計画されている。日本の場合，台風の襲来に備えた丈夫な風力発電機が求められる点で，欧米に比べてコスト高になるという不利な要素もある。

② 太陽光発電

再生可能エネルギーを利用した発電として風力発電に次いで世界的に普及しているのが太陽光発電で，図4に示したように，近年の発電量の伸びは著しい。太陽電池の生産で日本は2006年までは世界一の生産を誇っていたが，近年は中国・韓国における生産が飛躍的に拡大している。生産量の急増に伴って今後

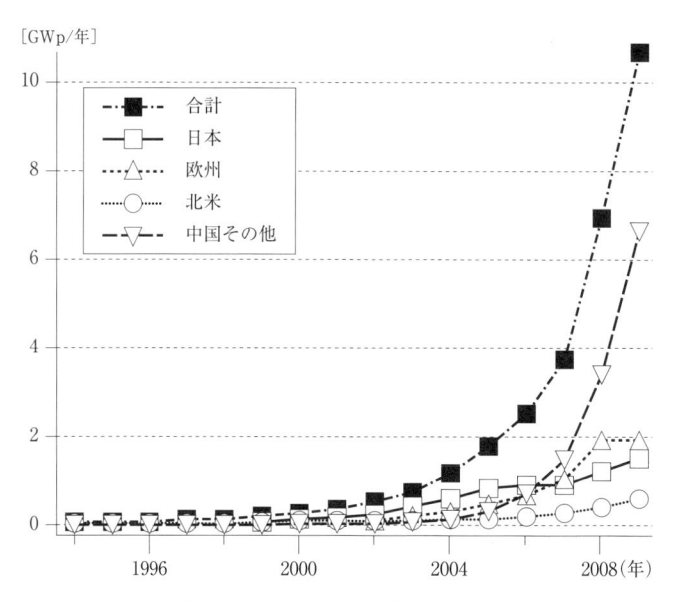

図4 太陽電池の年間生産量の推移（1994～2009）
（出典：PV News）

10年で太陽光発電のコストは半減すると見込まれており，日照時間の長い乾燥地域を中心に今後いっそうの普及が見込まれている。

　そのほか，再生可能エネルギーとして小水力，潮力，地熱，バイオマス等の開発が有力視されている。石油・天然ガスに代替できる液体エネルギーとして，5章でサトウキビ等の作物を用いたバイオエタノールが紹介されているが，藻類の光合成作用を用いたバイオ燃料の開発なども注目されている。

　しかし今後，再生可能エネルギー自身の開発や，再生可能エネルギーを利用するための次世代送電網であるスマートグリッドやマイクログリッド（コラム参照）の開発・設置が急速に進んだとしても，これまでの主力エネルギー源であった化石燃料や原子力が果たしていた役割を代替できるのかという問題が残る。たとえば，2100年ぐらいの長期的なスパンでみた場合，石油や天然ガスは涸渇するか，きわめて高価なエネルギー源となっているので，再生可能エネルギーに依存せざるをえない状況になっているであろうと予測される。しかし，今後20～30年ぐらいの近未来については，再生可能エネルギーの活用によって化石燃料や原子力への依存度を減らしつつ，並行して技術革新や人々の意識改革によって省エネや節電をいっそう進めていく必要がある。また，そのようなエネルギーシフトをスムーズに進めていくには，社会全体の理解と協力が不可欠となる。

6　学校における環境教育の制度化の必要性

　これからのエネルギーシフトに求められる人々の意識改革や社会全体の理解・協力はどのようにすれば得られるのであろうか？　それにはエネルギー問題や環境問題に対する正しい知識と，当事者として問題解決に積極的にかかわろうとする意欲・態度をすべての市民が身につけることが望まれる。そして，そのような知識や意欲・態度をはぐくむという役割を果たす中心になるのがまさに環境教育である。

　省エネ教育や節電教育は従来からも環境教育の中で行われてきた。日本の場合，1991年に文部省が『環境教育指導資料』を作成し，学校教育における環

境教育の強化の方針を打ち出して以来，省エネ教育や節電教育は環境教育における中心的な学習内容であった。しかし，文部省の方針が，環境教育のための特別な時間を設けることなく，すべての教科等の教育活動の中で環境にかかわる学習内容を取り入れるというものであったため，環境教育が必ずしも徹底されず，エネルギー問題や環境問題に対する基礎的な知識を身につけぬまま社会人や大学生になった人々，問題解決に積極的にかかわろうとする意欲・態度が希薄な人々が少なからず存在している。

そして，東北地方太平洋沖地震による東日本大震災や福島第一原発事故を受けて，持続可能な社会の実現と直結する地域の再生・振興や放射能教育といった，まさに環境教育が担うべき新たな教育課題が重視されるようになってきている。学校教育における環境教育がそのような役割を果たすには，従来のような，すべての教科等で環境にかかわる学習を取り入れるだけでは不十分と言わざるをえない。教科書のない時間の枠として設定されている従来の「総合的な学習の時間」でも，エネルギーや環境についての正しい知識を体系的に提供したり，当事者として問題解決に積極的にかかわろうとする意欲・態度をはぐくむには，適切な教材と環境学習のための一定の授業時間の確保が不可欠である。

また，児童生徒にエネルギー問題や環境問題に対する正しい知識を身につけさせ，当事者として問題解決に積極的にかかわろうとする意欲・態度をはぐくむには，教師自身がそのような知識・態度等を身につけておく必要がある。そのために各教育委員会等では環境教育に関する教員研修を行っているが，大学において教職課程を履修し，教員免許を取得しようとする者が環境教育をしっかり学ぶためのシステムづくりが不可欠である。

《ディスカッション》
1. 循環型社会を実現するために日本が果たすべき役割について話し合ってみよう。
2. 今後，日本が力を入れて開発すべき再生可能エネルギーは何だろうか。日本の自然条件を考慮して話し合ってみよう。

〈注・文献〉
1) ドネラ・メドウズ他著／枝廣淳子訳（2005）『成長の限界 人類の選択』ダイヤモンド社
2) レスター・ブラウン著／北城恪太郎訳（2003）『プランB——エコ・エコノミーをめざして』ワールドウォッチジャパン
3) 内閣府（2011）『平成22年版 高齢社会白書』印刷通販
4) 国土交通省（2007）「過疎地域等における集落の状況に関するアンケート調査結果（中間報告）」(http://www.mlit.go.jp/singikai/kokudosin/keikaku/jiritsu/9/03.pdf)
5) GWEC（2011）Global Wind Report 2010, p.11（http://www.gwec.net/fileadmin/images/Publications/Global_installed_wind_power_capacity_-_regional_distribution.jpg）

コラム　スマートグリッドとマイクログリッド

　将来の日本の電力供給は，火力発電や原子力発電などのように巨大な施設で大量の発電をして広範囲に送電する「集中型大規模発電」に替えて，太陽光発電や風力発電をはじめとする再生可能エネルギーによる発電を需要地の近くに分散配置する「分散型小規模発電」を増やしていく必要がある。しかし，太陽光や風力による発電は天候に左右され発電量が不安定であるという弱点があり，電力需要の少ない時に供給量が増加すると，送電線網に多大な負荷をかけることになる。そこで，集中型大規模発電をもとに造られている送電線網に分散型小規模発電による電力を供給するには，IT技術を駆使し電力の流れを供給側・需要側の両方から制御し，効率的に管理する次世代送電網スマートグリッド（smart（賢い）とgrid（電力網）を合わせた造語）の開発が求められている。また，大型の蓄電池を設置して電力をプールしたり，電気自動車の蓄電池として代替利用するなどの仕組みづくりも同時に求められている。一方，需要地内で複数の分散型電源や電力貯蔵システムを組み合わせ，分散型発電を需要状況に合わせて制御し，電力の地域自給を可能にしようとする小規模の電力供給網のことを「マイクログリッド」といっている。スマートグリッドもマイクログリッドも，今後のエネルギーシフトを効率よく進めるうえで重要なシステムで，目下，各国の実情に適したシステムの開発が急ピッチで進められている。

（阿部　治・諏訪哲郎）

　　　　　　　　あ と が き

　2008年に日本学術会議が取りまとめた提言「学校教育を中心とした環境教育の充実に向けて」には，「今後の我が国の環境教育に関するアクションプラン」として七つの具体的な提言が示され，その三番目に「全ての教員養成課程受講者に対して環境教育（自然体験を含む）を義務付けるべきである」と書かれている。本書は，この提言を実現するには環境教育の全貌を概説した教科書が必要であるという認識に基づいて，日本環境教育学会が作成したものである。
　近い将来に教員免許取得の要件に「環境教育（自然体験を含む）」の履修が加わることを想定し，主たる読者対象を大学の教職課程で教員免許取得をめざす学生としたため，執筆者も大学で教員養成に関わる者が多くを占めている。しかし，現職教員を対象にしたさまざまな研修の機会や，大学における基礎教養科目の授業などでも本書を活用してもらいたいと考えている。
　本書の作成方針は2010年度の日本環境教育学会総会で決定され，執筆項目と執筆者の選定から原稿の校閲・校正までの編集作業は，主に首都圏の大学に勤務する2010年度の学会常任理事（阿部治，岡島成行，降旗信一，諏訪哲郎）と2010，2011年度の学会編集委員会担当理事（生方秀紀，比屋根哲，福井智紀），および元学会編集委員長の樋口利彦の8人が行った。また，巻末の文献抜粋の日本語訳については，学会員の高野孝子，荻原彰，陸斉，高雄綾子，野口扶美子，野村康，二ノ宮リムさちの各氏に全面的にご協力いただいた。
　日本学術会議は，2011年9月にも「農業を活用した環境教育の充実に向けて」という報告と，「高等教育における環境教育の充実に向けて」という提言を相次いで提示している。これらを受けて，文部科学省や環境省をはじめとする各省庁が，「環境教育の充実」を実現する施策に次々と着手していくことを強く願っているが，日本環境教育学会としても，さらに環境教育学辞典の刊行など，「環境教育の充実」の実現への取り組みを進める予定である。
　最後に，刊行にあたって教育出版の阪口建吾氏が辛抱強く支えて下さったことに感謝の意を表したい。

　　　　　　　　　　　　　　　『環境教育』取りまとめ役　諏訪哲郎

付録1 環境教育の歩み

1854年　ヘンリー・デイヴィッド・ソロー『ウォールデン――森の生活』刊行〈米国〉
　　　　2年以上に及ぶ森での自給自足同然のシンプルな一人暮らしの記録をまとめたもので，ソローはアメリカにおける環境保護運動の先駆者とされている。

1891年　足尾鉱毒問題を田中正造が国会で取り上げる〈日本〉
　　　　足尾銅山の精錬時に排出された鉱毒で周辺の山がはげ山となり，稲の立ち枯れ，鮎の大量死などが生じた。日本の公害の原点とされている。

1948年　国際自然保護連合（IUPN＝現在はIUCN）の設立総会で「環境教育」という言葉が初めて用いられる
　　　　国際自然保護連合は自然環境の保全，自然資源の持続的な利用の実現のために最初に設立された組織。今日も世界最大の自然保護ネットワークを有する。

1949年　アルド・レオポルド『野生のうたが聞こえる』〈米国〉
　　　　自然が自然のままで存在しつづける権利を訴え，環境保全運動を支える役割を担ってきた。人間と自然は生態学的に平等とする「土地倫理」を提唱。

1953年　水俣病発生〈日本〉
　　　　新日本窒素肥料（現在のチッソ）水俣工場が八代湾に流した廃液中に含まれていたメチル水銀が食物連鎖によって濃縮されて引き起こされた公害病。

1962年　レイチェル・カーソン『沈黙の春』刊行〈米国〉
　　　　農薬などの化学物質の危険性に警鐘を鳴らした著作。後の著作『センス・オブ・ワンダー』は，自然の神秘さや不思議さに目を向けることの大切さを伝えるエッセイ。

1967年　公害対策基本法制定〈日本〉
　　　　水俣病などの四大公害病の発生を受けて制定。大気汚染，水質汚濁，土壌汚染，騒音，振動，地盤沈下，悪臭の七つを公害と規定し，事業者や行政の公害防止責務を明示。

1970年　「環境教育法（Environmental Education Act）」制定〈米国〉
　　　　教育省に環境教育課を置き，連邦政府の全米的な資金プログラムにより，環境教育の研究や実践を奨励・推進。時限立法で1981年に終了。

1971年　ラムサール条約制定
　　　　水鳥の生息地として国際的に重要な湿地を守る目的で制定され，1975年に発効した。ラムサールは条約作成のための会議が開かれたイランの都市名。

　　　　環境庁設置〈日本〉
　　　　内閣公害対策本部，厚生省の国立公園部，環境衛生局公害部，通商産業省の公害保安局公害部などを統合して設置。2001年の中央省庁再編により環境省に。

1972年　国連人間環境会議（ストックホルム）開催
　　　　世界初の環境問題についての政府間会合。「かけがえのない地球」をキャッチフレーズとし，113か国が参加。「人間環境宣言」（p.204参照）を採択。

国連環境計画（UNEP）発足
　　国連人間環境会議で採択された「人間環境宣言」および「環境国際行動計画」を実施に移すための機関。事務局本部はケニアのナイロビに設置。
『成長の限界――ローマ・クラブ「人類の危機」レポート』発表
　　システムダイナミクスを用いた研究によって，人口増加や環境汚染などの傾向が続けば100年以内に地球上の成長は限界に達すると警鐘を鳴らした。

1973年　アルネ・ネス「ディープ・エコロジー運動」提示〈米国〉
　　人間の利益を目的とする既存の環境保護活動をシャロー・エコロジーと見なし，人間による生命の固有価値侵害は許されないとする環境倫理に基づく運動。

1975年　環境教育国際ワークショップ（通称：ベオグラード会議）開催
　　ユネスコが世界60か国から96人の環境教育専門家を招いて開催。全地球的レベルの環境教育の枠組みを「ベオグラード憲章」（p.205参照）として提示。

1977年　環境教育政府間会議（通称：トビリシ会議）
　　「トビリシ宣言」と41項目からなる「トビリシ勧告」（p.205参照）が提示された。勧告では環境教育の目的カテゴリーを気づき・知識・態度・技能・参加に整理している。

1979年　スリーマイル島原子力発電所で炉心溶融の事故〈米国〉
　　原子炉から冷却水が失われて燃料の45％が溶融。アメリカ国内で反原発の気運が高まるきっかけとなった。

1982年　国連環境計画（UNEP）管理理事会特別会合（通称：ナイロビ会議）
　　ストックホルム会議以後の10年を回顧し，以後10年間の優先取り組み課題を検討。途上国が資源・環境・開発の間の相互関連の重要性を指摘。

1983年　環境と開発に関する世界委員会（通称：ブルントラント委員会）発足
　　国連で承認された特別委員会で，21人の有識者により構成され，委員が自由な立場で発言する賢人会議。21世紀の地球環境の理想模索と，その実現に向けた戦略策定を任務とする。

1986年　チェルノブイリ原子力発電所事故〈旧ソ連〉
　　現ウクライナのチェルノブイリ原子力発電所4号炉が炉心溶融（メルトダウン）ののち爆発し，放射性降下物でウクライナから北欧まで汚染された。

1987年　モントリオール議定書採択
　　特定フロン，ハロン，四塩化炭素など，オゾン層を破壊するおそれのある物質を指定し，これらの物質の製造，消費および貿易を規制することを求めた。
ブルントラント委員会が報告書"Our Common Future"（p.206参照）を発表
　　報告書"Our Common Future"は，環境保全と開発の関係について将来世代のニーズを損なうことなく現在の世代のニーズを満たすという「持続可能な開発」の概念を打ち出した。

1988年　「気候変動に関する政府間パネル」設置
　　　　　地球温暖化についての科学的な研究の収集，整理のための政府間機構で，国際的な専門家が地球温暖化に関する対策技術や政策の実現性などに関する科学的知見を提供。
1990年　日本環境教育学会発足〈日本〉
　　　　　環境教育の広範な発展を目的として発足した学会で，教員，研究者，学生，行政や企業関係者，NPO/NGO関係者など幅広い会員から構成されている。
　　　　全米環境教育法制定〈米国〉
　　　　　連邦環境保護庁の中に環境教育課を設置し，環境教育プログラムや教材の開発，環境教育の普及啓発の実施を支援。法律は1996年に失効したが，助成金プログラムは継続。
1991年　『環境教育指導資料（中学校・高等学校編）』発行〈日本〉
　　　　　学校における環境教育の推進に資することを目的として作成され，翌1992年には小学校編が発行された。特定の教科・科目を作らず，すべての教科等で環境教育を指導する方針を明示。
1992年　気候変動枠組条約作成
　　　　　大気中の温室効果ガスの増加が地球を温暖化し，自然の生態系などに悪影響を及ぼすおそれがあることを確認し，その防止の国際的な枠組みを設定した。リオ・サミットで採択された。
　　　　国連環境開発会議（通称：リオ・サミット，地球サミット）開催
　　　　　世界各国から延べ4万人以上が参加した史上最大規模の会議で，「リオ宣言」とその行動計画である「アジェンダ21」（p.207参照）が合意され，「生物多様性条約」も調印された。
1993年　環境基本法制定〈日本〉
　　　　　日本の環境政策の根幹を定める基本法で，この法律の基本理念に基づき循環型社会形成推進基本法や生物多様性基本法が制定された。
1997年　環境と社会に関する国際会議（テサロニキ）
　　　　　会議の副題は「持続可能性のための教育とパブリック・アウェアネス」。採択された「テサロニキ宣言」（p.208参照）では，環境教育と「持続可能性のための教育」の関係に言及。
　　　　気候変動枠組条約第3回締約国会議（COP3）開催
　　　　　この会議では，先進国全体で2008〜12年に1990年比で少なくとも5％，日本は6％の温室効果ガス排出削減目標を課す「京都議定書」が採択された。
1998年　「地球温暖化対策の推進に関する法律」制定〈日本〉
　　　　　COP3で採択された1990年比6％削減を達成するために，国，地方公共団体，事業者，国民が一体となって地球温暖化対策に取り組むための枠組みを定めた。

2000 年　国連ミレニアム・サミット開催
　　　　　　新たな千年紀の始まりを機に189の国連加盟国の首脳が一堂に会した会議。平和，貧困撲滅，環境の保護などが盛り込まれたミレニアム宣言を採択。
　　　　「ミレニアム開発目標」採択
　　　　　　国連ミレニアム宣言と，1990年代の国際会議等で採択された国際開発目標を統合。貧困や飢餓の撲滅，持続可能性の確保などを一つの枠組みとしたもの。
2002 年　持続可能な開発に関する世界首脳会議（通称：ヨハネスブルグ・サミット）開催
　　　　　　「アジェンダ21」の実施状況の検証，およびリオ・サミット以降の10年間に発生した新たな課題への対応について協議し，「ヨハネスブルグ宣言」（⇒付録2を参照）を採択。
　　　　サミットと国連で「持続可能な開発のための教育の10年（DESD）」を採択
　　　　小・中学校「総合的な学習の時間」開始〈日本〉
　　　　　　課題の例示として「環境」が取り上げられた。
2003 年　環境の保全のための意欲の増進及び環境教育の推進に関する法律（環境教育推進法）制定
　　　　　　環境保全と環境教育の推進に必要な事項を定めた法律。国の基本方針策定や人材認定事業の登録等が定められているが，その他の条項は努力規定にとどまる。
2005 年　国連「持続可能な開発のための教育の10年（DESD）」開始
　　　　　　DESD は持続可能な開発の実現のために必要な教育への取り組みを推進するための国連によるキャンペーン。日本が提唱し，採択されたもの。
2006 年　新教育基本法制定
　　　　　　1949年に制定された旧教育基本法を全面改正。第2条の4項に「生命を尊び，自然を大切にし，環境の保全に寄与する態度を養うこと」が明記された。
2009 年　新学習指導要領発表
　　　　　　「ゆとり教育」から学力重視への転換を示す改訂が主で，教科の学習内容に「持続可能な社会」の文言が数か所盛り込まれたが，目標部分にはない。
　　　　環境教育等による環境保全の取組の促進に関する法律（環境教育促進法）制定〈日本〉
　　　　　　「附則」に学校における環境教育について，教育職員志望者の育成検討が盛り込まれる。
2011 年　福島第一原子力発電所で炉心溶融事故
　　　　　　3月11日のマグニチュード9.0の地震およびそれに伴う津波による原子炉設備破損と電源消失で冷却停止・炉心溶融が起き，水素爆発により大量の放射性物質が放出された。

付録2 主要文献の抜粋

(1) 人間環境宣言（ストックホルム宣言）

1 人は，その環境の創造物であると同時にその形成者でもある。環境は人間の生存を支え，人に知的，道徳的，社会的，精神的な成長の機会を提供している。この地球における人類の長く苦難にみちた進化のなかで，科学技術の急速な発展によって，人は無数の方法で，しかも前例のない規模でその環境を変革する力を獲得した。人間環境の二つの側面，すなわち自然的側面と人為的側面は，健康な生活や生存権を含む基本的人権の享受にとって不可欠である。

2 （略）

3 人は，絶えず経験を生かし，発見，発明，創造，進歩を続けなければならない。今日人を取り巻く環境を変革する人の能力は，賢明に用いるならば，すべての人々に開発の恩恵と生活の質を向上させる機会を与えることができる。誤って，あるいは不注意に用いるならば，同じ力は，人間と人間環境にとってはかり知れない害をもたらすことになる。私たちは，地球上の多くの地域において，人為的な害が増大しつつあることを知っている。その害とは，水，大気，陸地，および生物の危険なレベルに達した汚染，生物圏の生態学的均衡に対する重大な望ましくないかく乱，かけがえのない資源の破壊と枯渇，そして人工環境，特に生活環境や労働環境において人の肉体的，精神的，社会的健康に害を与える重大な欠乏である。

4 開発途上国では，環境問題の大部分は開発が不十分であることから生じている。何百万の人々が十分な食料，衣服，住居，教育，健康，衛生を奪われた状態で，人間らしい生活を維持する最低水準をはるかに下回る生活を続けている。それゆえ開発途上国は，優先順位および環境の保護と改善の必要性を念頭において，その努力を開発に向けなければならない。

5 人口の自然増加は，環境の保全にとって継続的な問題であり，この問題を解決するため，適切な政策と措置が講じられなければならない。万物の中で，人間は最も貴重なものである。社会の進歩を推し進め，社会の富を作り出し，科学技術を発達させ，労働の努力を通じて人間環境を常に変えていくのは人間である。社会の進歩，生産および科学技術の進展とともに，環境を改善する人間の能力は日に日に向上している。

6 歴史の転回点に来ている。いまこそ私たちは世界中で，環境への影響をより慎重に配慮して，行動しなければならない。無知，無関心であるならば，私たちの生命と健康な生活が依存する地球上の環境に対し，重大かつ取り返しのつかない害を与えることになる。逆に十分な知識と賢明な行動をもってするならば，私たちは，私たち自身と子孫のため，人類のニーズと希望にそった環境で，より良い生活を得ることができる。環境の質の向上と良好な生活の創造のための展望は広く開けている。必要なものは，熱烈ではあるが冷静な精神と，強烈ではあるが秩序だった作業である。自然の世界で自由を確保するためには，自然と協調して，より良い環境を作るため知識を活用しなければならない。現在および将来の世代のために人間環境を擁護し向上させることは，人類にとって成し遂げねばならない目的，すなわち平和と，世界的な経済的社会的開発という確立した基本的な目的であるとともに，調和を保ちつつ共に追求すべき目的となった。

（以下略）

(2) ベオグラード憲章

環境教育の目的（ゴール）

環境教育の目的（ゴール）は次のとおりである：

環境とそれに関連する問題に気づき，関心を持つとともに，現在の問題の解決および将来の問題の防止に向け，個人および集団で活動するための知識，技能，態度，意欲，責任感を持った人々を世界中で育てること

環境教育の目標

環境教育の目標は次のとおりである：

1. 気づき：個人と社会集団が，環境全体とそれに関連する問題に対する気づきと感性を身につけるのを助けること
2. 知識：個人と社会集団が，環境全体とそれに関連する問題，およびそれに対して人類がきわめて大きな責任ある存在であり，役割を負うことを基本的な理解として身につけるのを助けること
3. 態度：個人と社会集団が，環境に対する社会的価値基準と環境を気づかう強い気持ち，および環境の保護と改善に積極的に参加する意欲を身につけるのを助けること
4. 技能：個人と社会集団が環境問題を解決する技能を身につけるのを助けること
5. 評価能力：個人と社会集団が，環境対策や教育プログラムを生態学的，政治的，経済的，社会的，美的，教育的観点から評価するのを助けること
6. 参加：個人と社会集団が，環境問題の解決に向けて適切な行動を確実にとれるように，環境問題に関する責任感と緊迫感を深めるのを助けること

（以下略）

(3) トビリシ勧告

勧告2（抜粋）

1. 環境教育の目的は
   (a) 都市と農山漁村の間の経済的，社会的，政治的，生態学的な相互依存関係に対する明確な気づきと関心を育むこと
   (b) 環境の保護と改善に必要な知識，価値基準，態度，責任感，技能を身につける機会をあらゆる人々に与えること
   (c) 個人，集団，社会が全体として，環境に対する新しい行動様式を創りだすこと

2. 環境教育目標のカテゴリーは

   気づき：社会集団および個人が，環境全体とそれに関連する問題に対する気づきと感性を身につけるのを助けること

   知識：社会集団および個人が，環境とそれに関連する問題について，多様な経験をし，基本的な理解として身につけるのを助けること

   態度：社会集団および個人が，環境に対する価値基準と環境を気づかう気持ちとを共に身につけ，環境の改善と保護へ活発に参加する意欲を身につけるのを助けること

   技能：社会集団および個人が，環境問題を明確に捉え解決する技能を身につけるのを助けること

   参加：社会集団および個人に，環境問題の解決に向けた行動にあらゆるレベルで活発に関わることができる機会を提供すること

3. 環境教育の指導原理

   環境教育を以下のように行うべきである。
   ・環境を全体的に考慮して —— すなわち，自然のおよび人工的な，科学技術的および社会的（経済的，政治的，科学技術的，文化・歴史的，道徳的，美学的）に
   ・就学前レベルから始まって，学校制度内外を含むすべての学習段階を通して，生涯にわたり継続する過程として

- アプローチにおいては，ホリスティックでバランスのとれた見通しを可能にしながら各教科の個別の内容に頼りつつ，学際的に
- 地方，国内，地域，国際的な視点から環境の主要な課題を検討し，学習者が地理的に異なった地域の環境の状況を把握することができるように
- 歴史を幅広く見わたしながら，現在および潜在的な環境の状況に焦点を当てて
- 環境問題の防止と解決における，地方，国内および国際的な協力の価値と必要性を拡大させて
- 開発と成長の計画には，環境の視点を明確に考慮に入れて
- 学習者に自らの学習活動を立案させ，決定をしたり，その結果を受け入れたりする機会を提供して
- すべての年齢で，環境への感性，知識，問題解決力，価値基準の明示を関連させて。ただし，若年者にあっては，学習者自身のコミュニティに対する環境感性を特に強調して
- 学習者が環境問題の兆候と真の原因を発見することを支援して
- 環境問題の複雑さと，したがって批判的な思考と問題解決力を上達させなければならないことを強調して
- 実践活動と直接体験を十分に強調しながら，環境について環境から学び／教えるための多様な学習環境と多数の教育アプローチを活用して

(4) "Our Common Future"

第2章の前書き

1. 持続可能な開発とは，将来世代の自らのニーズを満たす能力を損なうことなしに，現代世代のニーズを満たす開発であり，2つの重要な概念が含まれる
    * ニーズ，とりわけ最優先されるべきは世界の貧困層の本質的ニーズ，という概念
    * 現在および将来の世代のニーズを満たすために環境が持つ能力は，技術や社会組織の状態によって限界があるという発想
2. 経済的，社会的開発は，先進国か途上国か，もしくは市場経済か集権的計画経済かにかかわらず，すべての国々において，持続可能性の視点から定義されるべきである。その解釈は多様だが，ある程度の一般的特質は共有し，持続可能な開発の基本概念やその達成のための幅広い戦略の枠組みについての合意から導かれるものであるべきである。
3. 経済や社会を進歩的に変えていくことも含まれる。物理的に持続可能な開発とは，たとえ社会や政治の仕組みが硬直していても理論的に追求できるプロセスである。しかし開発政策が，資源へのアクセスやコスト・ベネフィットの配分を変えようと意識しない限り，物理的な持続可能性は確立されない。狭くとらえたとしても，世代間の社会的公平への配慮や，必然的に各世代内の公平に向けられるべき配慮は含まれる。

(5) 「アジェンダ 21 (行動計画)」の構成

1　前文
[セクションⅠ：社会的・経済的側面]
2　開発途上国における持続可能な開発を促進するための国際協力と関連国内施策
3　貧困の撲滅
4　消費形態の転換
5　人口動態と持続可能性
6　人間の健康保護と促進
7　持続可能な人間居住の開発の促進
8　意思決定における環境と開発の統合
[セクションⅡ：開発資源の保護と管理]
9　大気保全
10　陸上資源の計画と管理への統合的アプローチ
11　森林減少対策
12　脆弱な生態系の管理：砂漠化と旱魃の防止
13　脆弱な生態系の管理：持続可能な山地開発
14　持続可能な農業と農村開発の促進
15　生物多様性の保全
16　バイオテクノロジーの環境上適正な管理
17　海洋，閉鎖性・準閉鎖性海域を含むすべての海域と沿岸域の保護およびこれらの生物資源の保護，合理的利用，開発
18　淡水資源の質と供給の保護：水資源の開発，管理，利用への統合的アプローチの適用
19　有害化学物質の環境上適正な管理および有害で危険な製品の違法な国際取引の防止
20　有害廃棄物の環境上適正な管理および有害廃棄物の違法な国際取引の防止
21　固形廃棄物と下水道関連問題の環境上適正な管理
22　放射性廃棄物の安全で環境上適正な管理
[セクションⅢ：主たる集団の役割の強化]
23　前文
24　持続可能で公平な開発に向けた女性のための地球規模の行動
25　持続可能な開発における子どもと青年
26　先住民とその社会の役割の認識と強化
27　非政府組織（NGO）の役割強化：持続可能な開発のパートナー
28　アジェンダ 21 支援における地方自治体のイニシアティブ
29　労働者と労働組合の役割の強化
30　産業界の役割の強化
31　科学的，技術的コミュニティ
32　農民の役割の強化
[セクションⅣ：実施手段]
33　資金源とメカニズム
34　環境上適正な技術の移転，協力，対処能力の強化
35　持続可能な開発のための科学
36　教育，意識啓発，訓練の推進
37　開発途上国における能力開発のための国のメカニズムと国際協力
38　国際的な機構の整備
39　国際法措置とメカニズム
40　意思決定のための情報

(※「36　教育，意識啓発，訓練の推進」の要点)

　アジェンダ 21 の 36 章では，持続可能な開発の達成に向け，教育が果たす役割を明確に位置づけている。特に「A 持続可能な開発へ向けた教育の再編成」の「3節 行動の基礎」では，「教育は，持続可能な開発と調和した，環境的，道徳的配慮，価値基準や態度，技術や行動を身につけ，かつ意思決定に際しての効果的な市民参加を得るうえでも重要である」と述べている。ここでいう教育が，「公教育のみならず，意識啓発と訓練を含んだ」広義の教育を指している点も重要である。

(6) テサロニキ宣言

私たちは以下のことを再確認する。
6. 持続可能性を達成するために，多くの主要なセクターや，急速かつ抜本的に変化する行動とライフスタイルに関する取組みを，消費と生産パターンなどを含む形で大きく調整し統合していくことが求められている。このために，適切な教育と意識啓発（パブリック・アウェアネス）が法律，経済，技術とともに，持続可能性の柱の一つとして認識されるべきである。
7. （略）
8. （略）
9. 教育は，世界中のすべての女性と男性に，自立する能力や，個人として選択し責任をもつ能力，地理的・政治的・文化的・宗教的・言語的・性的な違いによる境界なしに一生を通して学ぶ能力を与える上で，不可欠な手段である。
10. 持続可能性に向けた教育全体の再方向づけには，すべての国のあらゆるレベルの学校教育・学校外教育が含まれている。持続可能性という概念は，環境だけではなく，貧困・人口・健康・食料の確保・民主主義・人権・平和をも包含するものである。最終的には，持続可能性は道徳的・倫理的規範であり，そこには尊重すべき文化的多様性や伝統的知識が内在している。
11. 環境教育は今日までトビリシ環境教育政府間会議の勧告の枠組みのもとで発展し，その後アジェンダ21や，他の主要な国連会議で議論されるようなグローバルな問題を幅広く取り上げながら進化して，持続可能性のための教育としても扱われてきた。このことから，環境教育を「環境と持続可能性のための教育」と表現してもかまわないといえる。

（以下略）

(7) ヨハネスブルグ宣言

我々が直面する課題
11. 私たちは，貧困を撲滅し，生産や消費のありかたを変え，経済・社会開発のための天然資源基盤を保護し管理することが，持続可能な開発の包括的な目標であり，不可欠な要件であることを認める。
12. 人間社会を富める者と貧しい者に分断する深い溝と，先進国と開発途上国との間で広がり続ける格差は，世界の繁栄，安全保障，安定に対して，大きな脅威をもたらす。
13. 地球環境は破壊され続けている。生物多様性は失われ続け，漁業資源は減り続け，砂漠化は肥沃な土地を次々に奪い，気候変動の悪影響は既に現れ，自然災害は頻度と破壊度を増し，開発途上国はますます被害を受けやすく，そして，大気，水，海洋の汚染によって何百万もの人々が人間らしい生活を奪われ続けている。
14. グローバリゼーションによって，これらの課題に新しい局面がもたらされた。世界中で急速に市場が統合され，資本が流動性を持ち，投資の流れが著しく増加するなか，持続可能な開発を追求していくうえでの新たな課題と機会が生み出されている。しかし，グローバリゼーションがもたらす恩恵と犠牲の分布は不公平で，開発途上国がこうした課題に立ち向かうにあたり特別な困難に直面している。
15. 私たちは，こうした地球規模の格差を固定化してしまう危険に直面している。私たちが貧困層の生活を根本的に変えるよう行動しない限り，世界の貧しい人々は，自らの代表者を音の出る金管楽器やシンバル程度の存在としか思わず，そうした代表者や，私たちが推進し続ける民主的制度に対して信頼を失うかもしれない。

索 引

【あ】

アクションリサーチ　81, 121
アクティビティ　22, 107, 112〜114, 121
アグリビジネス　59, 69, 70
足尾鉱毒事件　164, 166
アジェンダ21　3, 75, 86, 189, 202, 203, 207
アラル海　15, 42

【い】

生きる力　2, 88, 90, 92, 115, 117, 145, 146, 149, 159
遺伝子組み換え（技術／作物／食品）　19, 59, 60, 67, 68, 133, 141
遺伝的多様性　37, 38

【う】

ウィーン条約　18
ウォーター・フットプリント　67

【え】

エコロジカル・フットプリント　72, 186
エネルギー革命　11, 16
エネルギーシフト　191, 196
エンパワーメント　73, 80, 86, 174

【お】

温室効果ガス　21, 23, 24, 26〜29, 32〜34

【か】

カーボン・フットプリント　67, 72
学習指導要領　5, 108, 116, 134, 136, 142, 144〜146, 162, 163, 203
可採埋蔵量　49, 50
化石燃料　16, 18, 33, 49, 50, 64, 191, 193, 196
環境アセスメント　165
環境ガバナンス　132, 140
環境基本法　202
環境教育指導資料　4, 93, 114, 145, 163, 174, 196, 202
環境税　189
環境正義　101, 102
環境（的）行動　85, 177
環境プラグマティズム　102
環境マネジメントシステム　33, 91
環境リテラシー　107〜109

【き】

キー・コンピテンシー　159
企業の社会的責任　7, 168
危険社会　133
気候調整能力　42
気候変動　14, 23, 25, 37, 41, 44, 57, 146, 147, 149, 178, 202
気候変動枠組条約　21, 34, 168, 202
教育基本法　203
京都議定書　23, 32〜35, 162, 163, 189, 202
清里フォーラム　118

【く】

クリーン・サイクル・コントロール　47, 55
クリティカル・シンキング　145, 146

209

【け】

経験主義　116, 120, 122
限界集落　188, 189
『限界を超えて』　186

【こ】

合意形成　22, 137, 141
公害　101, 102, 161, 162, 164～168, 200
コーディネーター　144, 161, 171, 172, 184
枯渇性資源　47, 49, 50
国際自然保護連合　3, 43, 84, 200
国連環境計画　2, 3, 84, 201
国連食糧農業機関　22
国連人間環境会議　2, 21, 84, 185, 200, 201
国連ミレニアム・サミット　76, 203
ゴミ（の）分別　9, 58, 178
コミュニケーション能力　6, 88, 146, 183
コンポスト　54

【さ】

サイエンス・コミュニケーター　143
再生可能エネルギー　33, 35, 187, 191, 194～196, 198
再生可能資源　47, 49
3R　9, 47, 51～54, 57, 58, 189
参加型学習　73, 80～82, 119～122, 129
参画のはしご　122
産業廃棄物　41
サンゴ礁　37, 41
残留性有機汚染物質　55, 56
残留農薬　60

【し】

自然エネルギー　194
自然学校　7, 169
自然観察　107～117, 175
自然共生社会　189
事前生態系管理　45
自然体験（学習／活動）　2, 107～118
『自然の権利』　98
持続可能性　4, 6, 11, 73～76, 78, 86, 87, 90, 105, 126, 127, 144, 185, 187, 202, 203, 207, 208
持続可能な開発　3, 4, 21, 41, 73～75, 78, 78, 81, 85, 145, 185, 186, 189, 190, 201, 203, 207, 208
持続可能な社会　2, 4, 20, 29, 84～93, 115, 133～136, 140, 145, 154, 163, 176, 185, 189, 190, 197, 203
シティズンシップ（教育）　119, 124～126, 128, 131
市民リテラシー　128
種間の公正　6, 90
循環型社会　47, 52, 57, 91, 185, 189, 197, 202
省エネ教育　196
省エネルギー　35, 91
食品添加物　60
食物連鎖　17, 39, 135, 138, 150, 200
除草剤耐性　68
新国際経済秩序　74
震災復興　144, 158, 187

【す】

ストックホルム宣言　204
ステークホルダー　152, 161, 162, 169, 171, 172, 190
スラム　20, 66, 78, 79
スリーマイル島　17, 33

索引

【せ】

生態系　14, 36〜45
生態系サービス　36, 38〜40, 45
生態系中心主義　100, 101
『成長の限界』　185, 201
政府開発援助　74
生物多様性　6, 18, 36〜46, 98, 99, 101, 146, 147, 149, 187〜189, 202, 208
生物多様性条約　202
生物多様性ホットスポット　43
生命中心主義　100, 101
世界保全戦略　3
世代間の公正　6, 73, 90
世代内の公正　6, 73, 90
節電教育　196
絶滅危惧種　43, 46, 101
センス・オブ・ワンダー　95〜97, 200

【そ】

総合的な学習の時間　5, 84, 91, 111, 114, 116, 136, 139, 144, 149, 163, 176, 177, 179〜181, 197, 203
総物質要求量　50

【た】

ダイオキシン　55〜57
太陽光発電　33, 195, 198
太陽電池　195
脱原発　191, 193

【ち】

地域再生　8
地域づくり　6, 8, 88, 90, 107, 109, 110, 118
地域のネットワーク　152
チェルノブイリ　17, 33, 201

地球温暖化　2, 17, 23〜35, 41, 136, 139, 140, 142, 146, 202
地球サミット　34, 36, 75, 85, 86, 165〜167, 189, 202
地産地消　63, 91
知識基盤社会　146

【て】

低炭素社会　189, 193
ディープ・エコロジー　39, 100, 103, 201
テクノロジー・アセスメント　141
テサロニキ（会議／宣言）　4, 123, 202, 208

【と】

動物解放論　100, 101
東北地方太平洋沖地震　33, 155, 191, 197
土地倫理　96, 200
トビリシ宣言（勧告）　3, 84, 85, 89, 201, 205

【な】

内発的発展論　74
内分泌攪乱化学物質　57
ナイロビ会議　3, 201
ナショナルカリキュラム　125
ナノテクノロジー　141, 143
難民ゲーム　121

【に】

21世紀環境立国戦略　189
日本学術会議　123
日本環境教育学会　202
日本環境教育フォーラム　118, 165, 168, 169
人間中心主義　98, 99, 102, 103
人間の基本的ニーズ　74

211

人間非中心主義　*99, 102, 103*

【ね】

ネイチャーゲーム　*113, 114*

【は】

バイオエタノール　*59, 65, 196*
バイオテクノロジー　*68, 69, 71, 207*
バイオマス　*64, 196*
廃棄物　*40, 41, 47, 48, 51～58, 91, 177, 207*
廃棄物管理　*47, 53*
廃棄物処理法　*52, 58*
排出量取引　*35, 163*
ハザードマップ　*153*
バックキャスティング　*189*
パブリック・アウェアネス　*202, 208*

【ひ】

ビオトープ　*91, 178*

【ふ】

風力発電　*33, 194, 195, 198*
フェアトレード　*129*
富栄養化　*41, 136*
フォトランゲージ　*121*
福島第一原発　*17, 34, 132, 133, 135, 187, 191, 192, 197, 203*
物質フロー　*47, 50*
『プランB』　*187*
ブルントラント委員会　*73, 201*
フロン（ガス）　*17, 18, 132, 186, 201*
分散型（小規模）発電　*194, 198*

【へ】

ベオグラード憲章　*2, 119, 201, 205*

【ほ】

貿易ゲーム　*121*
防災教育　*146, 153, 154, 159*
放射性廃棄物　*17, 40, 191, 207*
ホーリズム　*101*
北米環境教育学会　*123*

【ま】

マングローブ　*41*

【み】

緑の革命　*67, 68*
水俣病　*101, 164, 166, 200*
ミレニアム開発目標　*73, 75, 76, 83, 203*
ミレニアム生態系評価　*36, 38, 40, 45*

【め】

メルトダウン　*191, 201*

【も】

モノカルチャー　*42, 64, 69*
モントリオール議定書　*18, 201*

【ゆ】

有害廃棄物　*102, 207*
有機農業　*18, 146*

【よ】

ヨハネスブルグ・サミット　*4, 203*
四大公害　*164, 200*

【ら】

ラムサール条約　*200*

【り】

リサイクル　*34, 51～55, 58, 72, 91, 146,*

170

リテラシー　*5, 94, 107～109, 126, 128,*
　133, 135, 158

リプロダクティブ・ヘルス　*78*

【ろ】

ローマ・クラブ　*201*

【A～Z】

BHN　*74*
CEPA　*188*
COP3　*21, 28, 34, 168, 202*
CSR　*7, 168*
DDT　*17, 18, 56*
ESD　*3, 4, 81, 82, 118, 121, 144, 145,*
　152, 154, 155, 157～159, 188, 189
FAO　*22*
GMO　*68*
HCB　*56, 57*
IPCC　*23, 25, 32*
ISO　*91, 170, 190*
IUCN　*3, 43, 84, 200*
MDG　*73, 76～78, 80, 82*
NGO　*4, 74, 79, 81, 102, 121, 161,*
　164, 165, 167, 173, 202
NIEO　*74*
NPO　*8, 102, 114, 151, 164, 169～172,*
　175, 202
ODA　*74*
PCB　*17, 18, 56, 57, 102*
PISA　*94, 144, 158*
PLA　*80*
PRA　*80, 81*
STS　*59, 71, 132, 141, 142*
TMR　*50*
UNCED　*34*
UNEP　*2, 3, 84, 201*

【人名】

アナン（Kofi Atta Annan）　*38*
ウィルソン（Edward Osborne Wilson）　*97*
カーソン（Rachel Louise Carson）　*95, 200*
キャリコット（John Baird Callicot）　*101,*
　102
グーハ（Ramachandra Guha）　*101*
ケネディ（John Fitzgerald Kennedy）　*73*
サウアー（Carl Ortwin Sauer）　*12*
シュプランガー（Eduard Spranger）　*104*
シュレダー＝フレチェット
　（Kristin Shrader-Frechette）　*102*
シンガー（Peter A. D. Singer）　*100*
ソロー（Henry David Thoreau）　*200*
田中正造　*164, 166, 200*
テイラー（Paul W. Taylor）　*100*
ナッシュ（Roderick F. Nash）　*98*
ナッシュ（James A. Nash）　*104*
ネス（Arne Naess）　*39, 100, 103, 201*
ハート（Roger Hart）　*122*
パスモア（John Passmore）　*99*
ハンガーフォード（H. E. Hungerford）　*86*
ピンショー（Gifford Pinchot）　*98, 99*
フィエン（John Fien）　*86*
ブラウン（Lester Russell Brown）　*187*
フランクス（Oliver Shewell Franks）　*73*
フンボルト（Alexander von Hunboldt）　*12*
マータイ（Wangari Muta Maathai）　*160*
マーシュ（George Perkins Marsh）　*12*
マルサス（Thomas Robert Malthus）　*63*
ミューア（John Muir）　*98, 99*
メドウズ（Donella H. Meadows）　*185, 186*
ヨナス（Hans Jonas）　*99*
レオポルド（Aldo Leopold）　*96, 200*

環 境 教 育

2012年 2月 2日　初版第 1 刷発行
2012年10月 6日　初版第 2 刷発行

編　者　日本環境教育学会ⓒ
発行者　小　林　一　光
発行所　教育出版株式会社
〒101-0051　東京都千代田区神田神保町2-10
電話 03-3238-6965　振替 00190-1-107340

Printed in Japan
乱丁・落丁本はお取替えいたします。

印刷　神谷印刷
製本　上島製本

ISBN 978-4-316-80315-9 C3037